细节决定生死安危

——预防道路交通人为事故的 66 个警示

李学田　编著

中国人民公安大学出版社
·北　京·

图书在版编目（CIP）数据

细节决定生死安危：预防道路交通人为事故的66个警示/李学田编著．—北京：中国人民公安大学出版社，2016.10

ISBN 978-7-5653-2752-0

Ⅰ.①细… Ⅱ.①李… Ⅲ.①交通事故—案例 Ⅳ.①U491.3

中国版本图书馆CIP数据核字（2016）第245127号

细节决定生死安危

——预防道路交通人为事故的66个警示

李学田 编著

出版发行：中国人民公安大学出版社
地　　址：北京市西城区木樨地南里
邮政编码：100038
经　　销：新华书店
印　　刷：天津盛辉印刷有限公司

版　　次：2016年11月第1版
印　　次：2018年4月第2次
印　　张：18.25
开　　本：787毫米×1092毫米　1/16
字　　数：309千字

书　　号：ISBN 978-7-5653-2752-0
定　　价：55.00元

网　　址：www.cppsup.com.cn　www.porclub.com.cn
电子邮箱：zbs@cppsup.com　zbs@cppsu.edu.cn

营销中心电话：010-83903254
读者服务部电话（门市）：010-83903257
警官读者俱乐部电话（网购、邮购）：010-83903253
公安综合分社电话：010-83901870

谨以此书献给天下的道路交通参与者——驾驶人、乘车人及行人

66个影响道路交通安全的致命细节

66条破解交通安全难点的妙策良方

66篇预防人为交通事故的警示箴言

护佑读者人车平安出行“六六大顺”

养成关注细节的公共文化与传统（代序）

王振耀

李学田先生撰写《细节决定生死安危——预防道路交通人为事故的66个警示》一书，努力普及公共安全知识，是一个特别值得称赞的大善举。安全细节，不仅是对人与车出行进行养成教育的必备知识，也是对从事各行各业大有裨益的基础知识。

细节不是一个小问题。对于细节的关注是现代社会建设与管理的基本方法之一。在一定意义上，可以说，细节是基础性的管理与建设工具。因为，现代社会的运行正是以细节的不断健全为重要特征的。许多大的系统，无论硬件还是软件，都是由一系列十分细小的环节即细节组成的。如果一个小的环节发生偏差，完全可能导致整个系统出现功能性的紊乱甚至失调。

关于硬件中的细节问题，人们十分容易明白。因为，一个螺丝不行，整个机器就可能停转，这里来不得半点马虎。而对于软件的细节问题，要明白起来并不容易。因为，这里的细节不容易发现，很难感知。特别是在由传统社会进入现代发达社会的过程中，受到以传统农业为基础的生活方式的影响，人们对于现代性的社会公共细节是相当难以知道的，因而产生出多个方面的“不会”现象。

我曾经呼吁的大学需要关注学生卫生间安放厕纸一事，就遇到了意想不到的“忽略”。直到今天，在中国北京最为著名的大学里面，学生厕所里依然没有普遍放置卫生纸。不过，这些大学的科研计划往往是雄心勃勃并号称已经取得多么大的进步的。中国的最高学府尚且难以发现对于自身管理如此重要的细节，尚且如此难以“觉悟”，更何况普通的社会管理系统建设。但是，如果我们的最高学府不能发现卫生纸一类的细节管理问题，那么，他们传授的知识与科研成果，是不是也会带上类似卫生纸这样的细节性缺陷呢？答案是相当明显的。

正如李学田先生所关注的人车出行细节的许多案例一样，细节往往关系到人们的日常生活安全与否。该书所列举的诸多知识，都是用生命的教训换来的。但是，这类知识往往并不为大家所理解，因而十分有必要以各种形式来传播，从而逐步化为整个社会的公共意识。

也许人们会问：过去人们并不关注这类公共知识，不是也生活得很好吗？其实，在过去的年代，人们的流动性小，也没有那么多的车辆，主要是依赖步行，生活圈子较为狭窄，不可能经常性地离开村庄到遥远的地方，生活的节奏也比较缓慢。在那样的生活环境中，人们依赖于传统的缺乏细节的生活习惯即可以悠闲地过日子。这样简单的生活方式，公共知识确实不需要很多，而那时所需要的，更多的是宗法伦理、私人道德一类的规范，相对而言，这些才是调节日常生活最为重要的知识。

但是，现代生活恰恰是越出了传统的生活距离。尤其是随着市场经济的发展，世界的事情联系成了一片，信息化的发展，则使得全球化日益紧密。最近几年，中国甚至已经成为世界第一旅游输出大国，每年都有超过一亿人次的境外旅游；而国内的旅游者，则达到年度近四十亿人次。可以说，旅游已经成为人们重要的生活方式。在这样的条件下，超越村庄与社区的公共生活方式必然对人车的出行规范产生十分细致的严格要求。如果我们对于这一类的公共知识能够广泛传播，就会对人们的公共安全产生重要的影响。另外，根据发达国家的经验，这一类公共知识也需要不断地转化为有关的法律与地方规章，才能对公众行为具有约束力。比如，发达国家普遍规定一定年龄的儿童乘坐小汽车必须要坐安全座椅，还必须系好安全带，违背了这一规定，就会被罚款。这当然是不少血的教训所换取的经验。从这些经验看，我国的公共知识建设还停留在相当初级的阶段，人们对于人车出行的许多知识，还没有转化为一定的法律并要求强制执行。在这样的社会条件下，特别需要普及人车出行的细节性知识。

需要特别说明的是，对于细节问题缺乏关注以及相应的逻辑，是我国文化传统中的一大特色。一件事情，人们往往认为只要“认真”，就完全能够办好。如果不能办好，就会认为是不认真、素质低。其实，这两个方面的认识，都属于过去时代的认识。因为，以人车出行为例的公共知识，往往不可能依靠个人的认真态度就能够获得。并且，人车行为的管理，也不是依靠一般的素质就能够解决的。这类公共知识，恰恰是需要公共行为的调整，需要不断完善，才能够不断地普及，不断地提升。在这个方面，如果能够有一些有识之士具有先见之明，倡导知识，不断引领，则能够促成社会公共知识的快速提升。李学田先生恰恰在这个方面，做了大量工作。

我与李学田先生交往已有二十余年。最早见面是因为他担任河北省迁西县民政局局长，我们共同推进农村选举，普及海选制度。在这个过程中，学田局长十分富于创造性，他和他的团队积极努力，使得迁西的农村选举产生了不少引领性的经验，因而在全国得到推广，我们也因此成为了好朋友。

现在，学田先生尽管已经离开民政工作岗位，但他为民负责的使命感仍然不减，从而促使他从公共安全的角度来关注人车出行安全问题，这是十分值得赞许的。我十分乐意为该书作序，以对学田的精神予以推广。希望该书的出版能够得到读者的认可并与他一起来传播人车出行的公共知识，倡导关注细节的文化，从而促成我国社会的快速转型。

正逢出差美国，时间紧迫，只好在出差之余加班写作。在纽约的街头，当看到各种人车行为规范标识得如此清晰，从而使得人车行为规范相当明白的时候，更加感到此书的重要。

是以为序！

2016 年 6 月 3 日成稿于美国纽约

珍爱生命 关注安全 从细节做起（代序）

王大伟

细节决定生死安危，是一种价值理念、一种自护能力、一种生存智慧。

何谓细节？《现代汉语词典》释义：细小的环节和情节。

细节，是构成人们日常生活、出行及社会活动的最小单位、最小环节，给人的印象是小得不能再小，甚至无关紧要，可以忽略不计。譬如，交通安全方面的一次开车时使用手机，一次往车窗外扔垃圾；家庭安全方面的一次心脑血管疾病发作症状的识别，一次陌生人敲门应对策略的选择；社会安全方面的一次野外烟头的处理，一次大型集会密集人群的疏散等。细节不可忽视，尤其是那些关乎人生命安全的细节，关乎人们切身利益的致命细节。否则，一次疏忽、一次麻痹、一次侥幸、一次轻心，就可能导致人身伤亡甚至重特大事故的发生。

在现实生活中，人们虽然都在强调安全的重要性，家人也天天嘱咐孩子外出时注意安全，但这种强调和嘱咐一般是概念性的、笼统的、模糊的，没有多少可操作性的自护技巧知识。尤其随着科技发展和自动化程度的提高，就行为人自身而言，对自身安全保护的某个环节、某个行为，也往往是知其然而不知其所以然；对其行为的危险性有多大、安全度有多高，应该怎样规避危险、应该怎样提升行为的安全性，并不真正知晓和理解。

譬如交通安全。美国哈罗德·史密斯1952年创立的“防御性驾驶技术”理论认为，机动车一开动就进入一个无法预知的环境；在交通安全上最大的危险就是不知道什么是危险，更不知如何应对。而在已进入21世纪“汽车社会”的中国，仍有相当多的驾乘人、行人并不真正知晓那些常见、微小的细节对生命安全的致命性危害。

倡导“细节决定生死安危”理念，就是不仅要在思想上认识到细节在安全上的重要价值，也要在具体方法、技能上知晓安全细节的可操作性。确切地说，不仅要知道危险，而且要会规避危险。

李学田先生所著的“细节决定生死安危”系列丛书，在这方面做了很好的探索。《细节决定生死安危——预防道路交通人为事故的66个警示》一书，不仅鲜明、系统地提出“细节决定生死安危”的理念，也深刻揭示了66个致命细节与道路交通参与者生死安危之间的内在联系，鲜明地阐述了细节对行为人生死安危的作用和影响，凸显了致命细节对生命“一票否决”的强烈警示功能。希望能够使道路交通参与者改变不良心理和陋习，自觉自律，“如履薄冰，谨慎为之”，实现由“要我安全”向“我要安全”的转变。

《细节决定生死安危——预防道路交通人为事故的66个警示》一书，在表现形式上也做了创新探索，如多案例举证法、分析法，强化了读者心理的感性冲击以及对理念的理解和认知；以事引理、以事论理、事理结合、通俗易懂的行文风格，更有利于理念的分享与传播。

我相信，“细节决定生死安危”理念的提出与传播，具有时空的穿透力和持续的生命力，将深刻影响更多人在出行、居家、社会生活等方面的心理和行为，使公众更加珍爱生命、关注安全、主动从细节做起，积极预防和避免在出行、家庭、社会生活等方面的人为事故，共创平安人生、平安家庭、平安社会和平安世界！

祝李学田先生编著的“细节决定生死安危”系列丛书早日出版，惠及读者，益于社会！

2016年10月10日

创编一部警示书
分享安全新理念　参与拯救百万生命

（自序）

多位朋友问我，你为什么编写这样一本书？我回望审视后的答复是：一则受人启示，二则亲身感悟，三则共享理念。

（一）

汪中求老师的著作《细节决定成败》是一部充满了人生哲理和经营管理智慧的书籍，我读后犹如醍醐灌顶，沁入肺腑。“细节决定成败”这一理念，给我深深的启迪。

细节不仅决定成败，细节也关系生死安危。这是我在多年工作和生活中的深刻感悟。大至世界闻名的1912年“泰坦尼克号”豪华游轮沉没、1986年切尔诺贝利核电站大爆炸、1986年美国“挑战者号”和2003年“哥伦比亚号”航天飞机失事，小到自己、周边人及见诸媒体的各类不安全事件，90%以上是由于“人”的原因所导致的人为责任事故，而非自然或不可抗力原因。这种人为责任事故的性质及比例，已被国内外许多研究结果所证明。同时，这种人为责任事故，无论其“人”的原因是故意或非故意的，就其行为和结果而言，最终都表现在一个或若干个安全细节上出了问题，均是忽视致命细节所致。

安全细节具有两重性，具有一种神秘的“魔力”：你重视它，细节就是天使；你忽视它，细节就是魔鬼。可谓安也细节、危也细节，生也细节、死也细节。细节不仅关乎行为人自身的生死安危，细节也关乎家庭、企业甚至一个国家的生死安危。忽视安全细节，给个人、家庭、企业、国家带来的极可能是灭顶之灾！

为此，细节决定成败、细节关系生死安危的理念时时萦绕我心，并使我对其产生了浓厚兴趣。从2012年起，我即开始对预防各类人为事故进行专题研究，收集、阅读、分析和整理了数千起国内外人为事故案例，学习查阅大量研究资料，探索各类人为事故发生的异同点和基本规律，"细节决定生死安危"的理念逐渐清晰、定型。于是，我着手从道路安全、家庭安全、社会安全三方面，写作"细节决定生死安危"系列丛书。历时五年，数易其稿，首先编写出版的便是《细节决定生死安危——预防道路交通人为事故的66个警示》一书。

（二）

在我国，预防道路交通人为事故是个复杂的系统工程，需从深化政治体制改革、完善国家和社会治理机制、健全民主与法制、严格立法与执法、创新道路交通安全科技管理手段，以及改变道路交通参与者的不良心理和行为习惯等多维度、多要素来考量，协调联动，综合治理，标本兼治。但改变道路交通参与者的不良心理和行为习惯，已刻不容缓。我们不能再被动地等待外部环境的缓慢改善，而应积极主动地预防和避免各种人为事故。这是因为，安全细节问题直接决定每个道路交通参与者的生死安危。

我认为，预防和避免人为事故的发生，是广大道路交通参与者的当务之急。分享、践行和传递"细节决定生死安危"理念，积极改变影响道路交通安全的不良心理和行为习惯，在人车出行时"关注致命细节，谨防因小失大，减避人为事故"，有助于破解道路交通人为事故高发的难题。

（三）

面对广大机动车和非机动车驾驶人，以及乘车人和行人，面对年龄、文化、职业、素养等存在诸多差异的广大读者群，在多媒体竞争激烈的时代，如何编写一本能被广大读者认同和接受的大众通俗读物，并使其承载分享、践行和传递“细节决定生死安危”理念，促使公众积极改变影响道路交通安全的不良心理和行为习惯的重任，是几年来我一直在思考和探索的问题。

写作此书，对我的阅历、学识和素养而言，具有很大的挑战性和一定的难度。经过几年的艰苦摸索、认真研究及若干次修改、调整，最终将本书定位为：大众性、常识性、科普性、普法性、实用性、可读性；内容丰富，形式活泼，通俗易懂，雅俗共赏，适读性广；既可作为普通大众生命安全教育的警示书、道路交通安全教育的必读书，也可作为“忽视细节，因小失大”的案例库。

本书以“细节决定生死安危”为主题，从影响道路交通安全的5个方面和66个致命细节问题入手，列举了经过精心筛选的近1000例国内外发生的不同类型、不同侧面的各类人为事故的典型案例，深度剖析人为事故发生的危害和原因，推介国内外预防道路交通人为事故的经验做法，并根据专家意见和自己分析，提出了一系列预防道路交通人为事故的应对措施，是一部系统化、大容量、多维度的道路交通安全警示书。

本书的体例和风格是：以普通大众为读者对象，把脉道路交通安全的盲点与痛点；以人为事故的细节肇因为切入点，凸显“细节决定生死安危”的主题；以举案说理的结构和编排体例，契合大众通俗感性的阅读习惯；以多案例的“组团式”举证，强化关注致命细节的心理撞击；以充足确凿的论据和箴言良策，浸透对改变不安全行为的殷切期盼。

(四)

“觉悟自己，警示他人”的预期编写目标已初见端倪。我通过研究和写作本书，提升了自己的道路交通安全意识，弥补了许多道路交通安全的常识，对“细节决定生死安危”理念有了深刻认识，自觉改变了开车不系安全带、接打手机、超速行驶、随意变道、不保持安全车距、疲劳驾驶等许多不良驾驶心理和行为习惯。

在“觉悟自己”的同时，我也将“细节决定生死安危”理念，以及一些十分重要但知晓率不高的道路交通安全常识，通过交谈、短信、微信、培训授课、媒体宣传等方式分享和传递给家人、好友及其他人，使许多人改变了一些不良心理和行为习惯。

“细节决定生死安危”理念使我及很多人受益，我也期盼通过此书的出版发行，能有更多的驾乘人、行人分享、践行和传递“细节决定生死安危”理念，关注安全，珍爱生命，从自己做起，从细节做起，使危害道路交通安全的严峻局面有所改变，使联合国“2011-2020道路安全行动十年全球计划”和“拯救百万生命”目标在中国得以更好地实现！

李学田

2016年11月9日

目录

第一章 安全细节失误成因之一
——公共安全道德缺失

第二章　安全细节失误成因之二
——道路安全常识贫乏

第三章　安全细节失误成因之三
——粗心大意与心存侥幸

第四章 安全细节失误成因之四
——分心驾驶与分心行走

第一章　安全细节失误成因之一

公共安全道德缺失

★ 道德是人类共同生活及行为的准则与规范。公众公共道德，尤其是公共安全道德的缺失，已成为社会问题。

★ 公共安全道德缺失的毒素，严重影响了道路交通秩序；公共安全道德缺失的危害，使得道路交通不安全状况愈加严峻，并时刻威胁着每个道路交通参与者的生命与财产安全。公共安全道德缺失衍生的开“斗气车”等 14 类致命性的不安全细节，则制造了无数恐怖的“马路杀手”，以及一幕幕骇人听闻的人间悲剧。

★ 提升公共安全道德意识，强化公共安全道德的细节修养，已成为全社会的当务之急！

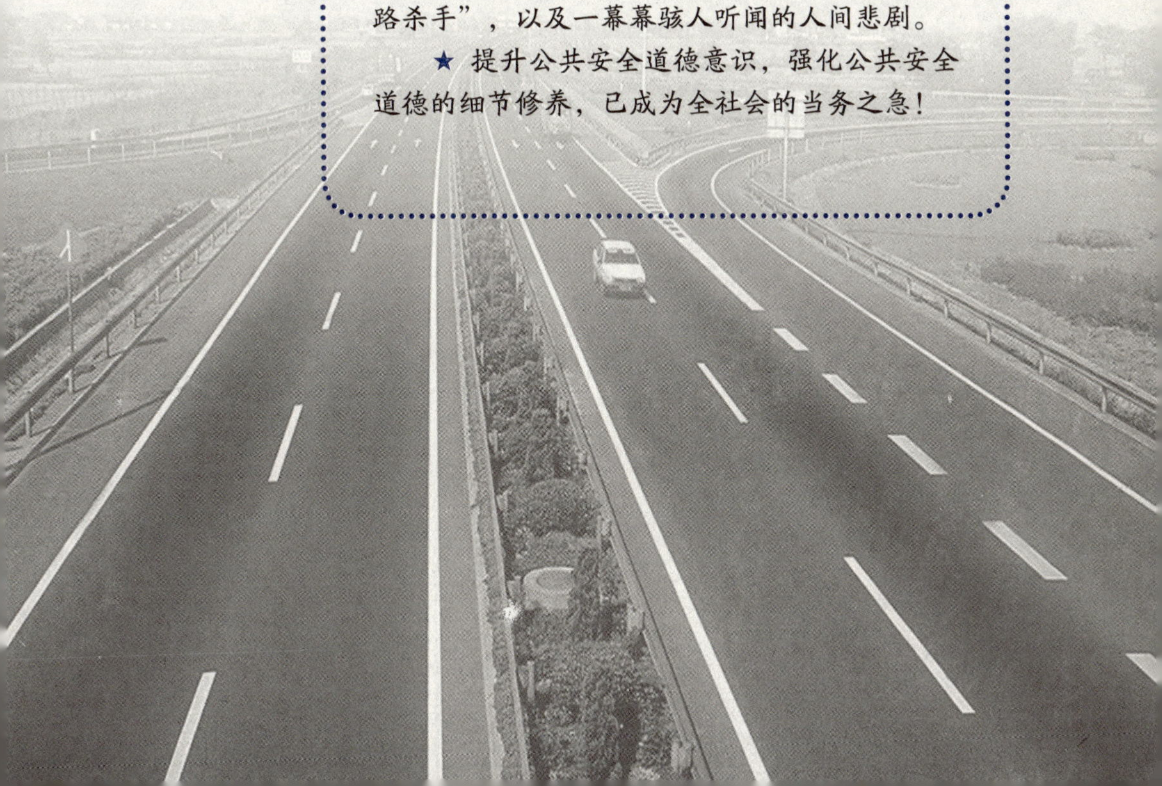

1. 开车斗气同进牢房
——开“斗气车”两败俱伤

你有过开“斗气车”的经历吗？据媒体报道，时常有人开车时与他人相互追逐、碰撞或别车“斗气”，严重者导致车毁人亡，最后落得两败俱伤的恶果。

例一 上海——一次开“斗气车”致1死5伤，两人获罪服刑。2007年5月4日夜，钱某、顾某等人分别驾车从奉贤区返回南汇区。行驶途中，钱某与同向行驶的一辆东风客车的驾驶人因超车而产生不快。钱某即用对讲机呼叫其后的顾某，示意其迅速赶上并拦截东风车。顾某遂驾车超越东风车并在其前突然减速，东风车在与其碰撞后继续前行。顾某见状即驾车再次超越东风车，并对其进行逼挤，致东风车碰撞后翻车，造成东风车内乘车人1死5伤。顾某、钱某因构成危害公共安全罪，分别被法院判处9年和8年零6个月的有期徒刑。

例二 北京——一次高速路上斗气，四驾驶人获刑。2008年11月6日，赵某酒后驾驶捷达车在顺义区一桥下与谢某驾驶的小货车发生剐蹭。赵某因怕警察处理其酒后驾车之事，遂阻止谢某报警并对其进行殴打。谢某驾车驶离现场后，赵某同王某、李某等人分别驾车在京承高速等路段追逐谢某所驾车辆，其间四人所驾车辆相互挤、别，发生剐蹭、碰撞，并殃及多辆正常行驶的车辆。赵某、王某、李某、谢某四人被以危险方法危害公共安全罪追究刑事责任，法院判处赵某、王某、李某有期徒刑3年半，判处谢某有期徒刑1年半。

例三 天津——一次开车“斗气”伤乘客，俩公交驾驶人被刑拘。2016年4月29日，李某驾驶的公交车在一车站违规停靠，致使同向行驶的杨某驾驶的公交车无法正常进站。杨某遂心生怨气驾车追赶。待行至一路口等红灯时，二人发生口角。当绿灯亮起时，杨某的车向右并道超车，李某见状非但没有避让，反而提速，致使两辆公交车发生侧面剐蹭，多名乘客被破碎的车窗玻璃扎伤，1名乘客腰部扭伤。天津市公安局津南分局以涉嫌危险驾驶罪将杨某、李某依法刑事拘留。

例N 开“斗气车”引发严重后果的更多事件。

2011年5月，重庆市郑某开“斗气车”致24名乘客受伤，其被判刑。

2012年2月，重庆两驾驶人开车“斗气”致3死10伤，双双获刑。

2012年7月，宁海市一驾驶人开车“斗气”伤及无辜，被判刑3年。

2013年4月，北京市两辆奥迪车“斗气”致4车相撞5人受伤。

2013年6月，马鞍山市一对父子开豪车闹市“斗气”双双被捕。

……

国内外开车“斗气”的事件时有发生，频频见诸媒体，结果多为惨剧，且两败俱伤。

开“斗气车”严重违法

开“斗气车”，是指在行车中与别的驾驶人发生不愉快，强行超车、别车，“压着”别人驾驶的行为。

开“斗气车”，也称“攻击性驾驶”

开“斗气车”，即带着愤怒情绪驾驶机动车，也称“路怒”，国外又称为“攻击性驾驶”，具体表现是强行变更车道、强行超车、别车、争道抢行、占道行驶和不按规定让行等交通违法行为。

开“斗气车”，既不利于驾驶人的身心健康，又危害他人与自身的人身安全，由此引起的攻击性驾驶行为是严重的交通违法行为。

开“斗气车”是法律明令禁止的严重交通违法行为，社会危害极大

开“斗气车”作为国家法规明令禁止的一种严重交通违法行为，其社会危害性非常大。机动车驾驶人之间因在行驶中发生纠纷，从而相互追逐、碰撞及别车等斗气行为，如情节轻微，尚未造成严重后果的，公安机关可依据《治安管理处罚法》《道路交通安全法》的相关规定对其进行行政处罚；如驾驶人明知在道路上尤其是繁华拥挤路段开“斗气车”，可能危害对方及其他公众的安全，却仍然开“斗气车”并造成严重后果的，就涉嫌以危险方法危害公共安全罪，而须承担相应的刑事责任。

驾驶人开过“斗气车”的为数不少

问卷调查：三大城市约35%的驾驶人属于“路怒族”

2015年，中国科学院心理研究所曾在北京、上海、广州3个城市随机抽取

900 位驾驶人开展问卷调查，约 35%的驾驶人承认自己属于“路怒族”，在驾车时出现过强行变更车道、强行超车、争道抢行、连续鸣笛催促前车等驾驶行为，也曾因此发生过交通事故，甚至与其他驾驶人、行人发生肢体冲突。

据公安部交管局 2015 年 12 月披露，2015 年以来，全国共查获“路怒”等违法行为 1733 万起，同比上升 2. 8%。从性别看，“路怒症”中涉及的男性驾驶人占 97%、女性驾驶人占 3%。

开“斗气车”的原因分析

开“斗气车”，是驾驶人带着不良情绪所为，而这不良情绪往往来自多方面。据有关专家分析，主要有四种原因或情况：

1. 开车前就有不良情绪，如家庭琐事、工作不顺、挨了批评等，于是就把开“斗气车”当成一种宣泄。

2. 开车时外界环境的诱导刺激，如因别人压车、超车、抢道等有意或无意的带挑衅性的驾驶行为，一时激怒而引发追、超、夹、别等斗气行为。

3. 心态不正，心理素质不好，遇到看不顺眼的现象，依仗自己车辆性能或技术优势而争强好胜等。

4. 开“斗气车”的社会原因。开“斗气车”，作为一种可能危害对方及其他公众安全的非理性、非文明行为，之所以在国内如此大比例地出现，与公众安全道德缺失、社会心理浮躁息息相关。而复旦大学社会学教授顾晓鸣认为，全民的焦虑和对生命的漠视，是开“斗气车”事件一再发生的社会根源。

以德报怨，理智、制怒、忍耐，开车不斗气

整治开“斗气车”严重交通违法行为，是个系统工程，须社会与个人、民主与法制、道德与制度等多方面协调联动、综合治理，缺一不可。

就公民层面即驾驶人个人来说，要做到不开“斗气车”，须以道德的内心信念来调节和约束开车时将出现或已出现的非理性、非文明的心态和行为。

遇事理智

开“斗气车”，往往就是一念之差的“斗气”行为。有人一旦遇到他人违章驾驶，对其表现出的有意或无意的压车、超车或别车等已影响自己正常行驶或危害自己安全的行为，就火冒三丈，或受他人撺掇而失去理智，不顾自身及他人的安全，不计后果地向他车“迎战”，相互赶超、挤别、碰撞。殊不知，一念中的怒气，一时的冲动，带来的可能是车毁人亡或牢狱之灾。因此，遇到此类情况，

一定要头脑冷静，做到人蛮我礼、人躁我温、人急我克制、人气我不斗。

宽以待人

在行车中，一旦遇到他人违章驾驶，对其表现出的有意或无意的压车、超车或别车等已影响自己正常行驶或危害自己安全的行为，要换位思考，宽以待人，不要先推定对方是在故意为难自己，人为地树立一个斗气的对立面。这样，极易激化情绪、激化矛盾，引发灾祸。即使挑起斗气的一方，是主观故意且已威胁到己方的行车安全，在高速行车的状态下，也不应不依不饶、步步紧逼。如果针锋相对、以牙还牙，即便对自己的车况和技术非常自信，也难以确保自身和他方的人车安全，很可能两败俱伤。尤其在公路这个复杂多变的公共场所，开“斗气车”很可能伤及无辜。

善于制怒

为预防开“斗气车”，性情急躁的人可在车内贴上“忍”字，时刻提醒自己。人在情绪不佳时，尽量不开车，以防遇到不顺心的事让自己情绪更坏。如遇到让自己发火的事情时，要善于克制，不意气用事，不一味强调自己的委屈，多想一想行车安全，以消除火气，做到心平气和地处理行车纠纷。

安全细节箴言

● 忍一时风平浪静，退一步海阔天空。

● 防御性驾驶理念认为，安全驾驶取决于驾驶人个人的态度，优秀驾驶人应有的态度是：谨慎与宽容！

● 冲动是魔鬼。不开“斗气车”，不开野蛮车，时刻绷紧安全弦，把后果想在前，把风险记在心，让安全与自己永远相伴同行！

2. 天才富豪英年早逝 ——飙车害人又害己

近年来，飙车撞死人的新闻时常见诸媒体。一些飙车族为追求“飞翔速度”的刺激，逞一时之快之勇，最后换来的是害人害己的恶性后果。本篇回望若干事件以示警诫。

例一 新加坡——一次飙车英年富豪狮城夺3命，害人害己。31岁的四川富豪马某，是一个上高中时就炒股赚到第一桶金的金融天才，喜欢与朋友半夜飙车兜风。2012年5月12日凌晨，已到新加坡发展的马某，驾驶一辆价值900万元的法拉利跑车，在狮城市区一交叉路口超速闯红灯，与一辆出租车相撞，导致马某、出租车驾驶人及一日本乘客3人身亡。

例二 杭州——一次飙车追逐撞死人获刑3年。2009年5月7日晚，杭州市胡某驾驶非法改装的三菱轿车在市区主要道路超速行驶，与驾车的同伴相互竞逐，将正在人行横道上行走、刚刚毕业的大学生谭某撞死。经鉴定，胡某肇事时汽车的时速在84.1~101.2公里，远超事发路段50公里/小时的要求，对事故负全责。胡某被西湖区人民法院以交通肇事罪判处有期徒刑3年，并赔偿谭某家属113万元。

例三 济南——一次骑摩托飙车，17岁小伙命丧黄泉。2014年5月21日，济南市17岁小伙张某与两个未满18周岁的朋友，分别驾驶摩托车在市区街道飙车，在经过一路口时也没有丝毫减速，仍闯红灯快速通过。待张某突然发现前方有一辆货车时，急忙踩刹车，致使摩托车倒地并滑到货车底下，张某当场身亡。

例N 飙车害人害己的更多事件。

2013年6月，上海市范某等2人飙车相撞致1死3伤并获刑。

2014年7月，成都市大学生李某驾大排量摩托飙车撞人致1死1伤。

2014年11月，柳州市一男子骑摩托载少女飙车撞护栏双亡。

2015年5月，长春市一宝马车与一奥迪车飙车碾死一骑车人。

2015年5月，郑州市一18岁男孩骑电动车飙车撞奥迪车身亡。

……

何为飙车？《现代汉语词典》的解释是：开快车。北京律师程存秋在其《公路飙车行为法律分析》一文中，将飙车定义为“两辆或两辆以上的机动车在公共道路上超过最高限速行驶，通过相互高速追逐、穿插车道等进行竞技或比赛的行为”。

❗ 飙车是一种以危险方法危害公共交通安全的严重违法行为

近年来，飙车行为在国内一些大中小城市陆续出现。飙车族把汽车当做宣泄工具，三五成群，在城区道路上猛踩油门，追求“飞翔的感觉”和“青春刺激”。北京曾出现“二环13郎”，即以13分钟飙完32.7公里的二环路，车速之快，竞逐之激烈，场面之可怖，令人难以想象。

2011年5月1日实施的《中华人民共和国刑法修正案（八）》中，将飙车即“追逐竞驶”与“醉酒驾驶”行为同时纳入危险驾驶罪的范畴，明确规定犯此罪应判处拘役并处罚金。

为何说飙车是一种以危险方法危害公共交通安全的严重违法行为？

严重危及自身及他人的生命和财产安全

城市道路车辆通行密度大，飙车超速竞驶，对公共交通安全造成严重威胁。在城市道路上飙车，稍有不慎就可能引发重大交通事故，轻则伤人损车，重则车毁人亡。飙车引发的惨案触目惊心，致人死伤的悲剧举不胜举。2015年4月11日晚，北京市唐某、于某分驾两辆豪华轿车，在朝阳区大屯路隧道外环道路上相互追逐，并分别以时速165.1km、179.3km超速竞驶，两车相继失控发生碰撞，造成隧道内护栏、防护墙等公共设施严重损坏及两车损坏，并致使唐某车内一乘客受伤。最终，唐某、于某2人以危险驾驶罪，分别被朝阳区人民法院一审判决拘役并处罚金。

严重扰民

在一些城市，飙车族将公共道路变成其飙车的“竞技场”，每到深夜，总有飙车族开着经过改装的加大发动机功率、排气筒口径的豪车，聚集在城市公共道路上，风驰电掣般追逐竞驶，飙车产生的巨大马达轰鸣声响彻夜空，扰得周边四邻不得安宁。无奈，有的市民将窗玻璃贴上隔音膜，但凌晨还是会被飙车的刺耳声吵醒。飙车在许多地方已激起民愤，市民纷纷到有关部门投诉。

飙车族的构成及“任性畸形”的心态

综合分析各地飙车族，其成员主要是16～30岁的年轻人、“富二代”、小“海归”、爱车一族、汽车改装店老板、明星等。而飙车路线各地不等，从城市环路、闹市到僻静的工业园区，几乎无处不飙车。在上海，一些高架桥路由于路况较好，也成为飙车的主要场所。

飙车族“任性畸形”心态的三个特征

1. 不懂得敬畏和珍惜生命。飙车族多数涉世不深，初生牛犊不怕虎，为了身心一时的放松、快乐和刺激，或逞能逞勇，铤而走险，肆意玩竞逐或飘移，在生死之间玩走钢丝。2011年8月27日晚，佛山市两名16岁少男飙车后，又喝酒狂欢，在骑摩托车归家途中撞绿化带双双丢命。

2. 社会责任感淡薄。飙车族漠视生命，蔑视法律，为了满足自己的一时快乐、刺激和虚荣，置自己和他人的生命于不顾，俨然将城市公共道路当成私人的竞技场，其危险驾驶行为给不特定公众埋下安全隐患。尤其有人明知飙车违法，为了逃避法律制裁，而摘掉、伪造或遮挡车牌，一旦发生事故就逃之夭夭。

3. 炫富炫技。主要指驾豪车飙车、玩飘移、炫耀财富和车技，满足自己的虚荣心。有的人不惜投入几万甚至数十万元，对原车的引擎、制动、操控等系统进行改装，以适应飙车需要。2011年5月15日，南京市一辆价值约250万的宝马M6跑车，在丁墙路上高速疯狂转圈，并不时急踩刹车猛甩车屁股，在道路上留下数十道“飘移”胎痕。结果，在时速提高到约100公里时失控撞上一辆电动车，导致骑车人当场身亡。

飙车是一种扭曲的病态行为

关于飙车，有人评价是一种扭曲的病态行为。中国人民大学刑法学教授刘明祥表示，飙车人尽管没有危害公共安全的主观故意，但危险驾驶无疑给不特定公众埋下安全隐患，甚至有性命之忧。

敬畏生命，疏堵结合，给飙车行为“踩刹车”

敬畏生命，知晓飙车行为的潜在危害

飙车人应敬畏生命，尊重法律，不拿自己的生命和青春做赌注，不要无视公共交通安全。对于飙车人，其家庭不应放任不管，而应及时教育引导，不让其任性肆为。四川富豪马某生前推崇“生命只有一次，尝尽世间绚烂”（其QQ签

名），但其飙车后果是灾难性的，刚刚步入而立之年即殒命。

疏堵结合，科学引导

有专家建议，整饬飙车行为须疏堵结合，有条件的地方可建立大众性、封闭性的专门赛车场、训练场，定期组织一些有规模的赛车比赛，引导飙车族到专业赛道上去飙车，使其成为一种有益的运动，使飙车族和他人的人身安全都能得到有效保障。

安全细节箴言

●事后悔恨的泪水，真诚的道歉，天价的赔偿，都再也换不回那些车轮下的冤魂和失去的自由！

●飙车竞逐刺激，高危又违法，害人又害己。

●切记：命是父母给的，珍惜点；命是一次性的，飙不起呀！

3. 庆阳“2·1”特大车祸肇因
——超速行驶“超”出大厄难

有人喜欢开快车，认为开快车“倍儿爽”！却不知，开快车即超（高）速行驶危机四伏，不仅欲速不达，还横遭厄难，或葬送了自己性命，或致他人死伤而使自己深陷囹圄。

例一 庆阳——一次超速行驶酿特大道路交通事故。2013 年 2 月 1 日，河北衡水运输集团有限公司姜某驾驶载有 54 人的大客车，在行至甘肃省庆阳市宁五公路一转弯下坡路时，因超速行驶遇急转弯临危采取措施不当，驶出弯道外侧，撞击路侧波形护栏后，坠入近 30 米深的坡下林地，车辆起火燃烧，造成 18 死 32 伤的特大道路交通事故。

例二 深圳——一次超速行驶引发 9 死 24 伤惨案。2015 年 3 月 1 日，24 岁女士杨某驾驶奔驰轿车，在深圳宝安国际机场沿领航高架桥行驶至 T3 航站楼一转弯路段时，车头右侧刮碰水泥护栏后继续前行，车辆撞向站立在道路右侧护栏边上的人群，造成 9 人死亡、24 人受伤。事故原因为杨某超过限速标准 50%以上（事故发生地限速 50 公里/小时，而杨某驾车时速为 97.8 公里）行驶，且操作不当，而导致车辆失控酿成此道路交通事故。

例三 南京——一次超速行驶致 2 死 1 伤。2015 年 6 月 20 日，南京秦淮区石杨路与友谊河路的交叉路口发生一起严重交通事故。王某驾驶宝马轿车在直行、左转信号均为红灯的状态下，从左转弯车道超速直行通过路口，造成 2 死 1 伤、多车受损的严重交通事故，且事发后弃车逃逸。经鉴定，该车辆通过事发路口时时速为 195.2 公里。交警部门根据交通法规的有关规定，认定王某承担事故全部责任。

例 N 超速行驶引发严重车祸的更多案件。

2013 年 3 月，一客车在杭瑞高速保山段超速行驶坠崖，导致 15 死 14 伤。

2013 年 8 月，一货车在光山县境内超速行驶撞大客车，导致 11 死 12 伤。

2013年6月，马某驾大客车返昌吉市超速行驶侧翻，导致15死21伤。

2014年12月，蚌埠市27岁男子陈某醉驾超速行驶撞死6人。

2015年6月，南京市一宝马车超速行驶撞断一轿车致2人死亡。

……

“十次事故九次快”，超速行驶是引发交通事故的一种严重交通违法行为。公安部在2014年12月2日的“全国交通安全日”部署集中查处的超速、超载、酒驾、毒驾、闯红灯、占用应急车道、不礼让斑马线七类突出违法行为，超速位列第一项。

超速行驶的六大危害

超速行驶，是指驾驶人在行车中以超过法律法规规定的最高速度行驶的行为。超速行驶具有六大危害：

容易造成驾驶人视力下降

科学实验证明，超速行驶，会使驾驶人视野度变窄，清晰度变差，一旦前方突然出现险情，难以及时准确地进行处置，容易引发交通事故。

容易造成驾驶人对速度的判断力下降

超速行驶容易造成驾驶人精神高度紧张，会导致驾驶人对行人、非机动车、其他机动车速度及前后车距产生误判。

难以及时制动停车

超速行驶，车辆惯性增大，如遇紧急情况不能及时制动停车，极易发生事故。实验证明，车速越快，制动距离越长。高速公路发生的连环车祸，多是车速过快而不能及时制动停车所致。

车辆高速运转易生故障

机动车长时间超速运转，发动机及传动结构部位处于疲劳作业状态，极易发生故障，而且超速行驶加大了车辆的工作强度和负荷，加剧了机件的磨损和毁坏。超速提高车轮的摩擦温度，轮胎极易老化和变形，引发爆胎事故。据一项研究表明，当车辆时速超过160公里时，因爆胎造成的死亡率几乎接近100%。

车辆容易侧翻碰撞

转弯时，车速越高，车辆的离心力越大，横向稳定性越差，就越容易发生侧翻事故。有专家测算，在同等条件下，车速提高一倍，其离心力就会增大三倍。

过大的离心力使车辆变得极难驾驭，甚至失控。

增加交通事故发生概率及严重程度

如果道路上车流量较多，超速行驶的车辆势必时常加速超车，必然导致车辆频繁交会，与被超车或对向车冲突点增多，发生碰撞事故的概率增加。从安全角度来说，车速越快，车距应越大，但超车时车距却不断减少，从而增加了事故发生的概率。同时，在车辆碰撞时，车速起着重要作用，碰撞程度、损毁情况与车速快慢成正比，车速越快、碰撞造成的破坏越大，引发的交通事故越严重。

实验证明，车速越快，碰撞能量越大。如与行人发生碰撞，当时速为20公里时，行人死亡率为10%；时速为40公里时，行人死亡率为40%；时速为50公里时，行人死亡率为60%；而时速达到100公里时，行人死亡率则为100%。

超速行驶的主客观原因分析

超速行驶危害大又违法，但为什么超速行驶及引发的交通事故仍呈高发态势？分析其原因，除社会治理不力等因素外，与驾驶人的法制意识淡薄、公共安全道德缺失、盲目自信、心存侥幸、麻痹疏忽等因素相关。

法制意识淡薄及公共安全道德缺失

有的人法制观念、规则意识淡薄，没有把超速与违法相联系，认为开车快慢是自己的事儿，是自己的喜好，与别人无关，更没有考虑他人和公共安全问题。也有的人年轻气盛，争强好胜，盲目自信，时刻想超越别人；还有的人办事怕耽误时间，以超速来赢得时间，等等。

受经济利益驱使

受市场竞争激烈、车多货少等因素的影响，有的货车驾驶人为赚钱多拉快跑；有的客运车驾驶人则为争抢客源超速行驶。

受特权思想支配

极少数官员、持特殊牌照的车辆驾驶人及企业老板，自认为凭权、凭钱能摆平一切，上路即快，逢车必超。

逞能炫技及路怒族

有人自认为有一定驾驶经验，尤其是有朋友、家人在一旁时，为了炫技，往往超速行驶并采用一些违法会车超车、强超抢会等行为；路怒族、飙车族，往往超速行驶。这些超速行为给交通安全带来严重隐患。有的人虽然知道超速行驶的危害，但因为买了好车，特别是一些跑车后，总忍不住要“体验”一下车辆性能，在道路上超速行驶。

酒驾或毒驾

酒驾、毒驾，属于在酒精或毒品作用下的非理性驾驶，超速行驶的可能性极大。有研究表明，驾驶人吸毒后，其意志力、判断力、反应力严重衰退，方向感、距离感、时空感错乱，识别道路交通情况能力、肌体协调能力急剧下降，极易超速行驶，对道路交通安全危害巨大。

从细节入手，主动预防和避免超速行驶的不良行为

超速行驶危险又违法，轻者车损人伤，重者车毁人亡，甚至群死群伤，给交通安全带来极大的隐患，已成为近年来我国道路交通持续开展“三超一疲劳”集中整治的重点内容之一。

驾驶人亟待强化公民意识、法律意识、责任意识、细节意识，主动预防和避免超速行驶违法行为的发生。

强化遵法守规的自律意识，公民意识

作为驾驶人，应知晓超速行驶的危害性，从对自己和他人生命负责的高度，约束自己的驾驶行为，自觉遵法守规，主动预防和杜绝超速行驶。驾驶人要做到不开冒险车、不开英雄车、不开“斗气车”、不任性飙车、不酒后开车、不遮挡号牌开车等。总之，为了自身和他人的生命安全，为了公共安全，应注意把车速控制在法律规定的范围内。有开快车嗜好的人想“过把瘾”，可到专业赛道上驾驶，或到电子游戏中体验，绝不可在有限速标志的道路上任性超速。

留心观察路边或路上方设置的限速标志

1. 注意把握不同路段和路况的不同限速标准。驾驶人应注意区别路段和路况，注意观察路边或路上方设置的限速标志，不超过限速标志标明的最高时速。一般而言，我国高速公路最高限速为120公里/小时，二级公路最高限速为80公里/小时，城市道路根据道路条件最高限速为40~80公里/小时。但不同路段根据实际情况在此范围内有一定变化，如施工路段、事故多发路段、险要路段及经过村庄、学校、路口等路段，驾驶人可根据限速标志的规定驾驶，及时、准确地控制车速。

2. 知晓公路最高限速的科学性、安全性。例如，高速公路最高时速限定为120公里是经过严格科学论证的，时速超过120公里，汽车制动性能就减弱；时

速150公里以上，一旦有突发情况，基本没法控制，一出事就是灾难性的。有专家指出，每超过限速5公里，事故危险性将上升近200%。

控制速度应留有一定余量

可利用科技手段控制车速，如时速表、GPS卫星导航系统等，但不要过分对其轻信和依赖。一般而言，不同车辆时速表与实际时速会有一定表差，驾驶人在行驶时应控制好速度，在规定的最高限速下留有一定的余量，在时速控制上不要顶格和满负荷行驶。路面上执勤警察均装备先进的雷达测速仪，只要超速很难逃脱交警的监控。在行驶中，尤其是在公示有雷达测速的路段行驶，一定不要超速。

安全细节箴言

●超速飞车乐一时，一朝车祸悔一生；十次肇事九次快，莫和死神去比赛！

●保持安全车速，是安全驾驶的细节和基础。珍爱生命，关注安全，应从保持安全车速这个细节和基础做起。

4. 一家人走亲戚途中“六死一伤”——开车随意变道“变”出大祸

《道路交通安全法》对机动车在分道行驶的道路上变道行驶有明确的规定。而在现实生活中，机动车随意变道的违法行驶很普遍，由此引发的交通事故比比皆是，直接引发的致人伤亡的重特大车祸也不鲜见。

例一 韶关——一次随意变道碰撞致兄弟两家6死1伤。2008年5月24日，宋某驾驶一辆湖南郴州的警用轿车，与二哥两家7人去韶关走亲戚。在行驶到京珠高速韶关段变更车道时，与左侧车道上行驶的一辆重型牵引车发生碰撞，两车撞破高速公路防护栏冲入中心绿化带，向前推行达80余米，几十米长的金属护栏被撞击后卷曲，轿车的发动机等零部件散落在现场。这起特大交通事故造成宋某车中6人身亡，其中有2名儿童。宋某之妻被巨大冲力抛出车外才幸免于难。

例二 南京——一次随意变道相撞伤人，肇事驾驶人被判刑。2004年3月20日，丁某驾出租车沿南京市集庆门大街行驶时，左车道上有一辆混凝土搅拌车从后方正常驶来。丁某突然变更车道，猛地拐向左边车道，致使搅拌车不得不紧急刹车并向左避让。在与出租车刮碰后，搅拌车驶入逆向车道，与一辆迎面驶来的面包车相撞。猛烈的撞击使面包车驾驶人当场死亡。事后，交警部门认定，丁某驾车违章变道，观察疏忽，应负事故主要责任。丁某除向死者家属赔偿13万元外，并因交通肇事罪被一审法院判处有期徒刑1年，缓期1年执行。

例三 柳州——一次随意变道3车相撞致1死5伤。2013年4月7日，在柳州市跃进路，因同向行驶的一辆越野车和一辆出租车违法变道，相互碰撞后出租车失控驶向对面车道，与正常行驶的红色小轿车迎面碰撞，最后，越野车侧翻，出租车头部严重损毁，出租车驾驶人被卡在驾驶室无法动弹；红色小轿车车头左侧及驾驶室车门面目全非，轮毂被撞脱落。事故除三车严重受损外，还造成1死5伤。

例N 随意变道引发车祸致人死伤的更多事件。

2013 年 10 月，王某驾车在杭新景高速富阳场段强行变道致 6 死 1 伤。

2013 年 11 月，厦门一货车随意变道致骑车人死亡。

2014 年 8 月，吴某驾奥迪车在杭州高速路口随意变道与货车相撞身亡。

2014 年 10 月，一轿车京藏高速九原段随意变道致好友 4 死 1 伤。

2015 年 5 月，重庆江津区一轿车奔丧路上变道肇事致 2 死多伤。

……

随意变道已成为影响我国交通安全的一大隐患，对交通参与者的生命和财产安全构成重大威胁。

随意变道引发的交通事故比比皆是

随意变道，也称违法变道，即指机动车违反交通法规的规定，随心所欲变更车道行驶，包括随意加塞、频繁穿插、逆行超车、变道不开启转向灯、违反禁止标线行驶等违法行为。

随意变道是造成交通事故的主要原因之一

据有关部门统计分析，全国各地因随意变道引发的交通事故已占到事故总数的 70%左右。随意变道居行车“十大陋习”之首。据公安部交管局数据显示，仅 2013 年 1 月至 10 月，全国公安交管部门共查处随意变更车道违法行为 181.5 万件，比上年同期增长了 34.58%。

随意变道的危害不可小视

机动车随意变道的危害极其明显：

1. 容易造成正常行驶的车辆反应不及，引发刮碰、追尾、侧翻等交通事故。
2. 会迫使后面的车辆不得不减速，对正常的道路通行造成较大影响。

驾驶人何以频频“随意变道”

《道路交通安全法实施条例》第 44 条第 2 款明确规定，在道路同方向划有 2 条以上机动车道的，变更车道的机动车不得影响相关车道内行驶的机动车的正常行驶。

随意变道危害大且违法，为何随意变道行为仍在高发？综合分析各地此类事故情况，就驾驶人个人而言，大体有三种原因：

公共安全道德缺失

有的驾驶人公共安全道德意识淡薄，把公路看成自己的“游乐场”，行车中只考虑自己的意愿及方便，不顾他人的生命和财产安全，自我任性，我行我素，或依仗车辆性能先进，或自信车技高超，想变道就变道，想穿插就穿插，想超车就超车，干扰了正常的交通秩序。

对随意变道的危害性认识不足

有的人对随意变道存在误解，认为随意变道在车辆行驶中在所难免，无所谓，即使引发事故，也都是小擦小碰，不会酿成大祸。于是宽容、放纵自车的随意变道行为，见缝插针式随时随地变道，令直行车辆反应不过来，导致事故发生。

不按正常变道规程操作

有的驾驶人在变道行驶中，从不打转向灯。其理由是，“想不起来”或“根本没必要”。但这样做往往使后车不知前车的变道意图，待发现时已措手不及，导致发生碰撞和追尾事故。

把握细节性要领，规范操作，谨慎变道

治理随意变道违法行为，有赖于法制的完善、道德水准的提升，更有赖于驾驶人素养的提高，对生命和法律的敬畏，及对安全变道的细节性要领的把握，规范操作，谨慎变道。

安全变道的正确操作方法，可简化为“一灯二镜三方向”。

“一灯”，即变道之前必须打转向灯

灯光是车辆的无声语言，是与他车进行沟通的重要工具。在变道前，驾驶人应及时开启转向灯向他车示意，表达自车的走向信号，使他车提前预警和及早准备，这是驾驶人必须养成的良好习惯，也是一种有素质的行为。变道驶进所需车道后，应及时关闭转向灯。请记住，只要车辆行驶轨迹发生变化，就要打转向灯示意。在随意变道引发的交通事故中，不打转向灯而突然变道是主要祸因。

“二镜”，即通过后视镜观察后方及侧后方车辆，保持一定安全车距

驾驶人应根据后视镜所看到的情况，冷静判断周边路况是否适合变道。变道前的观察很必要，要确保自车变道时与他车保持足够的安全车距，以保证自车和他车的行驶均不受影响。

“三方向”，即缓打方向，迅速变道

驾车变更车道时，应避免突然急转方向驶入相邻车道，防止与正常行驶的车辆相碰撞或因路面光滑引起车辆侧滑，最好是小幅度缓打方向盘。车辆变道时是向侧前方行进，斜向进入目标车道，车头与目标车道的夹角应当尽可能地小。一般情况下，应在50~60m的距离间完成变道。总之，行车变道，既要避免急打方向的鲁莽变道，也要防止变道时的犹犹豫豫。在确保安全的前提下，变道时要果断迅速，保持匀速或稍稍加速。

严禁变道时一次跨越多条车道

机动车每次变道，只能变更到相邻的车道；若需变更到相邻以外的车道，应先变更到相邻的车道，行驶一段后再变更到另一条车道。切记，饭要一口一口地吃，道要一条一条地变，每次变道只能变更一条车道，不能一次性跨越两条以上车道，更不能横穿公路变道。尤其在高速公路交叉路口变道时，更应提前观察道路交通标志和路面标线，根据行驶方向选择行驶车道，切不可不顾自车和他车的安全，慌忙之中乱择道，急打方向跨多道。

注意把握“六不变”

按法律规定，机动车不得在实线的车道分界线上变道，不得在路口实线上变道，不得违反禁止标线指示变道，不得在超车条件不具备的虚线上变道超车，不得在隧道内变道，不得因变道影响其他车辆正常行驶。

安全细节箴言

●安全重于泰山，行车变道须守“道”；安全变道利人利己，随意变道害人害己。

●一次变更车道，看似普普通通、平平常常，却是安全行车中不可忽视的细节，是关系生死安危的致命细节。

●养成依法和安全变道的好习惯，不随意变道，不违法变道，做一个遵法守“道”和真正会开车变道的好司机。

5. 远光灯“刺破”大学梦
——滥用远光灯刺人眼撞飞骑车人

夜间在路上开车或行走，会发现有不少车辆长时间开着远光灯，强光晃射对向车辆和行人。滥用远光灯已引发很多致人伤亡的交通事故。

例一 台州——一次对面车滥用远光灯，“刺破”一青年大学梦。2013年8月，台州临海市河头镇的阿辉正在为即将走进大学校门而忙碌着。然而，日夜憧憬的“大学梦”，却被一道刺眼的亮光击碎。原来，阿辉于7日晚骑电动车去同学家询问上大学报到的准备事宜，行驶中，恰逢对面有一辆汽车开着远光灯驶来，刺眼的灯光使他一时看不清路况。待他看到前方有人正在走路时已来不及刹车，只听“砰”的一声，他和行人双双倒地……被撞人程某颅脑严重损伤，虽全力抢救最终不治身亡。阿辉对事故负主要责任，并面临3年以下刑期及巨额赔偿。

例二 青岛——一次对面车开大灯刺眼，骑车男被撞险丧命。2011年4月12日，青岛市王某因骑摩托车摔倒，一直昏迷不醒，很可能成为植物人。原来，当晚10时许，31岁的理发师王某带着一天的劳累，从理发店骑摩托车回家。而王某妻看到的丈夫，是踉踉跄跄、满脸鲜血。妻子从丈夫断断续续的描述中得知，丈夫是为了躲避对向车刺眼的灯光而摔伤，但凭直觉勉强骑车回到家。没想到，此后不到20分钟王某就失去了意识，虽进行抢救手术，但医生诊断分析，恢复状况很不理想，王某有可能成为植物人……

例三 盐城——一次对面车滥用远光灯，面包车撞飞骑车人。2014年1月14日晚，在盐城市射阳县城一小区门前，一面包车与一摩托车发生迎面剧烈碰撞，事故导致摩托车驾驶人受伤严重，生命垂危。原来，事发时面包车驾驶人正常行驶，而对面一辆车远光灯十分刺眼，使其一时看不清前方路况，待发现一摩托车突然横穿马路时已来不及采取措施，与摩托车猛烈相撞。

例N 对向车远光灯刺眼造成他人伤害的更多事件。

2012年10月，永康市应某开车因远光灯刺眼致连环撞车1死1伤。

2013 年 8 月，泸州市一越野车被远光灯晃眼撞飞一行人致其身亡。

2015 年 11 月，济南市张某驾驶奔驰车因远光灯晃眼撞人致 1 死 1 伤。

2016 年 1 月，张某驾车驶至历城区因远光灯晃眼撞人致 1 死 1 伤。

2016 年 1 月，朱某驾车驶至历城区因远光灯晃眼撞死 1 人。

……

滥用远光灯引发的交通事故，几乎每天都在各地上演着。滥用远光灯已成为一种社会公害，被人们形象地称为“马路刺客”。

滥用远光灯已成为夜间的“马路杀手”

滥用远光灯的三大危害

1. 瞬间致盲。夜间会车时，远光灯可使对向车驾驶人视觉上瞬间致盲，致盲时间根据驾驶人自身视力和周围环境不同，持续时间也会不同，但最短也要持续 2 秒左右。此时，驾驶人如同闭眼开车，对前方、左右车辆及行人的观察力大大降低。

2. 对速度和距离的感知力下降。夜间视线不好，驾驶人的眼睛对于对向车的速度判断本来就有误差，此时，长时间开远光灯对人眼干扰会使这一判断力加速下降，会使对向车误判其车速和距离，易引发借道超车等产生的危险。

3. 对对向车宽度的判断力下降。远光灯所产生的超大光晕会占据人眼视觉中很大一部分面积，使驾驶人对于对向车的宽度及车后情况的判断力下降，从而采取错误的操作。

夜间交通事故中与滥用远光灯相关的占比高达 30%~40%

《道路交通安全法实施条例》明确规定，机动车远光灯的使用是有条件的，不得滥用。但在现实生活中，很多夜间交通事故都与滥用远光灯相关，滥用远光灯已成为夜间的“马路杀手”。据公安部交管局统计分析，2013 年全国发生在夜间的交通事故中，与滥用远光灯有关的占 30%~40%，且呈不断上升趋势。

滥用远光灯者类型

滥用远光灯者，大体细分为三种类型：

懵懂无知型

此类人多是刚上路的“新手”。究其原因，大部分驾校在培训时只重视驾驶技能，很少进行交通安全理论知识的系统培训，很多人虽拿到驾照，但远近灯光切换使用等许多安全驾驶的细节知识是空白的。

损人利己型

此类人明知滥用远光灯的危害，但只考虑自己的安全和痛快，根本不考虑他人的安全和感受，认为自己要看清前方路，就得开远光灯，其结果是“亮了自己，害了别人，最终也害了自己”。

以暴制暴型

有的驾驶人见对向车长时间开远光灯，在切换灯光示意后对方依然如故，便一气之下“以牙还牙”“以亮制亮”，回敬对方。

以身作则，细节发力，自觉改变滥用远光灯现象

驾驶人应知晓正确使用灯光的基本常识，养成运用灯光的良好习惯，并自觉规范和约束自身的驾驶行为。

学习和掌握使用远光灯的常识

机动车远光灯的光平行射出，较为集中，亮度较大，可以照到很远、很高的物体。但远光灯的使用是有条件的。驾驶人上车伊始，应知晓和掌握机动车灯光使用的基本知识、操作规范，这是实现安全驾驶的基本要求。

依法依规使用远光灯，做到“六不”

《道路交通安全法实施条例》第 58 条、第 59 条对夜间行车使用远光灯作出了明确规定：汽车远光灯一般适用于夜间没有路灯或照明不良的道路，或者在雾、雨、雪、沙尘等低能见度情况下行驶时使用。

1. 在没有中心隔离设施或者没有中心线的道路会车时，距对向车 150 米内不能使用远光灯；

2. 在没有中心隔离设施或者没有中心线的窄桥、窄路与非机动车会车时不能使用远光灯；

3. 在同方向行驶的后车与前车距离较近时，不能使用远光灯；

4. 大雾天应禁用远光灯，因空气透明度较差，灯光会在空气中形成漫反射效果，不仅不会看得更远，反而会加大对向车的风险；

5. 机动车在夜间通过急弯、坡路、拱桥、人行横道或者没有交通信号灯控制的路口，不能长时间使用远光灯，而应交替使用远近光灯示意。

6. 在一些照明条件不佳的道路上，也不得长时间使用远光灯，应远近光灯交替使用。

加强公共安全道德修养，学会换位思考，不损人利己

1. 每个驾驶人都应有公德心，在使用远光灯前应先替他人着想。如大家开车只顾自己，不管他人，滥用远光灯成风，今天你施强光于他人，明天你也会成为他人施强光的受害者。

2. 滥用远光灯引发交通事故被查证须承担法律责任，害人害己。滥用远光灯属于违法行为，因滥用远光灯而引发交通事故，须承担法律责任。2014 年 4 月 9 日，在山东沾化县的一狭窄段路，一驾驶人因对向车远光灯刺眼，未看清车前行人而将其撞伤。但因车上安装了行车记录仪，警方很快查找到会车时滥用远光灯者。

不以暴制暴

驾驶人在狭窄或没有中心隔离设施的路面开车，如对向车开远光灯与其会车，可采取远近灯光切换的方式提醒对方，如对方依然不自觉，没有关闭远光灯，切记不要立即开启远光灯“对射”。这时，可把目光向右侧转移，找准参照物，如道路的边线和护栏，握紧方向盘，保持车辆稳定，适当放慢车速，如是狭窄路面可靠边停车，待安全让行后再继续行驶。如以怨报怨、以暴制暴，双方强光对射，只会增加事故发生的概率，加剧行车危险。

安全细节箴言

●一次滥用远光灯，虽可能是一次有意或无意的瞬间之举，行车中的小细节，但对于对向人、车的伤害，则可能是永久甚至是毁灭性的。

●为了你和他人的生命安全，夜间行车请慎用远光灯、善用远光灯，不做“互害型”社会模式的制造者和受害者！

6. 襄阳“5·1”特大伤亡事故肇因
——严重超载制造群死群伤惨案

机动车超载问题在全国各地非常普遍、突出。但令许多车主和驾驶人没想到的是，一次超载竟会给他人、企业或自己带来灾难性的恶果。

例一 襄阳——一次严重超载，大客车失控翻车致7死47伤。2009年5月1日，一辆鄂FA牌大客车在行至316国道襄阳区一路段时，因下雨路滑，在避让车辆失控连撞路边行道树后，翻入路边沟内起火燃烧。最后，大客车烧得只剩下骨架，倒立在路边水沟中，路边3棵行道树被拦腰撞断，事故共造成7死47伤。此大客车核载33人，事发时实载54人，属严重超载。

例二 怀柔——一次严重超载压塌4孔桥，货车驾驶人被判赔偿1556万元。2011年7月19日，张某驾驶一辆限载31.5吨的重型半挂牵引车，实载145.5吨沙石料行驶至北京怀柔区白河桥时，因严重超载而导致4孔桥全部坍塌。经怀柔交通支队认定，张某承担此次事故的全部责任。检方认为，车辆严重超载是导致桥梁垮塌的直接原因。一审法院以交通肇事罪判处张某有期徒刑4年，并承担连带赔偿责任，赔偿怀柔公路局1556万元的损失。

例三 河源——一次严重超载，大货车连环追尾致12死3伤。2014年12月13日凌晨，李某驾驶豫牌限载34吨、实载56.01吨的半挂货车，在粤赣高速河源路段碰撞并挤压前方遇事故等候通行的5辆大小车辆，引发一起6车连环追尾相撞的特大交通事故，造成12死3伤的惨剧。交警部门查明事故直接原因：超载65%的货车是事故的始作俑者。公安机关对涉嫌交通肇事罪的4名责任人刑事拘留。

例N 严重超载引发群死群伤事故的更多事件。

2013年8月，宿州市一超载大货车与对向车相撞致10死5伤。

2013年9月，达州市一超载大货车侧翻挤撞客车坠河致21死7伤。

2014年11月，烟台市一超载货车倾翻砸压面包车致11死3伤。

2015 年 2 月，喀什一超载客车在未开通高速路侧翻致 22 死 38 伤。

2015 年 2 月，兴宁市一超载面包车失控翻车致 11 死 2 伤。

……

机动车超载的四大危害

超载，是指交通运输工具的实际装载量超过核定的最大容许限度，包括公路客运车载客超过额定乘员、货运车载货超过核定载质量两种。

超载行驶，不仅会对车辆自身造成诸多伤害，损坏道路和桥梁，也会引发交通事故甚至是群死群伤的重特大事故。超载行驶，至少存在四大危害：

缩短机动车使用寿命，加速重要部件的损坏与老化

机动车的制造是根据技术参数确定的，载重限量也不例外。一旦超载负荷加大，就会使原来的设计数据和使用寿命发生改变，如超载将导致发动机过热，弹簧钢板、轮胎和整体车架变形等。

增大行车的危险性，诱发道路交通安全事故

1. 降低制动性能，增长非安全区距离。车辆负荷的变化会直接影响到制动距离的长短。实验证明，时速 30 公里时，重量大于 3 吨的载重汽车，每增加一吨的重量，制动距离则要延长0.5~1.0 米；而严重超载车辆由于惯性加大，制动距离则更长，危险因素增加。

2. 严重超载，会使轮胎负荷过重、变形过大，从而引发爆胎、突然偏驶、制动失灵、翻车等事故。

3. 超载影响车辆的转向性能，造成转弯时离心力增大，影响车辆行驶的稳定性，进而导致转向失控引发事故。

4. 由于超载车辆在高速公路常常超低速行驶，甚至长时间占用超车道，不仅直接影响道路畅通，也容易引发追尾事故。据有关部门统计，大货车在小型车道超低速行驶，已成为高速公路的最大安全隐患。

严重破坏公路基础设施

由于超载超限车辆的荷载远远超过公路和桥梁的设计载荷，致使路（桥）面龟裂、沉陷、错台、断板等，甚至导致公路桥梁断裂等重大危害。

2015 年 6 月 19 日，粤赣高速公路河源段一匝道桥发生断裂事故，造成 4 辆大货车坠落和 1 死 4 伤。4 辆货车总重接近 400 吨，严重超载导致桥梁结构严重

偏压，最终造成桥梁倾覆垮塌。

扰乱道路运输市场秩序

以竞相压价承揽货源，以超载来获取利润，超得越多，赚得越多，各地已形成并陷入“压价—超载—运力过剩—再超载”的恶性循环，扰乱了道路运输市场秩序，加剧了超载治理的难度。

我国机动车超载“屡治不愈”的原因

据有关部门在一些重点超载地区调查发现，运输车辆几乎100%超载，超载程度一般都在一倍以上，严重者高达5~7倍，即1辆额定载重2吨的货车，实际运载量高达14~15吨。为什么超载违法行为在我国“屡治不愈”，有些地方还愈演愈烈，并仍呈高发态势？

利益驱动

有关人士分析说，利益驱动及无序竞争是超载“屡治不愈”的根本原因。很多车主和驾驶人眼里只有利润，缺乏安全意识和社会责任感。受“利益至上”思想影响，“多拉快跑”成为许多车主创效降本、赚取利润的主要举措。

有的机动车生产厂家为迎合客户需要，也悄悄做起车辆生产或改装中的“大吨小标”生意，使超载者从心理上产生一种合法化的感觉，更加有恃无恐。

心存侥幸等不良心理作祟

有的人认为“上次超载没事，这次超载也不会有事”“别人都在超载，自己不超载吃亏傻帽”“多数超载，即使有一两次被罚也不亏”“法不责众”，等等。机动车车主及驾驶人存在的侥幸、攀比、从众等不正常心理，是超载屡治不止的心理因素和思想障碍。

内律外治，综合治理机动车超载的违法行为

要彻底根治超载，绝非一招一术就能奏效，绝非一朝一夕就能解决。

车主及驾驶人从自我保护的角度考量，自觉做到不超载

车主及驾驶人应增强法制观念，提高自我保护意识，多些社会责任感，算长远大账，摒弃侥幸、攀比和从众心理，不要因蝇头小利而忽视自己和他人的安全，不要等超载引发致人伤亡的大事故再后悔。广大车主应深刻认识到超载的危害性，自觉地从源头上杜绝超载违法行为。现在许多地方在对严重超载导致的重

大交通事故追究责任时，开始对车主与驾驶人一同追究“刑责”，即不仅对因超载肇事的驾驶人以交通肇事罪进行刑事追责，也对其背后的“老板”（车主、法人代表）在涉及重大责任事故时进行刑事追责。

强化治理超载的工作力度，多头并举，齐抓共管，综合治理

有关部门在治理超载中应各负其责，协调联动，严格执法，不推诿扯皮，杜绝不作为、乱作为现象发生。不能各扫门前雪，不能以罚代管，不能只收费不管理。可建立治超的守土问责制，对严重超载并造成严重后果的行为要追究车主和驾驶人的刑事责任，以儆效尤。

安全细节箴言

●超限超载，危机四伏。

●一次超载，对于车主及驾驶人来说，很可能是N次超载中极其普通的一次。但每次超载都潜伏着安全隐患，只要内外条件具备，必然引发事故。

●车主和驾驶人不要被金钱遮望眼，不要只看钱不要命，不要忽视那一次次再普通不过的超载，自觉抵制并做到不超载，远离超载这个“马路杀手”！

7. 两车相撞六命殒
——开车闯红灯“闯”出大祸

2013年1月1日始，我国对机动车闯红灯实施“史上最严”的处罚，即一次闯红灯记6分。然而，有些人对此仍置若罔闻，照闯不误，结果，因一次次闯红灯而“闯”出害人损己的大祸。

例一 济宁——一次闯红灯，两车相撞致6人死亡。2015年3月12日，济宁市高新区王因路口红灯已亮，过往车辆都已停驶，但一辆出租车仍以极快的速度飞闯红灯。而此时，一辆黑色轿车也从侧面快速驶来，出租车驾驶人急忙向左打方向盘，撞在黑色轿车左侧。这起闯红灯事故直接导致6人死亡。

例二 南京——一次闯红灯，宝马撞散马自达夺两命。2015年6月20日，王某驾驶一辆陕西牌照的宝马7系轿车，在南京市一交叉路口高速闯红灯，拦腰撞上前方正常行驶的马自达轿车。马自达轿车被撞成两半，其驾驶人及乘客2死1伤。

例三 济南——一次闯红灯，三轮摩托撞车致2死多伤。2015年8月27日，在济南槐荫区齐鲁大道与青岛路的交叉路口，刘某驾驶一辆载着10名民工出去干活的三轮摩托车加速闯红灯，当行驶到路口中间时，与一辆宝马轿车发生碰撞，三轮车侧翻后车上的民工全部被甩出。事故导致2死多伤。

例N 机动车闯红灯致人伤亡的更多事件。

2012年3月，南宁市蒋某驾车闯红灯撞孕妇使其成植物人。

2013年8月，哈尔滨赵某驾车闯红灯撞5车致5死10伤。

2014年4月，哈尔滨市韩某开车闯红灯撞死一摩托车驾驶人。

2015年6月，济南市一摩托车闯红灯撞行人致1死2伤。

2015年7月，射阳县一摩托车驾驶人闯红灯撞车身亡。

……

闯一次红灯记 6 分，而一个记分周期内累积记分达到 12 分的，驾驶证将被扣留。这是《机动车驾驶证申领和使用规定》对机动车闯红灯加大处罚力度的新规定。这一规定不可谓不严，惩处力度不可谓不大。然而，机动车故意闯红灯者并未绝迹，并仍在一次次上演着车毁人亡的悲剧。

闯红灯的后果往往是重大恶性事故

机动车故意闯红灯者虽属少数，但危害却极大，一旦肇事其后果往往是重大的恶性事故。有些驾驶人为了一时之快而选择闯红灯，结果车毁人伤，甚至葬送自己和他人性命，令人扼腕叹息。

机动车闯红灯，如果恰是闯在红灯跳转前的最后几秒，危险性更高，因为此时横向车道上的车辆，有可能也在抢绿灯跳转前的最后几秒，双方车速同时达到最大值，碰撞的概率增加，车毁人亡的悲剧极可能发生。

机动车闯红灯者面面观

“红灯停，绿灯行”，这是小学生都倒背如流的安全常识。为什么有些驾驶人却明知故犯，为什么还有机动车仍“胆大妄为”地闯红灯？综合各地情况，闯红灯者大体有 5 种类型：

漠视法律莽闯型

此类人是典型的法盲，似有“我是法盲我怕谁”的气质，最终受到法律的严惩。成都某重型货车驾驶人李某漠视交通法规多次违章，2014 年 1 月 4 日，又驾车闯红灯，将正在人行横道上正常行走的吴某夫妇撞死。

心存侥幸投（机）闯型

个别驾驶人心存侥幸，尤其是某些驾驶特权车、豪车和遮挡或污损号牌车的驾驶人，觉得凌晨或深夜期间路面上车辆和行人稀少，或以为城乡接合部的路口闯一闯无所谓。未料到，这一闯却出了大祸。

红绿灯交错时误闯型

这主要指前车为大型车时，由于后车跟车太近遮挡视线，看不清信号灯变化情况而发生的闯红灯。尤其是前方大型车如压着黄灯过去，后车刹车不及就会闯红灯。同时，有驾驶人开车时存在打电话等驾驶分心，思想不集中，没注意到路口信号灯的变化而误闯红灯。有的信号灯没有读秒倒计时，有的黄灯计时秒数不统一，也容易造成误闯红灯。

酒驾晕闯型

驾驶人如酒驾，酒精在人体血液内达到一定浓度，对外界的反应力及控制力就会下降，处理紧急情况的能力也随之下降，会出现昏头昏脑、视觉障碍、运动反射神经迟钝等现象，往往无法正常控制油门、刹车及方向盘，而不由自主地闯红灯。2014 年 10 月 29 日，哈尔滨市一交叉路口，一驾驶人酒驾闯红灯撞车，导致被撞车内两女子当场死亡。

毒驾疯闯型

毒驾，是指未戒断毒瘾患者和正在使用毒品人驾驶机动车的行为。这种人吸食毒品后易出现昏睡和方向感、距离感、时空感觉错乱等症状，驾车时动作协调力下降，感知力扭曲，一旦毒瘾发作即使遇上红灯也会毫无顾忌地闯过去，往往对前方过往车辆和行人的生命安全构成严重威胁。

敬畏生命，遵守法律，告别机动车闯红灯的违法行为

多管齐下，综合治理，扎紧预防和避免机动车闯红灯的篱笆

敬畏生命、敬重法律，筑牢机动车驾驶人不闯红灯的思想根基。无论何种原因，都不能成为驾驶人闯红灯的理由。驾驶人应敬畏生命，敬重法律，严格遵守交通法律法规，严格遵守交通信号指示，不抢黄灯，不闯红灯，做到文明驾驶、平安出行。

抛弃侥幸心理，不投机取巧闯红灯

要养成良好的驾驶习惯，自觉做到礼让他人、礼让行人；心态要平和，“宁停三分、不抢一秒”，在没有绝对安全把握的情况下，宁停不闯，不心存侥幸。通过路口时，要减速慢行，不要为了最后一两秒的绿灯而加速闯行；也不要以为有的路口未设或未使用电子监控而闯红灯。事故就在分秒间。救护车、消防车和警车虽是马路上的“特殊群体”，虽可为执行公务闯红灯，但必须以确保行车的绝对安全为前提。

经过交叉路口应细心观察和把握，时刻注意不误闯红灯

1. 注意保持安全车距。在路口不跟车太近，尤其与前方的大型车保持一定的安全距离，能够观察红绿灯的变化情况，以免闯红灯。开车时应做到不驾驶分心，集中精力，路口减速慢行，避免闯红灯。倒计时读秒信号灯好处多，可让驾

驶人行车时心中有数，预防突然变灯出现的闯红灯或急刹车导致的追尾事故。

2. 知晓误闯红灯的处理常识。驾驶人在刚变红灯时没刹住车，一不小心过线，视频设备一般不会记录为闯红灯。但应注意的是，刚过线的车辆不要冲线或大距离倒车。因为，路口视频设备捕捉的是移动影像，视频设备每次采集闯红灯违法信息很谨慎，需“三堂会审”，即认定一辆车闯红灯，会有三张照片佐证，分别是车辆过线前、过线后和驶入路口时，将拍摄车辆的移动过程形成一次完整的违法记录。如果视频设备捕捉的车辆虽已过线，但立即停车，就不会被认定为闯红灯。此外，猛冲或倒车也容易出现事故危险。同时，对由于特殊情况发生的驾驶人误闯红灯情况，如在路口被前面大型车遮挡看不见信号灯变化或见义勇为急送伤病人等非驾驶人自身故意过错原因而发生的闯红灯，可到当地交警部门按程序进行核实和纠正，也可通过行政复议、行政诉讼等渠道解决。

坚守“开车不喝酒，喝酒不开车”的底线，防范酒驾、醉驾闯红灯

酒多乱性，酒驾、醉驾易生事故、易闯红灯。驾驶人应做到开车不沾酒，时刻防范酒驾、醉驾闯红灯行为的发生。

严厉打击毒驾行为

2013 年 1 月 1 日起实施的《机动车驾驶证申领和使用规定》，对毒驾实施“零容忍”：如对查出吸毒后驾车的驾驶人一律注销驾驶证，并 3 年内不得申报领取机动车驾驶执照；3 年内有吸食、注射毒品行为或解除强制隔离戒毒措施未满 3 年的，不得申请驾驶证；驾驶人吸食、注射毒品后驾驶机动车或者正在执行社区戒毒、强制隔离戒毒、社区康复措施的，要注销驾驶证。

安全细节箴言

●闯红灯是对生命的亵渎，对安全的威胁。如闯得好，你可能比别人快一秒；如闯不好，你就可能比别人快一辈子！

●闯红灯，抢一秒，毁一生；宁停三分，不闯一秒。请铭记“细节决定生死安危”理念，千万不要闯红灯，不要重演“因小失大”的悲剧！

8. 奥迪撞飞过路人
——开车不礼让斑马线夺人命

斑马线是行人的生命线、安全线，机动车应礼让斑马线。可有的机动车却有意或无意地与行人争抢斑马线，以致斑马线上行人被撞事件频频发生。

例一 长沙——一次开车不礼让斑马线，奥迪车撞死一行人。2013 年 11 月 17 日，长沙市开福区 55 岁的杨某吃过晚饭下楼过马路买烟途中，在斑马线上被戴某驾驶的奥迪车撞飞 19 米，在空中翻了两个半圈后重重地摔在地上，最终不治身亡。事故发生后，戴某感到十分后悔和愧疚，称因路灯太暗看不清斑马线，等看到人已经撞上了。

例二 中山——一次开车不礼让斑马线，摩托车撞死一老人。2014 年 11 月 25 日，广西钦州人颜某驾驶摩托车途经中山市一斑马线时，因未按规定礼让，与沿斑马线横过马路的严某发生碰撞，致其重伤不治身亡。颜某被依法刑事拘留，还将承担巨额的损害赔偿。颜某供述时称，自己事发前也看到前方的斑马线，但心存侥幸没有减速，如今害人害己，一直追悔不已。

例三 温州——一次不礼让斑马线，撞倒两阿婆致一死一伤。2015 年 5 月 9 日，温州市区锦绣路发生一起交通事故，两名六旬阿婆在过斑马线时，被温岭籍女士杨某驾驶的越野车撞倒，其中，66 岁的姚某被撞飞 30 多米后当场死亡，另一位 69 岁的董某受伤被送医救治。杨某被刑事拘留。不少住户反映，这条斑马线上经常发生机动车撞人事故，平日过斑马线提心吊胆。

例 N 开车不礼让斑马线肇事致人伤亡的更多事件。

2014 年 8 月，北京市海淀区一车不礼让斑马线撞倒夫妻俩致 1 死 1 伤。

2015 年 5 月，南宁市黄某驾公交车不礼让斑马线撞死一行人。

2015 年 5 月，湛江市一跑车不礼让斑马线撞行人致 1 死 1 伤。

2015 年 6 月，江门市一越野车不礼让斑马线致一老太身亡。

2015 年 9 月 17 日，西安市一轿车不礼让斑马线将一行人撞飞身亡。

……

公安部在2014年12月2日的“全国交通安全日”，将“不礼让斑马线”列为全国七类重点整治的交通违法行为之一。然而，此后却仍有那么多鲜活的生命倒在斑马线上，不少地方的斑马线仍在上演血淋淋的“夺命线”悲剧，令人痛心和悲哀！

礼让斑马线的本质是“车让人”

斑马线，即人行横道线，为道路上白色而平行的粗实线，因酷似斑马的花纹而得名。在红绿灯路口、学校门口等行人较多路段都会见到斑马线。

斑马线是行人的生命线、安全线

《道路交通安全法》第47条规定，机动车行经人行横道时，应当减速行驶；遇行人正在通过人行横道，应当停车让行。机动车行经没有交通信号的道路时，遇行人横过道路，应当避让。

设置斑马线的初衷和立法本意，是在出现“人车争路”的矛盾时，实行行人优先、车让人的原则。

斑马线的主要功能

1. 引导和保护功能。设置斑马线，就是以一种特殊的法定形式，在规定的路段保障行人的优先路权。同时，也引导行人横过道路时不任性行走，只有在法律规定的地点和线路上行走，才是正确、安全的，才受到法律保护。

2. 警示功能。人的生命是宝贵的。行人与车辆相比处于弱势地位。设置斑马线就是从法律上规定了保障行人安全通行的专用线，保障行人在斑马线上通行的优先路权。警示机动车敬畏斑马线，敬畏生命，敬畏法律。在“人车争路”时，礼让斑马线，避让行人。

礼让斑马线，是一种全世界通行的交通规则。

斑马线上频频夺命的根源在于“不礼让”

斑马线上为何频频夺命？综合各地情况和专家意见，这既有机动车方面的因素，也有行人自身原因，还有斑马线模糊不清等客观因素，但主要是机动车自身的“不礼让”问题。

无知无畏型

驾驶人法制观念淡薄，不知晓不礼让斑马线的违法性和危害性。据上海市交警部门介绍，2014 年有 90%以上的机动车驾驶人不知道不礼让斑马线是违法行为，以赶时间等为由不礼让斑马线。

明知故犯型

有的驾驶人虽知晓不礼让斑马线是违法行为，但公共交通安全道德缺失，无视斑马线规则的存在，尤其在无红绿灯、无电子监控设备的斑马线处，不管有无行人通行，照样横冲直撞。有的甚至加速抢道，吓得行人在斑马线前不敢迈步；有的甚至鸣笛逼停行人；有的则与行人直接发生碰撞。此类最为突出的是酒驾、毒驾、药驾等意识不清醒的驾驶者。

心存侥幸型

有的驾驶人存有侥幸心理，认为无红绿灯或未看见斑马线上有行人或行人少，就在行经斑马线时不减速，不停车让行。

行人无序抢行型

有的行人过马路时无视红绿灯的存在，我行我素，不按规定时间过斑马线，几乎让等在斑马线前的车辆无法通过，尤其是在车流高峰期。这也是造成车人争抢过斑马线的原因之一。

标识不清误撞型

有的路段斑马线磨损褪色，模糊不清，过往车辆从远处驶来，难以辨识斑马线，致使机动车误闯斑马线。

礼让斑马线是驾驶人应恪守的道德底线和法律原则

破解机动车不礼让斑马线的社会难题，绝非一朝一夕之功，绝非仅凭单一力量就能奏效，必须各方积极改进，协调联动，齐抓共管。

规范礼让斑马线的驾驶行为

驾驶人应强化法制观念，铭记《道路交通安全法》规定：当机动车行驶至距斑马线 30~100 米时，应当提前减速，做好停车让行准备，无行人横过道路时低速通过；行人已进入人行横道时，机动车需停车避让；行人与机动车同时通行可能引发冲突的，机动车要停车让行。

养成礼让行人的文明习惯

斑马线彰显着对行人生命的尊重，关乎着行人的生命安全，必须礼让。礼是礼节、礼貌；让是不争、不抢。即机动车通过斑马线前要先慢、先停、先让，有礼节、礼貌地避让行人，不争不抢，让行人优先通过。礼让是一种修养、一种境界、一种美德、一种义务，是真正的文明驾驶。反之，驾驶人不礼让斑马线，不礼让行人，一旦抢行出了事故，不仅害了别人，自己也要承受巨大的经济损失甚至是严厉的法律惩处。礼让斑马线，应成为每个驾驶人的良好习惯、自觉行动，并成为一种社会风尚！

行人应自觉地适当礼让车辆通行

遵守交通规则，人人有责。机动车应礼让斑马线，避让行人，这是法定责任，必须遵守。同样，行人也应自觉、适当礼让车辆通行，加快脚步，快速通过斑马线。车让人，让出一份安全；人让车，让出一份文明。车人互让，社会才会更加和谐、文明。

完善路口相关设施

有关部门应在斑马线处适当增设红绿灯，有条件的适当增建过街天桥。对磨损严重褪色的斑马线及时喷漆补画，恢复斑马线的警示作用。

安全细节箴言

●让与争一闪念，生与死一瞬间；礼让三分平安在，抢行一秒后悔迟。

●机动车礼让斑马线是一种道德礼仪，是一条刚性的法律规定，也是驾驶人应知晓的安全细节和常识，是应认真践行的行车准则。

●驾驶人应告别不礼让斑马线的不良陋习和违法行为，不让自己成为斑马线上害人害己的“马路杀手”！

9. 命丧"生命通道"
——应急车道被占延误抢救时机

应急车道（也称硬路肩）有哪些功能和禁规？写作本篇前，笔者同许多驾驶人一样，也不明其究竟。直到看到因应急车道被占而引发的一个个凄惨而令人哀伤的案例及相关法规，才恍然大悟。

例一 北京——一次救护车遇堵鲜有车避让，致伤者抢救不及身亡。2012年12月7日晚6时许，北京市田村北路一名骑车人不幸被轧成重伤。送医救护车的警笛声及急救人员"请您让一让"的哀求声一再播出，但一路上鲜有车辆避让。车内急救人员急得汗如雨下，却束手无策！虽然一刻不停地在抢救，但从现场到医院不到3公里的路程，却足足行驶了40分钟！最后，急救人员眼睁睁地看着一个很有希望救活的生命在眼前逝去……

例二 福建——一次应急车道被占，哮喘病人延误最佳抢救时间身亡。2014年10月1日中午，一位34岁男子在福银高速上突发哮喘病。由于应急车道被大量私家车占用并堵死，救护车无法及时赶到，病人最终不幸死亡。《东南快报》记者写道："他才34岁，是家中的顶梁柱，却因作为生命通道的应急车道被堵，延误了抢救时间而失去生命，令人痛心！"

例三 浙江——一次应急车道被占，受伤驾驶人延误最佳抢救时间身亡。2015年10月1日上午，甬台温高速发生车祸，一辆厢式小货车与前车追尾，货车驾驶人被卡驾驶室内。救援人出发地距离事故现场只有13公里，如道路顺畅，10分钟内就能赶到，但应急车道被占，救援人员约半小时才到达现场，因错过最佳救援时间，被卡驾驶人身亡。救援人员沉痛地说："如果应急车道没有被堵，救援力量能够早一点到达，这个人可能还有救。"

例N 应急车道被占延误最佳抢救时间或被处罚的更多事件。

2011年，重庆一大巴车祸致30多名乘客受伤，应急车道被堵救护车延误30分钟。

2014 年，名导吴天明在京突发心梗，因救护车被堵延误抢救离世。

2015 年，云南巧家县一男童车祸重伤，因应急车道被堵延误救治死亡。

2015 年，广昆高速横县段发生车祸起火，应急车道被占延误救援致 3 死 1 伤。

2015 年，深圳一车 23 次占用应急车道，被记 138 分、罚款 6.9 万元。

……

写到此篇，反省自己的驾车经历，笔者也曾有过在高速公路侵占应急车道的行为。驾乘车多年，却不详知应急车道的功能和禁规，也不了解任意侵占之危害。问及周边朋友，与笔者雷同者并不在少数。

应急车道的“应急”功能及重要价值

应急车道，是指在高速公路、城市环线、快速路两侧施划，专门供工程救险、消防救援、医疗救护或民警执行紧急公务等处理应急事务特殊车辆使用的专用车道。例如，高速公路常见的三条车道、四条车道，最右边实线外的即是应急车道。

应急车道是“生命通道”

应急车道具有专属性、排他性，禁止任何社会车辆驶入或者以各种理由在应急车道内停留。这是因为，应急车道如果被占用，一旦发生拥堵，上述特殊车辆就无法通行，将严重影响生命救援；乱占应急车道易引发交通事故，加重车辆拥堵、不利于通畅出行。

在发达国家，任何社会车辆不得任意占用应急车道是“铁律”

德国是全球首个立法“给急救车让道”的国家。该国法律规定，任何车辆听到救护车、消防车、警车等车辆的鸣笛声都必须让道，左车道车往左靠，右车道车往右靠，以空出一条“应急通道”。如果是三车道以上，一般情况下中间车辆往右靠。公路法规定：驾驶人堵住“应急车道”将受到法律处罚。如果对急救车影响较轻，最少罚款 20 欧元；造成严重影响的驾驶人，将由检察机关调查，甚至坐牢。

违法占用应急车道行为的高发，已引发无数错失最佳抢救时间的悲剧

应急车道在节日期间被侵占的现象更为突出

节假日已成为违法占用应急车道的高发期。据公安部交管局披露，2015 年国庆长假 7 天，全国查处占用应急车道违法行为 6 万余起。

占用应急车道，加剧道路拥堵，延误紧急救援

医学统计表明，创伤和意外伤害发生后的几分钟是救援的“黄金时间”，快 1 秒，病人存活的概率就相对大一分。院前急救环节是创伤和意外伤害救治的重中之重。高速路一旦发生拥堵，即使距离事故点只有几百米，救护车也无法到达。关键时刻应急车道不能“应急”，令人心急如焚!

高速公路应急车道的频频被堵，已在全国上演无数起错失最佳抢救时间的悲剧。有地方统计，高速公路只要出事故，应急车道被占用的比例高达 90%。参与过救援的高速交警发微博感慨道：“占用应急道的人成为‘隐形凶手’，用冷漠‘扼杀’别人生还的希望!”

应急车道被堵直接导致的延误救治事件屡有发生

据 2015 年 2 月 25 日《新华每日电讯》报道，我国约 80%的意外伤害死亡是由于抢救不及时、出血过多而造成的。20%的道路交通伤害患者因没有得到及时现场救治而死亡，约 2/3 的道路交通伤害患者在伤后 25 分钟内死亡。而因应急车道被堵直接导致的救治不力事件屡有发生。因占用应急车道导致的交通事故也频频发生。自 2013 年以来，全国因占用应急车道而导致交通事故 69 起，死亡 43 人、受伤 79 人。

任意侵占应急车道的四种类型

法盲无知占用型

对于应急车道的生命通道功能，以及其他车辆不得进入应急车道内行驶的法律禁规，有相当多的驾驶人并不真正了解。社会车辆随意侵占应急车道，或不为救护车让路，甚至与救护车争路的事件时有发生。此前一项网络调查显示，遇到急救车不避让的私家车过半。

自私自利占用型

有人虽明知社会车辆不能随意占用应急车道，但为满足自己需要，如停车上下乘客、更换驾驶人、看风景、大小便等而任意占用应急车道，或故意不给救护

车让道。有的驾驶人开车累了，也将车停放在应急车道上休息。

心存侥幸占用型

对于不能占用应急车道，有些驾驶人心知肚明而故意为之。例如，有的驾驶人存有侥幸心理，认为全程应急车道的每段路，不见得都有监控和交警执勤，自己临时占用一下不会有大碍，也不会被查处。

随大流占用型

有些驾驶人因从众心理作祟而任意占用应急车道。如在高速公路，一旦前方堵车或行车缓慢，有的驾驶人就会马上驶入应急车道以便超车，而占用应急车道往往会产生随大流的“破窗效应”。这样，按交通法规排队等候者则往往会感到“守法吃亏”而心理不平衡，认为“别人能走为什么我不能走，别人占了便宜自己吃了亏”，从而一一效仿，加剧道路的拥堵程度。

强化自律他律，早日终结侵占应急车道的“害命抢行”现象

救人、救火历来是争分夺秒，十万火急。要早日改变和终结在全国普遍存在的侵占应急车道的“害命抢行”违法行为，须从公民个人的心理与行为、国家层面的立法及执法等多维度进行彻底的改变与革新。

强化驾驶人的公民意识、规则意识和责任意识，做自律遵法的好公民

《道路交通安全法》第53条第1款规定：警车、消防车、救护车、工程救险车执行紧急任务时，可以使用警报器、标志灯具；在确保安全的前提下，不受行驶路线、行驶方向、行驶速度和信号灯的限制，其他车辆和行人应当让行。

对这一法律规定，驾驶人应该认真并无条件地遵守。对于应急车道，不是你想占不想占、愿占不愿占的问题，也不是你想让不想让、愿让不愿让的个人意愿，法律有强制性规定，公民必须遵守。每个驾驶人都应树立公民意识、规则意识和责任意识，做到不心存侥幸，不随流从众，不占用应急车道，礼让应急车道，礼貌行车，文明行车。

知晓应急车道的功能和禁规，模范遵守应急车道的法律规定

如发生交通事故或出现故障，确需在高速公路应急车道内临时停车的，应开启危险报警双闪灯，在车后方150米外摆放三角警告标志，在夜间或遇雨、雾等天气，还应同时开启示廓灯、尾灯和后雾灯；其他人员一定要撤到安全区域内，必要时及时拨打高速公路报警电话，请求援助。遇有前方交通堵塞等情形时，禁

止在应急车道停靠、排队或行驶；禁止在高速公路越江桥梁上检修车辆。假期出行，如遇道路拥堵，应耐心排队等候，听从交警指挥，切勿占用应急车道。在城市街道行驶，遇有急救车应主动避让，确保生命通道畅通无阻。

严格执法，全力保障“生命通道”的安全畅通

各地公安交管部门应加强道路勤务巡查，加大路面管控力度，及时发现占用应急车道的机动车，并进行现场处罚，依法予以记分和罚款；加强科技监控，充分利用高速公路电子视频监控设备进行24小时全天候监控，对监控设备抓拍到的占用应急车道的违法行为，通过情报信息板等方式予以警示，并依法从严处罚。对于违法占用应急车道的，一次记6分。对拒不听从劝阻驶离的，依法拖离，并追究其妨碍执行公务责任。驾驶人车辆发生故障需停车排除时，应立即开启危险报警双闪灯并将故障车辆移到不妨碍交通的地方停放；车辆发生故障或者事故后难以移动，未按规定使用灯光并设置警告标志的，可对驾驶人处以200元罚款。

2014年年底，公安部发出通知，要求将占用应急车道与超速、超载、酒驾、毒驾等七类突出违法行为，一起归类为严重危害交通安全的新问题进行集中查处。我们期待这一直接危及公共安全的新问题，能够真正像酒驾一样，得到显著和有效的治理。醉驾入刑两年后，酒驾即减四成即是明证！

安全细节箴言

●一次随意占用应急车道，阻碍的是“生命通道”，夺去的是他人的“救命时间”！

●不占用应急车道，不仅是道德良知，是公民常识，更是法律规定。学会换位思考，给他人留让一条“生命通道”，也等于给自己留出一条活路！

●履行公民责任，不占用应急车道，不阻碍急救车！

10. 抛空瓶换来万元赔偿
——驾乘车随手抛物酿事故

你驾乘车有从车窗抛物（即扔垃圾）的经历吗？你可知道驾乘车窗外抛物的危害？让事实告诉你——

例一 杭州——一次高速公路乘车抛瓶傻了眼。2014 年 7 月 23 日，湖北人王某驾奥迪 A8 载着怀孕的妻子到杭州游玩。当行至练杭高速杭州方向时，他突然看到一个酷似矿泉水瓶的东西从前方面包车副驾驶座位飞出，砸向自己车的挡风玻璃，挡风玻璃即刻破裂。王某随即开车追上面包车，面包车驾驶人却不承认抛物。交警到后，在奥迪车行车记录仪记载的视频证据面前，面包车驾驶人承认了“副驾驶座亲戚随手抛矿泉水瓶”的事实。在交警作出由其负全责，须赔付奥迪车车主 18000 元更换挡风玻璃的处罚决定后，面包车驾驶人一下傻了眼。

例二 宁波——一次高速公路驾车抛烟头烧毁自家车物。2011 年 12 月底，一辆正在宁波绕城高速行驶的货车突然莫名其妙地发生了火灾，一时火光冲天，浓烟蹿起十几米高。几分钟后，货车驾驶室被烧毁，车上装载的多台中央空调被烧得只剩下金属架。车主蒋某觉得挺纳闷，好端端行驶的车子怎么就突然着火了呢？经交警和消防部门调查，谜底揭晓：原来该车驾驶人抽完烟随手把烟头抛出窗外，因车速较快，烟头随风飘到车厢点燃泡沫，引发了这场意想不到的火灾。

例三 武汉——一次为捡路上烟盒，女环卫工被撞身亡。2014 年 11 月 13 日，武汉市 52 岁的女环卫工李某在八一路延长线光谷大桥上清扫。为了捡拾桥面上丢弃的一个烟盒，李某穿过车流来到双向四车道路中间，不慎被一辆驶过的越野车撞倒，在摔到对向车道上后，又被一辆迎面开来的面包车卷入轮下。由于受到两次严重的撞击，李某当场死亡。

例 N 车窗抛物“伤人损己”的更多事件。

2012 年 5 月，盛某驾货车在杭浦高速抛烟头致自家车车厢起火。

2013 年 8 月，京承高速沙峪段养护工陈某捡垃圾被撞身亡。

2014 年 6 月，沈阳市环卫工林某夫妇清理车窗抛物被撞 1 死 1 伤。

2015 年 3 月，沪昆高速一乘客抛酒瓶砸中宝马车大灯赔万余元。

2015 年 10 月，沪渝高速仙桃段一男子车窗抛物甩飞白金戒指。

……

高速行驶时车窗抛物成了“夺命凶器”

在高速公路行驶，不时可见路边矗立“禁止向车外扔杂物”的警示牌。无疑，车窗抛物不仅是不文明之举，更是一种违法行为。但车窗抛物的潜在危害许多人并不知晓。

伤害后车

1. 高速行驶车辆抛出物品的破坏力非常大。车辆高速行驶时驾乘人抛出的物品由于惯性速度很快，若碰到别的物体，其破坏力比静止时扔出去的东西大得多。如抛出的物品材质比较硬，可能会对后车甚至是自车驾驶安全造成影响；如车窗抛出的玻璃瓶子与高速行驶的车辆发生碰撞，其威力不亚于一颗普通的手榴弹，和鸟撞飞机是同样的道理，会损伤车漆面、打坏灯具和前挡风玻璃等；如玻璃瓶抛后摔成碎片，可能给后车带来爆胎等事故隐患；如抛出去的是报纸、纸巾或塑料袋，一旦粘贴在后车的挡风玻璃或大灯上，会遮挡驾驶人的视线和光线，给后车带来危害。

2. 车窗抛物极可能引发严重车祸。高速行驶时前车突然抛出一个物品，后车往往看不清是何物，而当发现前方有不明物体飞来时，驾驶人会下意识躲避，这种躲避很可能就是猛踩刹车或猛打方向盘，极可能造成车辆失控、严重追尾或侧撞事故。

3. 车窗抛物，如导致他人重伤害或死亡，肇事人须负事故全责或主要责任，将构成交通肇事罪。

伤害自车

国外一项研究证明，当时速超过 55 公里时，从车前窗抛出的烟头因受到气流的影响，会 100%砸到本车同一侧的后窗上，如果此时后窗处于打开的状态，烟头就会飞进自己车里引发火灾或其他损伤。驾乘人车窗抛烟头，导致自车或他车发生火灾事故已屡见不鲜。如马路边有枯草落叶，就有可能将其点燃；如抛在郊外林区，后果将不堪设想。

伤害他人

车窗抛物使得环卫工人不得不冒着生命之险到密集车流中去清扫道路，尽管环卫工人着装明显，但仍有不少驾驶人因车速过快或其他原因与其相撞。在全国各地，车窗抛物殃及环卫工人的事故时有发生。

驾乘人车窗抛物现象何其多

综合各地驾乘人车窗抛物，可谓五花八门，有烟头、香烟盒、果皮、果核、瓜子壳、易拉罐、饮料瓶、啤酒瓶，也有打火机、电池、报纸、纸巾、口香糖纸、塑料袋等。几乎所有干线公路及城市街道上，每天都有养护工在清理路面上人为抛洒的垃圾，而且一到节假日，此类垃圾会更多。

分析各地驾乘人车窗抛物违法现象如此之多并屡禁不止的原因，大体有三方面：

公德意识、公民意识淡薄与缺失

驾乘人车窗抛物，看似是不屑一顾的小事，但透过这一细节，从个人层面看，反映的是一个人公德、公民意识的低下及社会责任感的缺失。有的只图自己随意、方便、快乐，不想也不管车窗抛物行为将给他人和环境带来的伤害，不履行自己的公民义务。车窗抛物是行为人极端自私心理的外在反映，是公民意识缺失在道路出行上的表现。

安全素养和安全常识缺失

有的人生活习惯粗放，行为任性，车内垃圾想抛就抛、想扔就扔；有的人意识不到高速行驶中车窗抛物的潜在危害，根本不在乎随手一抛一扔的风险，认为“小节无害”，扔点小垃圾没啥。

违法成本低

《道路交通安全法》第 66 条规定，……乘车人不得向车外抛洒物品，不得有影响驾驶人安全驾驶的行为。《道路交通安全法实施条例》第 62 条规定，驾驶机动车不得有向道路上抛撒物品的行为。因此，驾乘人车窗抛物属违法行为。

但目前我国有法不依的现象比较普遍，加之取证困难，车窗抛物的违法成本非常低，车窗抛物的现象屡禁不止。按照现行法律规定，如车窗抛物，驾乘人将分别被处以 50 元和 20 元的罚款。平心而论，此处罚标准和力度太轻，很难想象这样的处罚会对行为人的心理产生威慑力。

而发达国家对车窗抛物违法行为，基本是“零容忍”。例如，新加坡对此类违法行为的处罚非常严厉，第一次抛物将被罚款2000新元（约合9500元人民币），第二次后将累计处罚，并会外加劳役，甚至被监禁。

强化公共安全道德修养，杜绝车窗抛物现象发生

提高个人修养

作为公民个人，要加强自身修养，从自身做起，从细节做起，杜绝车窗抛物“损人不利己”现象的发生。

驾驶人每次开车外出前应准备一个塑料袋，途中产生的垃圾随时入袋，等到服务区或目的地投入垃圾箱。驾驶人还应承担劝阻乘车人车窗抛物的责任和义务，应随时提醒并监督乘车人文明乘车，垃圾入袋。

安装行车记录仪以备被抛物砸中时取证

各地已发生多起行车记录仪记录被前车抛物砸中而获得损害赔偿的案例，维护了受害人的合法权益。

安全细节箴言

●勿以善小而不为，勿以恶小而为之。

●细节之处见修养。我们应铭记先人教诲，牢记公民的责任和义务，遵规守法，关注安全细节，在细节之处体现自己的道德修养；为了自身和他人的生命与财产安全，为了社会的文明和美好，不向车窗外乱抛一物！

11. “杰出企业家”醉驾判无期 ——醉驾撞死人“自饮苦酒”

开车不喝酒，喝酒不开车，这是如今几乎妇孺皆知的安全常识。然而，有人却仍置这一安全常识于不顾，我行我素，开车前酒照喝不误，酒后照例开车，以致酒驾、醉驾撞人死伤事件频频发生，其结果是——自酿苦酒自己喝！

例一 浙江——一次醉驾致4死8伤，“杰出企业家”被判无期徒刑。杨某系台州三门华丽化工董事长兼总经理、三门县人大常委，连续多年被授予县级“杰出企业家”称号。2010年4月5日晚，杨某在一大酒店宴请他人并饮酒后自驾宝马车离开。有人曾提醒他不能再开车，但杨某不予理睬继续驾车行驶，随后发生连续撞车，共造成4死8伤及多车损坏的严重后果。警方鉴定，杨某属醉酒驾驶。台州市中级人民法院以危险方法危害公共安全罪一审判其无期徒刑，剥夺政治权利终身。

例二 江西——一次酒驾撞死撞伤多人，大学副校长被判刑。廖某，教授、博士生导师，曾任某大学副校长。2011年3月5日，廖某驾驶越野车，沿南昌市庐山中大道行驶时为避让行人，碰撞一辆同向行驶公交车后失控撞上行人，致2死4伤。经警方鉴定，廖某属于酒驾。鉴于其自首且积极赔偿，廖某被一审法院判处有期徒刑3年，缓期3年执行。

例三 上海——一次酒驾致6人死伤被判死刑。2012年2月11日，上海刘某驾车送喝了酒的黄某等人回家。车行半路，黄某强行要求自己开车。黄某驾车后与一出租车追尾，因害怕被查处驾车逃逸。在出租车驾驶人追上黄某并下车与其争论时，黄某强行启动轿车，将出租车驾驶人顶在引擎盖上高速行驶约1公里后，撞上一辆QQ车尾部，QQ车又撞上一辆起亚车，QQ车随即着火。事故导致出租车驾驶人被撞身亡，QQ车内2人死亡，起亚车内3人受伤。加其有犯罪前科，黄某最终被判处死刑。

例N 酒驾或醉驾致己或他人死伤的更多事件。

2009年6月，南京市张某醉驾致5死4伤被判无期徒刑。

2010年11月，聊城市朱某婚宴后酒驾撞车致16死6伤。

2013年10月，上海市松江区张某隔夜醉驾撞死2人获刑赔百万。

2014年7月，广东四会市郑某醉驾撞车死亡并致其他5人死亡。

2014年12月，蚌埠市陈某醉驾撞死6人，一审被判死刑。

……

酒驾、醉驾肇事致人伤亡的案例比比皆是，不胜枚举。演艺界明星洛桑、牛振华因酒驾或醉驾撞车身亡，梁家辉、阿穆隆、高晓松、刘惠等人因酒驾或醉驾撞车或撞死人被判处拘役或有期徒刑。

近年来，“开车不喝酒，喝酒不开车”的安全理念已逐渐深入人心，但酒驾、醉驾者仍大有人在，因酒驾、醉驾而导致的交通事故甚至重特大人身伤亡事故仍在频发。

你是否真正知晓酒后不能驾车的科学常识

饮酒对驾驶车辆有六种不良影响

世界卫生组织认为，酒精对驾驶有直接影响。根据饮酒量的不同，酒精对大脑的直接影响是消沉或兴奋。无论是哪一种，酒精都会导致驾驶人能力减弱从而增加事故发生的可能性。具体来说，饮酒对驾驶车辆有六种不良影响：

1. 视觉障碍。一般人在正常状态下眼睛的外围视界可达180度，如血液中的酒精含量超过0.08%，驾驶人视界就会缩小。在这种情况下，人已不具备驾驶能力。至于醉酒人则只能感觉到周围环境的很小一部分。

2. 运动反射神经迟钝。有实验表明，喝酒后开车比不喝酒开车反应会慢一两秒。如果开车时速为60公里，一秒钟车辆行驶的距离是16.67米，反应慢一秒车辆就会向前驶出16.67米！这也是酒驾极易发生追尾事故的原因。

3. 触觉能力降低。饮酒后驾车，因酒精麻醉作用，人的手脚触觉较平时降低，往往无法正常控制油门、刹车及方向盘，极易导致操作失误。

4. 判断和操作能力降低。人饮酒后对光、声刺激的反应时间延长，从而无法正确判断行车距离和速度。

5. 盲目自信。在酒精刺激下，人有时会过高估计自己的能力，对周围人的劝告常常不予理睬，往往表现出异常自信而做出力不从心的事情。

6. 易疲劳。饮酒后由于酒精的作用，80%的人易困倦、打瞌睡，表现为行驶不规范、空间视觉差等疲劳驾驶的行为，极易引发交通事故。

饮酒是导致道路交通事故的主要因素之一

即使是相对少量的饮酒，也会增加机动车使用者和行人卷入交通事故的风险。酒精对驾驶人、骑乘人和行人的事故风险有重大影响。在发达国家，酒驾通常被视为导致道路事故的最主要因素之一，如美国，在每年因酒驾引发的交通事故中，约有 50 万人受伤、17000 人死亡。

酒驾违法行为者不良心理透视

酒驾、醉驾违法行为的大量存在，与驾驶人安全意识淡薄等不良心理相关。

对酒驾的危害性认识不到位

多数人对酒驾危害有一定认识，知道酒驾不好，但有的认识不深刻、不到位，没有认识到酒驾可能导致的严重后果。而酒驾事故往往就在常识缺失和麻痹大意中发生，如有的人以为头天晚上喝酒，第二天开车肯定没事，不知酒精在体内代谢的时间和隔夜酒驾的危害，一旦出了交通事故或被查处，悔之晚矣。

对酒量、车技过于自信

“酒逢知己千杯少，能喝多少喝多少”；“喝半斤没事，喝一斤不醉，喝二斤不倒”！酒驾者都超乎寻常地“自信”，觉得自己就是喝了酒，也照样能开车，遇上突发问题也能从容应对。

一项调查表明，大量酒驾者的驾龄为 5~20 年。他们往往自恃车技高超铤而走险。

侥幸心理作怪

有人总以为自己“过去经常喝酒开车，一直平安无事，喝点也不碍大事”，“喝点酒也不会那么碰巧，就被交警查处”，甚至认为过节相关检查会少，于是怀着侥幸心理而酒驾。

自省自律，从细节做起：主动预防和改变酒驾的陋习

我国从立法到执法都加大了对醉驾的惩罚力度，《刑法修正案（八）》规定，在道路上醉酒驾驶机动车的，处拘役，并处罚金；《道路交通安全法》第 91 条第 2 款规定，“醉酒驾驶机动车，由公安机关交通管理部门约束至酒醒，吊销机动车驾驶证，依法追究刑事责任；5 年内不得重新取得机动车驾驶证”。

清醒地认识酒驾危害及可能产生的严重后果

实验表明，当驾驶人血液酒精含量达80mg/100mL时，发生交通事故的概率是血液不含酒精时的2.5倍；达到100mg/100mL时，发生交通事故的概率是血液不含酒精时的4.7倍。即使在少量饮酒的状态下，交通事故的危险度也可达到未饮酒状态的2倍左右。因此，驾驶人应牢记“开车不喝酒，喝酒不开车”的排他性警示；知晓禁止酒驾，检查、罚款甚至追究刑事责任的真正目的，是为了保护驾驶人自身和他人的生命安全，维护正常的交通秩序和社会秩序；明白不酒驾应是每个驾驶人尊重生命的主动意识，是每个公民应尽之责。在预防酒驾问题上，应做到不麻痹大意、不心存侥幸、不冒生命之险。

清楚酒驾和醉驾的标准，不踩法律底线，不违规驾驶

驾驶人血液中的酒精含量大于或等于20mg/100mL，小于80mg/100mL为酒驾；驾驶人血液中的酒精含量大于或等于80mg/100mL为醉驾。

一个人喝多少酒就算酒驾？某交警部门进行的现场酒后检测证明，一般人喝下一杯啤酒即可达到酒驾标准。啤酒的酒精浓度一般为5%左右，普通瓶装啤酒为600mL，即含有30mL的纯酒精，所以，喝下约一瓶的2/5即一杯，就可达到酒驾标准。而酒精浓度50%的白酒，及酒精浓度12%的红酒，则分别在喝下半两与2两左右即达到酒驾的标准。当然，依饮酒人的个体情况略有区别，与体重、性别、年龄及是否经常饮酒等均有关系。但开车前24小时内滴酒不沾，应成为杜绝酒驾的一条基本准则。

不劝驾车人饮酒

明知驾驶人开车来就餐，同桌人应履行善意提醒和不劝酒或不恶意灌酒的义务。否则，驾车人酒驾或醉驾而发生交通事故，劝酒人须承担相应法律责任。

知晓和把握酒后驾车的安全时限，防范“隔夜酒驾”违法行为的发生

一项相关研究数据表明，酒后8~12小时，酒精在体内含量将大大降低，24小时后才会完全代谢完。由于酒精在人体内代谢时间长短因人而异，前一晚如果喝酒较多，经过一夜休息后，生理上好像已没什么反应，但酒精依然在体内没有代谢完，次日开车极易导致酒驾。所以，如果第二天开车，头晚最好别喝或少喝酒；如头晚喝酒，为保险起见，最好24小时内别开车，免得犯下“隔夜酒驾案”。因交警部门查处酒驾并不问喝酒时间，只以检测结果为准；隔夜查出酒驾，同样追究刑责。

酒后尽量安排代驾，确保万无一失

为确保不酒驾，酒后可安排代驾，也可由自己或朋友联系他人车辆或出租车接送。千万不能逞能、硬挺，自己驾车。2011 年，音乐人高晓松醉驾前也找过代驾，但久等代驾没来，一冲动自己开车走了，结果酿发 3 车相撞、3 人受伤的严重事故。

安全细节箴言

- 古人言，福生于微，祸生于忽。
- 酒桌上一杯再一杯，车轮下一悲接一悲。
- 无数次的痛，千百次的爱，汇成一句温馨箴言：开车不喝酒，喝酒不开车！

12. 出逃 21 天落法网
——交通肇事逃逸被重惩追刑

交通肇事后是保护现场、报警救人、等待处理，还是心存侥幸回避责任、快速逃逸？在这一重大抉择关头，有的肇事行为人选择了后者。结果，不仅被抓获，还被重惩追刑！

例一 南充——一次交通肇事逃逸 21 天，犯罪嫌疑人获刑拘。2013 年 12 月 10 日晚，阆中市陈某为朋友过生日吃饭喝酒，随后又驾车和朋友唱歌喝酒，在 23 时许搭载朋友回家车行至阆水中路时将行人范某撞倒，并致范某当场死亡。事发后，陈某担心酒驾被查，心存畏惧，于是驾车逃离现场。在获知被撞人死亡后，委托他人将肇事车辆藏匿，先后出逃至成都、上海等地。但法网恢恢，疏而不漏，陈某终在 21 天后被警方从浙江押回阆中，并被依法刑拘。

例二 无锡——一次交通肇事逃逸，8 天后被绳之以法。2014 年 10 月 22 日，无锡市陈某酒后驾驶正三轮摩托车在惠山区肇事，导致两名行人被撞倒，其中一人不省人事。陈某因害怕承担法律责任而驾车逃逸。案发地点偏僻，又无目击证人，现场物证几乎为零，但办案民警面对这一死一伤的大案，连续排查，抽丝剥茧，案件成功告破，犯罪嫌疑人陈某被抓获。

例三 衢州——一次交通肇事逃逸，次日犯罪嫌疑人被抓捕归案。2015 年 3 月 12 日，黄某驾驶江西牌照面包车途经 205 国道常山县路段时，与一辆挂车（只有牵引头）发生刮擦，面包车失控后和对向车道一辆大众无牌小型汽车发生碰撞，导致 3 死 2 伤。事故发生后牵引车逃离现场。警方最终查清交通肇事逃逸案件的基本事实，牵引车肇事逃逸犯罪嫌疑人宋某被抓捕归案。

例 N 交通肇事逃逸被严惩追刑的更多事件。

2014 年 10 月，西昌市顾某驾车将湛某撞死逃逸，后被抓获。

2014 年 11 月，沙河市路某驾车轧死一行人逃逸，后被抓获。

2015 年 1 月，广水市熊某驾车将一人撞伤（后死亡）并逃逸，后落网。

2015 年 1 月，迁安市陈某驾车撞死人逃逸，后落网。

2015 年 5 月，和平县朱某驾车撞倒行人（后死亡）并逃逸，后被抓获。

……

交通肇事逃逸，由于伤者得不到及时救助，延误医治而加重伤情或造成死亡，给受害者造成不应有的损失，给受害者亲属造成巨大的精神创伤和经济损失，最令人痛恨和不齿！

交通肇事逃逸的八种情形及成因

交通肇事逃逸，是指交通事故当事人在发生交通事故后为逃避法律追究，驾驶车辆或遗弃车辆逃离交通事故现场的行为。

交通肇事逃逸的八种情形

1. 明知发生交通事故，交通事故当事人驾车或弃车逃离事故现场的；

2. 交通事故当事人认为自己对事故没有责任，驾车驶离事故现场的；

3. 交通事故当事人有酒后和无证驾车等嫌疑，报案后不履行现场听候处理义务，弃车离开事故现场后又返回的；

4. 交通事故当事人虽将伤者送到医院，但未报案且无故离开医院的；

5. 交通事故当事人虽将伤者送到医院，但给伤者或家属留下假姓名、假地址、假联系方式后离开医院的；

6. 交通事故当事人接受调查期间逃匿的；

7. 交通事故当事人离开现场且不承认曾发生交通事故，但有证据证明其应知道发生交通事故的；

8. 经协商未能达成一致或未经协商给付赔偿费用明显不足，交通事故当事人未留下本人真实信息，有证据证明其是强行离开现场的。

交通肇事逃逸为哪般

1. 为逃避法律责任而逃逸。当事人交通肇事逃逸的动机，一般是为逃避抢救义务及逃避责任追究。

2. 因害怕挨打而逃逸。有的当事人在看到交通肇事致人伤亡的严重后果后，担心被害人的亲友情绪激愤失控而挨打，故逃离事故现场。

3. 心存侥幸而逃逸。这种心理活动和表现是，当事人交通肇事后看到事故现场偏僻、夜深人静或遇雨雪雾天气而无人知晓，就趁机逃逸；也有的伪造现场、遮挡车号牌、修补车辆撞击破损部件或隐藏肇事车辆而逃之夭夭。

交通肇事逃逸“难逃法网”，且属“加重惩处”之列

交通肇事逃逸，终究难逃法网

近年来，由于公路沿线电子监控设施的增加，公安部门侦查技术和手段的日益完备，交通肇事逃逸后逃脱法网的概率越来越低，可谓“法网恢恢，疏而不漏”。各地已形成有逃必追、有案必破的威慑态势。

交通肇事逃逸属加重惩处之列

1. 责任认定重。《道路交通安全法》《道路交通安全法实施条例》规定，当事人逃逸或者故意破坏、伪造现场、毁灭证据，使交通事故责任无法认定的，应当负全责。在交通事故中，肇事驾驶人可能无责任或只有部分责任，但如果因逃逸导致交通事故责任无法认定，就要负全责。

2. 损害赔偿重。按《民法通则》和最高人民法院《关于审理人身损害赔偿案件适用法律若干问题的解释》，交通事故赔偿费用少则几千元，多则上万元甚至几十万元，如肇事车辆投保第三者责任险，发生交通事故后，赔偿时保险公司有先予支付的义务。但如果肇事车辆逃逸，按保险合同约定，保险公司就不再承担保险责任，车主须承担全部赔偿费。

3. 行政处罚重。《道路交通安全法》第101条第2款明确规定，对造成交通事故后逃逸的驾驶人，公安机关交通管理部门将吊销其机动车驾驶证，且终身禁驾。

4. 刑事责任重。根据《刑法》第133条及有关司法解释的规定，肇事后逃逸的，属法定的加重情节。交通肇事后逃逸的，处三年以上七年以下有期徒刑；因逃逸致人死亡的，处七年以上有期徒刑。如果驾驶人为了逃避法律追究，将撞伤者带离事故现场后隐藏或者遗弃，致使伤者无法得到救助而死亡或严重残废的，则构成故意杀人罪或故意伤害罪，按《刑法》规定，将会受到更加严厉的处罚。此外，法律还规定，交通肇事后，单位主管人员、机动车所有人、承包人或乘车人指使肇事人逃逸，致使伤者因得不到救助而死亡的，上述人员以交通肇事罪的共犯论处。

理性面对交通肇事，不再“逃之夭夭”

强化道路交通执法硬件条件改善

公安交警部门应加大资金和科技力量投入，加快城乡一体化建设，改善道路交通设施，扩大电子摄像监控的覆盖范围，不留肇事逃逸监控的死角与盲区。因

为交通肇事逃逸案件侦破率只要未达到百分之百，就会有一些肇事人心存侥幸选择逃逸。一些交通肇事逃逸案件之所以多年未破，主要是受害人没注意车辆特征、表述不清楚或当场身亡，无法提供有效线索。而且事发路段多为乡村偏僻路段，未安装监控摄像设备，亦无目击者，线索太少。从一定意义上说，只有通过完善监控设备等措施提高破案率，才能彻底打消肇事人的侥幸心理，自觉抢救受害者并投案自首。

驾驶人应理性面对交通肇事，不再“逃之夭夭”

一旦发生交通事故，当事人应主动保护现场，立即向交警部门报警，积极抢救伤者，配合民警办案。肇事逃逸的八种情形，都是法律严厉禁止的。在这个问题上，不要小聪明，不心存侥幸，不投机取巧。肇事逃逸，不仅保险部门不予赔付，还要承担刑事、民事、行政责任，最终落得终身禁驾的下场。

走出酒驾肇事后逃逸的认识误区

有的当事人酒驾肇事，认为不跑可能被拘役；跑了等酒醒后再自首，或许能罚轻点，那就先跑再说。这是一个在不少驾驶人当中流传的“酒后肇事攻略”。其实，酒精检测报告并不是认定酒后驾车的唯一证据。虽然事后可能无法再通过酒精检测仪、抽血检测血液酒精含量等方式认定当事人有酒驾行为，但在实践中，仍可以通过其他刑侦手段调查当事人在事发前是否饮酒。

安全细节箴言

●肇事不逃逸，只为心安，这应是每个有良知的人的基本出发点，是每个交通肇事者处理问题的道德底线和准绳，是对肇事者心灵的抚慰和救赎。

●一个细节失算，招致满盘皆输；一次逃逸遭惩，必将悔恨一生！

●切记：聪明反被聪明误。肇事难免，理性面对；肇事不逃，心安法随；法网恢恢，插翅难逃。肇事莫逃逸，逃逸必被捉！

13. 以身试法种恶果
——无证驾驶引悲剧

无证驾驶属严重的道路交通违法行为。无证驾驶而致人伤亡的交通事故在各地频发，令人愤怒、痛心。

例一 江门——一次无证驾驶失控翻沟致车毁2死3伤。2015年6月29日凌晨，19岁的吕某驾轿车载着4个同龄伙伴，行驶至蓬江区一路段时，车辆突然失控碰撞路中间绿化带，又冲上右侧路边绿化带，再碰撞路边树木后翻落水沟致2死3伤，车辆严重变形损毁。经交警部门调查认定，吕某属无证驾驶且肇事后逃逸，负事故全责，已被刑事拘留。

例二 泉州——一次无证驾驶“90后”女子撞死人赔巨款又坐牢。2014年1月16日零时，安溪县“90后”女子王某酒后驾驶朋友刘某的越野车闯红灯，将对向驶来的摩托车撞飞，致摩托车驾驶人滕某重伤身亡。经交警部门认定，王某酒驾且无证驾驶。一审法院以交通肇事罪判处王某1年零9个月的有期徒刑，并赔偿滕某家属等人56万元，且连累车主刘某赔偿14万元。

例三 汾阳——一次持国外驾照回国开车，一海归男被罚款行拘。汾阳市曹某留学期间考取了当地驾照，因学校放假回国，曹某以为持境外驾驶证在国内也可照常驾驶机动车，就未再申办国内驾驶证。2015年7月8日，曹某驾车行驶时被巡警查处，根据《道路交通安全法》相关规定，持国外驾照在国内开车属无证驾驶。交警对曹某作出罚款2000元、行政拘留10日的处罚。

例N 无证驾驶致人伤亡的更多事件。

2012年8月，焦作市廉某无证驾车冲入人群致4死10伤。

2012年10月，高密市王某无证驾车刮擦致两大巴相撞死伤58人。

2013年8月，周口市张某无证驾驶货车与客车相撞致11死12伤。

2014年2月，张某大广高速无证驾车撞护栏侧翻致3人死亡。

2015年3月，林州市一无证驾驶人驾客车翻坠致20死13伤。

……

各地媒体报道的无证驾驶致人死伤甚至发生重特大交通事故的例子举不胜举，触目惊心。据公安部交管局披露，仅2013年1~10月，全国无证驾驶车辆导致事故3639起，造成1290人死亡、4464人受伤。

无证驾驶的七种类型及五大危害

无证驾驶，顾名思义，是指机动车驾驶人在未获取或持有与所驾车型相对应的合法准驾证明的情况下驾驶该类型机动车。这里所指的“无证驾驶”，准确来说是“无资格驾驶”。

无证驾驶的七种类型

根据《道路交通安全法》及相关规范性文件，“无资格驾驶”包括以下七种类型：

一是未取得机动车驾驶证；二是机动车驾驶证被吊销；三是机动车驾驶证被暂扣期间；四是通过非法程序取得驾驶证的；五是使用失效的驾驶证驾驶机动车的；六是在某段时间内丧失驾驶营运机动车资格的驾驶人驾驶营运机动车的；七是驾驶机动车时未随身携带机动车驾驶证的。

无证驾驶的五大危害

1. 不具备安全驾驶的基本能力。无证驾驶人缺乏道路交通安全法律方面的知识，交通安全意识差；因对一些交通标识、标线认识不清，在行车中很可能违反交通规则，引发交通事故，造成道路不畅，进而影响他人正常行车；因技术上未达到相应标准，操作技能差，出事故的概率比有驾驶证的要高得多。

2. 无证驾驶者心虚容易引发事故。无证驾驶者知法犯法，往往“做贼心虚”，故在日常驾驶中常有规避执法检查的心理，容易造成超速、闯红灯和不按规定车道行驶的违法行为。

3. 容易诱发违法或犯罪。无证驾驶是严重的交通违法行为，也是引发重大道路交通事故的安全隐患之一。无证驾驶人员往往欠缺合法驾驶的要件，加之车辆本身来源不明、手续欠缺等更易滋生和诱发超员、超速、闯红灯、盗抢等违法或犯罪案件，甚至诱发其他违法犯罪。

4. 连累他人触犯“包庇罪”。无证驾驶引发致人伤亡事故，肇事人知晓其无证驾驶的严重违法性，唯恐“罪加一等”，为逃避法律制裁和严惩，往往找亲朋好友“顶包”，作伪证替其买单。

5. 弱化公众的法制意识和安全意识，扰乱道路交通的正常秩序。无证驾驶人藐视法律，无视交通规则，无视他人生命财产安全。此类现象的存在，弱化了公众的法制意识和规则意识。

我国法律对无证驾驶的“零容忍”规定

根据《道路交通安全法》的有关规定，未取得机动车驾驶证、驾驶证被吊销或被暂扣期间驾驶机动车的，处200元以上2000元以下罚款，可以并处15日以下拘留。

根据保险条例，各保险公司对于无证驾驶的行为，均不给予理赔，造成的损失全部由当事人承担。

无证驾驶的主要人群及心理透视

从各地对无证驾驶违法行为查处情况看，无证驾驶者大有人在，且渐呈低龄化态势。

无证驾驶的主要人群

从未获取驾驶证者；已在驾校学习尚未取得驾驶证而上路的“准驾驶人”；重型半挂牵引车的无证驾驶人，这类人与车主大多都是父子、亲戚等关系；农村摩托车、农用车的无证驾驶人；持有国外驾驶证而未办理国内驾驶证人，等等。

无证驾驶心理透视

1. 法制观念淡薄，不知或少知无证驾驶的严重违法性。如农村农用车、摩托车的无证驾驶人，认为此类车辆主要从事农业生产，从事运输经营少，在家门口跑得多，偶尔才上公路，因此没必要考驾驶证，有证无证无所谓。有的车主认为自己已会开车，办不办证都一样。一些人尤其是年轻人，对无证驾驶的后果认识不足，无视交通法规，为追求好奇、刺激，未取得驾驶资格就开摩托车甚至汽车到处乱窜，结果付出惨痛代价。有的误以为持有国外驾证在国内也通用，不用再办换发手续，等到被查处才后悔不迭。

2. 侥幸及从众心理作祟。不少人心存侥幸，认为自己会开车，技术过硬，只要不被交警查到，无证驾驶也没有关系。况且，路上车辆多，交警查不过来，自己不会那么倒霉被查到。还有的认为高速路好开，检查的少，无驾驶证也不会有事，致使有的高速路上的无证驾驶、准驾不符等违法行为日益增多。有的存在攀比、从众心理，认为别人有车不办驾驶证，自己不办也无所谓。

3. 为图省钱、省事而不办证。有的认为不考驾驶证，不用体检换证，车辆保险费、购置税等费用也不用交，省钱少麻烦。

强化法制观念，自觉抵制无证驾驶

强化法制观念

1. 要认识到无证驾驶是严重的交通违法行为。会踩油门，会打方向盘，并不等于会开车，更不能证明有资格和能力驾驶车辆。因此，不要自以为会开车，就无证驾驶擅自上路。要想安全出行，必须通过系统的学习、考核获取驾驶证。

2. 要知晓无证驾驶的相关禁止性规定，不踩法律红线。在驾驶证被吊销及暂扣期间，驾驶证逾期不换证、准驾不符时，不要驾驶车辆。否则，这些都将视同无证驾驶，一旦查出将被依法处以相应的处罚。新修订的《刑法》规定，对于伪造、变造、买卖驾驶证或盗用他人驾驶证的违法行为，要追究刑事责任。

3. 要知晓持境外驾驶证在内地驾车属无证驾驶。如果想在国内驾车，必须到当地交管部门办理驾驶证换发手续。

不将车借予无驾驶证者使用

车主应知晓对外借车所存在的法律风险，尤其应注意借车人的驾驶资格问题。对于无驾驶证的、未按规定审验驾驶证的，以及在暂扣、扣留、吊销、注销驾驶证期间的借车人应予拒绝。驾驶人明知他人未取得驾驶证，却仍然把车辆交其驾驶的行为同样违法，被查出不仅将被罚款，还可能被吊销驾驶证。借车给无驾驶证者使用致人死伤的，车主需承担连带赔偿责任。

安全细节箴言

●一次无证驾驶可能只是好奇、侥幸、偶然的驾驶行为，但却是一次严重的交通违法行为，是一项威胁自己和他人生命及财产安全的重大隐患，甚至可能是一次葬送自己和他人生命的交通肇事犯罪。

●做学法、知法、懂法、守法的公民，为了自身安全和家庭幸福，切勿以身试法，不要因一次无证驾驶而付出生命、财产或自由的惨痛代价！

14. 频闯红灯终致祸
——行人闯红灯付出高昂代价

行人和非机动车闯红灯在全国大中小城市比比皆是。不少人认为，“行人闯红灯不会有啥大事”“机动车不敢撞行人”。其实，这是一种误解，请看铁一般的事实！

例一 重庆——一次行人闯红灯被撞成终身残疾并承担主要责任。渝北区43岁的罗某平时爱闯红灯过马路。2015年4月27日，他走到一小区门前的红绿灯处，红灯亮起时还快步冲向马路中央。这时，一辆车因距离太近刹不住车便撞上罗某。经送医抢救，罗某虽脱离生命危险，但落下了终身残疾。交警部门调查后认定，此事故主要因罗某不遵守交通规则闯红灯所致，应对事故负主要责任，机动车驾驶人承担次要责任。

例二 长春——一次抱孩子“鬼探头”式闯红灯，父子双双被撞飞。2016年3月19日，在长春市工农大路一交叉路口，一名怀抱孩子的男子猛地从一辆正在等待左转信号灯的面包车前冲出，试图尽快通过马路。而此时，从面包车右侧的直行车道上快速驶来一辆直行出租车。受面包车的遮挡，该男子未看到驶来的出租车。待出租车驾驶人发现突然出现的男子时，虽猛踩刹车，但为时已晚，父子二人双双被撞飞。

例三 泉州——一次骑电动车闯红灯，母子二人被撞飞。2014年11月19日，泉州市一位母亲骑电动车载着读初中的儿子上学，在距离学校不远的丰泽街与圣湖路交叉路口闯红灯，被一辆小汽车撞飞。儿子伤情较轻，母亲住进了ICU病房。路口的高清摄像头，清晰地记录下了事故发生的全过程。事后家人看到监控视频里的惊魂影像，吓得不敢多看。

例N 行人或非机动车闯红灯被撞伤亡的更多事件。

2013年10月，郑州市少女宋某在航海路闯红灯被撞身亡。

2014年2月，临海市胡某夫妇骑三轮车闯红灯被撞飞身亡。

2014年5月，北京市海淀区一男子闯红灯被大巴车撞飞身亡。

2014年11月，镇江市行人韩某闯红灯被抢黄灯车辆撞飞身亡。

2015年6月，南京市一位母亲带女儿过马路闯红灯两人被撞飞。

……

据公安部交管局统计，2015年，非机动车及行人主要交通违法行为中，“违反交通信号”共造成584人死亡。

世人诟病并广泛存在的“中国式过马路”现象

行人、非机动车的集体闯红灯行为，即“凑够一帮人就走，和红绿灯无关”，被网友调侃为“中国式过马路”。此现象广泛存在于各大中小城市。

南京：2013年4月3日，南京市交管部门对行人和非机动车横穿马路、闯红灯进行集中整治，仅仅半个小时就在安德门大街路口查处90起闯红灯和横穿马路行为。

深圳：2015年8月3日始，该市交警部门对行人、非机动车违法行为开展为期一周的“千警百组”整治，共查处行人和非机动车违法行为11377起，其中行人闯红灯违法6402起。

行人和非机动车闯红灯的主客观原因

行人和非机动车闯红灯的原因是多方面的，既有主观的，也有客观的。

规则意识、公共安全道德意识缺失

虽知晓“红灯停，绿灯行”的交通规则，也知道闯红灯不对，但从骨子里认为闯红灯是小事一桩，没必要小题大做。如有人存在“我自己会看路，不用你管”“被撞是我自己的事，与你没关系”“有事等不及”等观念，没有认识到闯红灯存在的危害性及可能产生的严重后果，也不知行人、非机动车闯红灯被撞，自己还须承担责任。

侥幸心理作怪

有人虽知道闯红灯危险，但总觉得闯红灯事故是小概率事件，不会发生在自己身上；有人认为路上无车或车离路口很远，自己只要反应快就不会被撞，闯一下不会有危险。

从众心理支配

行人闯红灯，基本上都是一群一拨闯的，只要有一个“领头羊”率先闯红灯，就会带动一部分人跟着闯，以为闯红灯的人越多，就越增加闯红灯的安全感。心理学家认为，这是一种典型的从众心理和法不责众观念。也有人认为自己规规矩矩地等绿灯，会被闯红灯人讥笑太傻，于是碍于面子也就跟着闯。

有的信号灯时间设置不科学，超出行人等红灯的忍耐力

有的路口红绿灯转换时间太长，这是行人闯红灯现象增多的一个客观原因。有调查显示，有6%的人表示，如果等红灯超出忍耐时间，就会选择闯红灯。

违法成本太低

《道路交通安全法》规定，行人、乘车人、非机动车驾驶人违反道路交通安全法律法规的，处警告或5元以上、50元以下罚款；非机动车驾驶人拒绝接受罚款处理的，可扣留其非机动车。行人闯红灯违法成本太低，是国人频频闯红灯的客观原因之一。

社会无序化的折射与缩影

行人闯红灯乱象，是社会无序化的折射与缩影，是公共道德和信仰缺失、法治不彰在道路交通安全上的具体体现。

个人与社会协同变革，努力破解“中国式过马路”难题

珍爱生命，遵法守德，勿闯红灯

在《道路交通安全法》面前，所有的交通参与者人人平等，没有特殊公民。行人、非机动车闯红灯属主动型过错行为，如因此发生交通事故，行人、非机动车须承担事故主责。因此，行人、非机动车驾驶人不可漠视法律和规则，不可心存侥幸。否则，无视法律，蔑视规则，随意闯红灯必受到法律惩罚。

在生命的长河里，用来等红灯的几秒或几十秒钟何其短暂，还有什么比生命更重要？红灯几秒、几十秒转瞬即逝，而生命丧失永不再来。

科学设置交通设施

有关交通管理部门应当在人流较多的繁华街道适当增建过街天桥或地下通道，保障行人和车辆的畅通无阻。在保障安全和交通秩序的前提下，综合考虑人流量和车流量，科学设置红灯等候时间，更加合理地指挥和疏导交通。

加大对行人、非机动车闯红灯行为的惩治力度，提高违法成本

行人闯红灯，不只是一种不文明的交通行为，更是一种交通违法行为。公民的文明和守法素质是通过完善有效的制度管束出来的，仅靠自觉很难实现。执法部门不但要重点监督机动车，而且要监督非机动车和行人。只有这样，才能让所有交通参与者都敬畏法律、敬畏规则，不心存侥幸。

深圳等地已将行人、非机动车闯红灯纳入征信系统，提高违法成本，倒逼行人、非机动车遵法守规，强化其规则意识和守法意识。这对于改变行人、非机动车闯红灯行为将有积极作用。

安全细节箴言

●让与争一闪念，生与死一瞬间；红灯有无数次，生命只有一次；抢先一秒，抢来的可能是终身遗憾；多等一秒，等来的将是一生平安。

●珍爱生命，关注安全，不应是一句空话，而应是不闯红灯这一个个细节性的实际行动。

●作为行人，永远不要天真幻想别人能看到你，也不要以为汽车不敢撞你！愿“中国式过马路”早日休矣！

第二章 安全细节失误成因之二

道路安全常识贫乏

★ 有人说，这是一个常识稀缺的社会，一个常识贫乏的时代。

★ 由于道路交通和机动车快速发展，许多驾乘人、行人对一些应知应会、极为普通的道路安全知识一知半解或全然不知，有意或无意地背离常识。本章列举的 20 类“盲点性”道路安全常识，已成为引发大量交通事故甚至群死群伤重特大事故的“痛点性”细节肇因。

★ 尽快弥补道路安全常识，不再“死伤于无知”，应成为每个公民的必修课！

15. “生手”练车夺四命
——超低速行驶引发恶性事故

谈起超速行驶的危险，人们往往会想到超高速行驶，而忽视超低速行驶，不知道在高速公路超低速行驶同样危险和违法。下面让事实说话！

例一 北京——一次“生手”练车超低速行驶，被追尾致4死并获刑。2014年11月，北京市刚拿到驾照不久的女士梁某，驾车在高速公路练车，因高速公路车多速度快且川流不息，为避免危险，梁某打开报警双闪灯，在行车道上以低于40公里的时速行驶，准备在下一出口离去。未料只行驶了20公里，一辆快速同向行驶的面包车从后方与梁某驾驶车辆追尾碰撞，不仅面包车报废，驾驶人刘某及3名乘客当场死亡。经交警部门认定，梁某与刘某对事故负同等责任。最终，法院以交通肇事罪判处梁某有期徒刑10个月。

例二 台州——一次爆胎超低速行驶，引发重大交通事故。2014年7月17日，经某驾驶一辆重型半挂车在开往温岭市的途中，车右侧第三轴内侧轮胎突然爆胎。因车上备胎没气，经某在与车主沟通后，决定待行驶到出口后再作修理。经某打开危险报警双闪灯，以低于30公里的时速继续行驶。在行驶到九曲岭隧道时，一辆同向快速行驶的轻型货车与经某重型车发生剧烈追尾碰撞，事故造成轻型货车车主陈某等4人死亡。法院审理后认为，经某在高速公路超载超低速行驶造成重大交通事故，以交通肇事罪判处其有期徒刑10个月。

例三 延安——一次超载超低速行驶，被追尾引发特大恶性事故。2012年8月26日凌晨2时许，包茂高速安塞段一双层卧铺客车与一运送甲醇罐车追尾碰撞，造成甲醇泄漏、客车起火，导致36死3伤。经查，闪某驾驶河南省孟州市第一汽车运输有限责任公司罐车，在从榆林装载甲醇运往山东的途中，因超载和低速行驶导致后车追尾相撞，引起危险物品泄漏并燃烧，酿发了“8·26”危险物品肇事案。此次事故导致26名责任人受到撤职、降级、记过等党政纪处分，有10人被刑拘。

例N 高速路上超低速行驶被追尾，致死、致伤的更多事件。

2006 年 1 月，刘某在大运高速打手电超低速行驶致追尾 5 死。

2009 年 12 月，二河高速阳曲段张某超低速行驶致追尾 1 死 3 伤。

2013 年 8 月，秦某驾货车在兰海高速超低速行驶致追尾 5 死。

2015 年 5 月，一货车龙丽高速遂昌段超低速行驶被撞致 2 死 1 伤。

2016 年 2 月，两车南京绕城高速路超低速行驶被撞致 3 死 11 伤。

……

超低速行驶——高速公路的又一“隐形杀手”

在高速公路超低速行驶，人们形象地称为“龟速”、“流动的路障”和“隐形杀手”。

超低速行驶不等于安全

低速行驶自身一般不大可能引发交通事故，而一旦与后车的疲劳驾驶、超速行驶、不保持安全车距等行为结合在一起时，就容易发生追尾、碰撞事故，不仅使自身和后车处境十分危险，也会对车辆造成损害，且有被交警部门处罚的可能。据公安部交管局披露，2013 年 1~10 月，全国共发生因超低速引发的交通事故 1 万余起，共造成近 3 万人伤亡。这一件件铁一般的惨痛事实，无情地冲击着“开慢车安全”的传统观念。

高速公路超低速行驶的“三大危害”

1. 易造成后车驾驶人措手不及引发事故。后车在高速行驶状态下突遇前方超低速行驶车辆，后车驾驶人往往反应不及或处置不当而引发追尾等事故。

2. 后车驾驶人难以目测车距和估判时速而引发事故。驾驶人视力在高速运动状态中会下降，感知力和辨别力会下降，尤其在夜间等能见度较差的情况下，运动中的车辆由于缺少参照物，驾驶人难以目测车距，也难以估计前车的时速，极易发生追尾相撞等事故。

3. 后车驾驶人易误判造成追尾事故。前车在行车道上超低速行驶，前后车的车速虽相差过大，但后车在潜意识上仍误以为或默认其仍在高速行驶，无法准确判断前后车之间存在的速度差，无法及时采取制动措施，容易引发多车追尾事故。

超低速行驶已成为一种可怕的“流动障碍”

在高速公路超低速行驶，不但干扰了高速公路的正常行车秩序，降低了通行效率，而且影响其他车辆正常行驶，极易造成追尾、刮擦等交通事故。在高速公路开过车的人几乎都深有体会：一辆车超低速行驶，后方车就得集体变道；两辆车并排超低速行驶，后面就得压一长串车，有的车便可能冒险闯应急车道。

高速公路超低速行驶违法行为频发的原因透视

无知引发超低速行驶

有的人只知晓高速公路禁止超高速行驶，但却不知也禁止超低速行驶，更不知超低速行驶同样存在危害性。不知道在行车道超低速行驶存在重大隐患。有一些新手驾驶人“以慢速求安全”，误以为“慢点开就安全”，却不知一旦超低速行驶被后车追尾，其后果不堪设想。

超载大货车普遍存在超低速行驶现象

据有关部门在一些重点超载地区调查发现，大货车几乎100%超载，超载程度一般都在一倍以上，有的高达5~6倍，一些超载车辆常常只能以一二十公里的时速“爬行”。

路段陌生导致超低速行驶

一些对路段不熟悉的驾驶人在即将驶离高速公路时看路牌导致速度放慢，尤其是在路况较好的路段以低于规定的时速行驶，会影响其他车辆的正常行驶，容易发生追尾、刮碰等交通事故。

分心驾驶导致超低速行驶

开车时接打手机、看发短信、玩微信等驾驶分心，都会在不经意间导致车速降低。而驾驶分心引发的低速行驶是突发性的，没有征兆，危害相当大。

遵守法定的行车速度，规避超低速行驶的事故风险

知晓高速公路法定行车速度

《道路交通安全法实施条例》第78条明确规定：“高速公路应当标明车道的行驶速度，最高车速不得超过每小时120公里，最低车速不得低于每小时60公里。在高速公路上行驶的小型载客汽车最高车速不得超过每小时120公里，其他机动车不得超过每小时100公里，摩托车不得超过每小时80公里。同方向有2条车道的，左侧车道的最低车速为每小时100公里；同方向有3条以上车道的，最左侧车道的最低车速为每小时110公里，中间车道的最低车速为每小时90公里。道路限速标志标明的车速与上述车道行驶车速的规定不一致的，按照道路限速标志标明的车速行驶。”

高速公路行驶速度的制定是非常严谨并通过科学论证的，是路面、车辆、驾驶人等状况综合体现在最能保障安全行驶基点上的标准，高于或低于此标准均会导致一系列安全隐患。因此，驾驶人应严格按照法定的时速行驶，注意把握预防和避免超低速行驶的安全细节，不超载行驶，不分心驾驶，主动规避超低速行驶的事故发生。

知晓高速公路超低速行驶的危害

在高速公路超低速行驶，既干扰公路正常秩序，又威胁自身和他人的安全，一旦被查处，将面临记 3 分和 200 元罚款的惩罚。此外，“新手”不能单独在高速公路行驶，必须由持相应或更高车型驾驶证 3 年以上的驾驶人陪同。

注意把握和确定正确的行车速度

“随大流”是一种较为稳妥的做法，如高速公路限定低速、高速分别在 60 公里/小时、120 公里/小时，一般车辆的行驶时速在 80～110 公里，与前后车保持相当的车速和车距是相对安全的。

知晓特殊情况下的被迫“超低速”，属“法不禁止”范围

新交通法规规定，在遇雨雪冰雾等恶劣天气、节假日堵车滞留或道路施工等特殊情况时低于规定最低时速行驶的行为，不属于超低速行驶违法行为。对此类情况，驾驶人不必担心。车辆因故障或其他原因导致行驶速度明显降低时，应立即开启危险报警双闪灯。

安全细节箴言

●超低速行驶是高速公路的又一“隐形杀手”。一次超低速行驶看似偶然，但却潜伏着引发交通事故的必然；一次超低速好似无关紧要，但却存在着害人害己的重大风险。

●开慢车并不能和安全行驶画等号！

●摒弃超低速行驶的不良心理和陋习，主动预防和避免超低速行驶的违法行为，不让自己和他人的宝贵生命再为违法行为买单！

16. 多人命丧高速路
——不保持安全车距追尾相撞

在高速公路行驶时常看到“注意保持安全车距”的警示。不保持安全车距会有怎样的危害？让事实来回答！

例一 浙江——一次不保持安全车距追尾，致一家人2死1伤。2014年9月14日，一辆集装箱式货车在甬金高速绍兴段失控，碰撞中央护栏后紧急打方向并急刹车，导致车厢和车体分离。大货车后方并排行驶的4辆厢式货车及时停下，而紧跟这4辆车的斯柯达轿车，被其后一辆浙B牌照的厢式货车追尾，直接撞向前面4辆车，被挤压成一团。此事故导致2死、10多伤，其中轿车内刚考上大学的柴某受重伤，送她去学校报到的父母双双遇难。

例二 重庆——一次不保持安全车距追尾，骑摩托人遭大货车碾轧。2014年8月7日，一大货车在渝北区上湾路一路口左转弯时，后面直行的摩托车刹车不及突然撞上，摩托车连车带人直接摔入大货车轮下，而摩托车驾驶人腰部以下则卡在轮胎之间，最终不治身亡。

例三 安徽——一次不保持安全车距追尾起火致1死4伤。2016年2月25日，河南驻马店市韩某等5人乘一辆轿车前往南通。当晚11时前后，该车行至合六叶高速高刘道口附近时，追尾前方一辆货车。轿车上的人还没来得及反应，流出的汽油便很快燃烧起来，轿车瞬间被大火吞噬，烧得面目全非。事故最终导致1死4伤。

例N 不保持安全车距引发车祸的更多事件。

2014年7月，自贡S305省道多车追尾一金杯车致4死6伤。

2014年10月，津岐公路一688路公交车追尾货车致4死26伤。

2014年11月，浙江高速路连发3起追尾事故致3人身亡。

2014年11月，安徽合淮阜高速路因大雾70余车追尾相撞。

2015年2月，沪蓉高速常州段一卡车追尾前车致1死1伤。

……

追尾，是指同车道行驶的车辆尾随而行时，后车车头与前车车尾相撞的行为。追尾多是后车驾驶人开车不保持安全车距所致。

❓你知道开车应保持的安全车距吗

据有关部门网上调查，80%的车辆追尾事故是因行驶时跟车太近所致。各地交警事故调查分析，很多追尾事故是因车速过快和未保持安全车距所致。

开车应保持的安全车距是多少？

《道路交通安全法》第43条规定，同车道行驶的机动车，后车应当与前车保持足以采取紧急制动措施的安全距离。《道路交通安全法实施条例》第80条规定：机动车在高速公路上行驶，车速超过每小时100公里时，应与同车道前车保持100米以上的距离，车速低于每小时100公里时，与同车道前车距离可以适当缩短，但最小距离不得少于50米。在一般公路和市区正常路况跟车，道路畅通时，安全车距应与行车时速相一致，即时速50公里时，安全车距应为50米，以此类推。

不保持安全车距追尾的常见情况及主观原因

不保持安全车距追尾的常见情况有：分心驾驶、超速行驶、出租车急停、路上停车不设警示牌、误把油门当刹车及酒驾、毒驾、药驾等。开车不保持安全车距，最容易引发追尾和刮碰事故，轻者造成车辆相撞或损毁，重者出现多车连环撞和重大人身伤亡事故。

驾驶人不保持安全车距行驶，常见的主观原因有安全意识淡薄、安全常识贫乏、疏忽大意、盲目从众、判断失误等几种类型。其中，有研究发现，5年驾龄人最易发生追尾事故，因其上路的时间相对较长，自认为车技不错，通常更容易麻痹大意，而不注意保持安全车距。

❗保持安全车距，知晓和掌握判断车距的技巧很重要

为保持安全车距，驾驶人开车时应精力集中、不分心、不超速，注意观察路况、车况，并注意与前后左右车辆保持一定的安全距离。尤其在夜间和雨雪雾天行车，更应保持或加大安全车距，使所驾车辆在前车任何情况下都能从容应对，

避免追尾相撞。

驾驶人知晓和掌握判定安全车距的技巧，在车辆高速行驶中能够简易量化和判断车距，对于保持安全车距十分重要。下面介绍几种量化判断法，供参考：

车距确认指示牌参照法

在高速公路右侧每隔约 10km 一组的 0m、50m、100m、200m 的四块车距确认指示牌，是为了提醒驾驶人保持足够车距、防止追尾而设置的。驾驶人可以此为参照判定安全车距。

分道线计量法

高速公路及一般公路的每个白色分道线段长为 6 米，段与段之间距离为 9 米，两项相加为 15 米。以此标准可推定，车与车之间有 4 个白线段的车间距为 51 米，有 6 个线段的车间距为 81 米，有 7 个线段的车间距为 96 米。此计量法直观清晰，易判断车距。

根据前车部位目测车距法

此种目测法，一般只适用于堵车或停车时安全车距的判断。在一般情况下，驾驶人可从本车前部轮廓线看到前车位置来判定车距：看见前车后保险杠上沿的车距为 1m，看见前车后保险杠下沿的车距为 2m，看见前车后轮胎下沿的车距为 3m。堵车时跟车距离一般在 2m 左右较合适，太近容易造成追尾，太远会被其他车辆插入。

安装主动防追尾系统，防患于未然

主动防追尾系统是在车辆的前端装上传感器、雷达、摄像机等设备，能够自动探测出与前车的距离，并与本车的制动、灯光等系统联动，当跟车距离低于安全距离时，系统会在零点几秒内启动，以强制拉大跟车距离。在紧急制动时，危险警示灯自动频闪，尽早提醒后面车辆，预防后车追尾。

保持安全车距，尽量不跟六种车

不跟大型车

大型车如大货车、工程车、公交车等体积庞大，如跟在大货车之后，后车驾驶人的行车视线会完全被遮挡，一旦有突发情况，很难在短时间内作出判断。同时，因被大型车遮挡看不见交通指示灯或指示牌，也容易闯红灯或错过出口。另外，小车应尽量避免被大型车紧跟，因为大型车自身重、惯性大、刹车距离长，紧急情况下再遇刹车失灵，被追尾生还的希望很渺茫。而如果前面再有大型车，就有可能被前后大型车夹击，夹成“相片”状。因此，应注意前不紧跟大型车，后不被大型车紧追，一旦发现有此险情，应尽快找机会“脱险”。否则，极可能是鸡蛋碰石头——粉身碎骨。

不跟空驶出租车

追尾出租车的事故时有发生，主要是出租车驾驶人发现路边有人招手打车，经常一脚急刹车就停下来，甚至连转向灯都不打。如果后车跟得过近，就很容易追尾。

不跟“串车”

“串车”即为几辆跟得很紧的车，如果在快车道行驶应尽量避免跟“串车”，一旦发生交通事故会导致多车连环追尾碰撞。

不跟外地号牌车

外地号牌车驾驶人，一般对本地路况不熟悉，走走停停，忽快忽慢，行车规律难以把握，后车远离为妙。

不跟故障车

一旦发现前车刹车灯出现故障或者双闪灯闪亮，则应尽量避免跟车。

不跟新手车

新手上路一般容易出现急刹车或熄火现象，因此应与贴有“实习”标志或“新手”字样的车保持一定安全车距。

安全细节箴言

●保持安全车距，是安全行车的关键一环，也是预防和避免追尾事故的重要细节。

●珍爱生命，保持安全车距，不追尾前车，不被后车追尾，这是驾驶人不可不知的安全常识！

17. 卧铺客车成“夺命大巴”——高速行驶爆胎“爆”出大事故

爆胎是汽车在夏季频发事故。你是否知道汽车在高速行驶时爆胎的危害？

例一 天津——一次高速路上爆胎，大巴车夺走26命。2016年7月1日，一辆从河北邢台开往辽宁沈阳的长途卧铺客车，在途经津蓟高速宝坻区一路段时突发事故，车辆撞坏高速公路隔离护栏，坠入高速公路桥下宽20米、深约3米、距离桥面约5米的闫东水渠。此落水事故共造成26人遇难、4人受伤。据初步调查，事故系车辆爆胎失控所致。

例二 巢湖——一次高速行驶大巴爆胎翻车致3死51伤。2013年6月15日，一辆河南牌照的大客车在从河南驻马店驶往浙江丽水，途经芜合高速巢湖境内时突然前轮爆胎，撞坏护栏冲下高速公路路面，在连续撞断多棵树后翻车。大巴车车头损坏严重，事故现场地面血迹斑斑，行李散落一地。此事故导致3死51伤。

例三 泉州——一次高速行驶小客车爆胎侧翻致4女子身亡。2014年2月22日中午，驾驶人林某驾驶一辆小型普通客车准备前往石狮，在行驶至沈海高速泉州路段时，车辆左后轮爆胎，后车辆碰撞右护栏并侧翻，导致车内4死5伤。事后查明，林某在发现车辆左后轮胎爆胎后未按照操作规范安全驾驶是造成事故的直接原因。

例N 爆胎翻车导致人员伤亡或财产损失的更多事件。

2011年8月，鲁山县法院一警车在郑尧高速爆胎侧翻致3法官身亡。

2012年5月，哈同高速方正县段一客车爆胎翻沟致22伤。

2014年3月，周口市一大巴永登高速爆胎翻车致4死55伤。

2014年6月，吴堡法院一警车在延西高速爆胎侧翻致1死9伤。

2015年4月，合肥市绕城高速一大客车爆胎侧翻致27伤。

……

爆胎，是指轮胎在极短时间（一般少于 0.1 秒）因破裂突然失去空气而瘪掉，是汽车在夏季频发事故之一。因爆胎导致车辆失控侧翻、追尾，乃至重特大的人身伤亡和财产损失的事件屡屡发生。

爆胎已成为高速公路的“隐形杀手”

爆胎引发的事故在高速公路交通事故中一直居于较高比例

据不完全统计，我国高速公路 42%的交通事故是爆胎造成的，时速 160 公里以上发生爆胎的死亡率近 100%。高速行驶时爆胎是生命不能承受之重！

爆胎＝“隐形杀手”

有过爆胎经历的驾驶人深知，爆胎的危害极其严重。尤其是汽车前轮爆胎，最容易导致车子猛然变向。此时，很多驾驶人会本能地急踩刹车，或朝反方向猛打方向盘。这样做都很危险：急刹车极可能导致翻车或被后车追尾，方向盘打得过猛易使车辆失控侧翻。

爆胎被人们形象地称为“隐形杀手”，这个“隐形杀手”已制造无数人间惨剧，夺去难以计数的鲜活生命，给个人及社会造成无法计算的重大损失。

车辆爆胎的五大成因

车辆爆胎的原因多种多样，主要有以下五大成因：

气温高导致的爆胎

汽车在高温条件下行驶，由于热胀冷缩的作用，轮胎容易变形，抗拉力下降，再加上轮胎在行驶过程中不断地发热，而散热却相对较慢，于是气压随之增高，从而造成胎体过薄发生爆胎。每年 5~10 月是爆胎的高发期。2014 年 7 月 28 日，由于连日高温和地面热烫，渝湘高速公路一天就发生 9 起爆胎事故。

胎压异常导致的爆胎

胎压异常是指轮胎气压过低和过高。一般情况下，胎压过低会使轮胎变形严重，滚动阻力增大，加剧胎面两侧的磨损；长时间高速行驶则使轮胎发热，导致花纹开裂，轮胎侧壁容易弯曲折断而发生爆裂。而胎压过高，会加剧胎面中央的磨损，也易使轮胎的缺陷处（如损伤部位）在高速行驶中爆裂。

轮胎状况不佳导致的爆胎

轮胎过度磨损、老化、开裂和外伤等，是导致爆胎的主要原因。例如，轮胎花纹块与地面长期摩擦会逐渐变浅，当轮胎磨损指示条（在新轮胎底部的花纹中有 12 毫米宽、1.6 毫米深的磨损指示条）已磨损，应立即停止使用。

路况不好导致的爆胎

路况对车胎的影响也很大，如遇凹凸不平或者碎石比较多的路面，以及车辆在行驶中轧到坚硬的金属或其他硬物，也会导致爆胎。

超速、超载行驶导致的爆胎

夏季气温高，路面温度高，连续驾驶及超速驾驶易发生爆胎现象；超载对于轮胎的损伤最大，而卡车和大巴在超载时爆胎的概率最高。

从细节入手，预防和正确处理汽车爆胎事故

大量爆胎事故表明，驾驶人对爆胎的预防及正确处理常识的缺失，是爆胎事故频发的主观原因；驾驶人对轮胎的保养情况、是否科学使用及对路况状态的细节性把握，直接影响爆胎发生的概率。同样，爆胎的预防和正确处理，也须从细节入手。

注意轮胎的日常保养

1. 经常检查轮胎（包括备胎）的气压和损伤情况。如发现气压不足，马上查找漏气的原因，如有轧钉、割伤，及时修补或更换。

2. 避免轮胎接触油类和化学物品而受到腐蚀。

3. 定期对车辆进行四轮定位检查，如发现定位不良，及时校正，以确保车辆良好的行驶性能。

4. 行驶中如遇到前方有石块、坑坎等障碍物应避让或缓慢通行。

5. 轮胎定期换位。应定期按规定实施轮胎换位，一般在二级保养时进行换位维护。

注意轮胎的科学使用

1. 不超速、不超载应成为驾驶人不可逾越的行车准则。

2. 慎用翻新轮胎。目前，轮胎翻新技术尚不成熟，从安全的角度考虑，应使用大品牌的新轮胎。

3. 不要长时间暴晒轮胎。在炎热季节，如需长时间停放车辆，最好将其停

放在阴凉之处，以免轮胎在烈日下长时间暴晒。

4. 认真检查胎压。每次上高速公路前，应仔细检查轮胎的气压，胎压过高要放气，过低则要补气。行驶途中在服务区休息时，应绕车查看轮胎情况，注意胎压变化，如有异常及时处理。

5. 不往车胎上淋水冷却。在高速公路行驶，一般开两个小时应将车停下来给轮胎降温，因为停车后，轮胎不与地面发生高频率摩擦，轮胎温度自然下降。但注意不能往高温轮胎上淋水，以免轮胎变形。

正确处理爆胎

前轮爆胎最危险。切记，此时莫惊慌，不急踩刹车，不急打方向，应松开油门，紧握方向盘，保持车辆直线行驶；同时，轻踩制动踏板，使车辆减速向前滑行，并尽快靠边停车。车停稳后应立即放置三角警示牌，开启双闪灯，再更换备胎，或拨打急救电话求助。外出时一定携带备胎、千斤顶、轮胎摇柄等用具，以备爆胎后应急之用。

完善轮胎安全监测系统

建议安装轮胎压力监测系统，其作用是在汽车行驶中对轮胎气压进行实时自动监测，并对轮胎漏气和低气压进行报警，避免爆胎发生，确保行车安全。这是目前业界公认的防范车辆爆胎的最有效方法，也是一些家用轿车的标准配置。美国以政府法令的形式要求新车安装这种系统。我国购车人购车时也应考虑这一技术配置。

安全细节箴言

●古人曰：堤溃蚁穴，气泄针芒；小过不生，大罪不至。

●爆胎异常危险，甚至致人伤亡并群死群伤，但并非不可避免。只要日常精心保养和科学使用轮胎，并正确操作驾驶，就能远离爆胎事故，实现安全行车无闪失！

18. 晋城“3·1”特大燃爆事故肇因 ——公路隧道违规行驶引发惨案

随着公路隧道的增多，隧道交通事故也越来越多。许多驾驶人不知或无视隧道行车的特殊性，依旧沿袭在隧道外公路行车的习惯，结果引发了一个又一个隧道交通事故的悲剧。

例一 晋城——一次隧道内变道追尾，引发特大危险化学品燃爆事故。2014年3月1日，李某驾驶的晋E号牌运输甲醇的超载铰接列车，与汤某驾驶的豫H号牌运输甲醇的铰接列车，在进入晋济高速公路晋城段岩后隧道后，相继违规变道并追尾相撞。加之事故处理不当，导致汤某车甲醇泄漏起火燃烧，隧道内滞留的另外两辆危险化学品运输车和31辆煤炭运输车被引燃引爆，造成40人死亡、12人受伤和42辆车烧毁，直接经济损失达8197万元。

例二 汶川——一次隧道内占道超车，迎面相撞致1死24伤。2012年8月1日，在四川省汶川县长达2000米的福堂隧道内，一辆前往汶川的大货车占道超车时，与对向车道行驶的一辆大客车迎面相撞。事故导致客车车头、车身严重变形，导致1死24伤，车祸路段大面积堵车。大货车驾驶人被警方刑事拘留。

例三 杭州——一次驶进隧道未开大灯追尾伤3人。2015年8月23日，莫某驾驶轿车在驶入杭新景高速的设岭隧道后，发现隧道距离不长，放眼就能望见出口，就没有开大灯。待发现隧道内有辆抛锚的半挂车停在车道时，已来不及刹车，几乎没有减速就直接追尾相撞，轿车右前方卡进半挂车的车身下。事故造成莫某的车严重变形，车上的妻儿和侄女均受伤。

例N 隧道内违法行驶致人死伤的更多事件。

2009年8月，一商务车在舟山市东山隧道内借道超车致2死5伤。

2011年，两辆油罐车在兰临高速新七道梁隧道追尾爆炸致4死1伤。

2011年5月，一货车在三亚市大茅隧道内追尾致4人死亡。

2013年3月，西汉高速朱家垭隧道5车连环追尾致4人死亡。

2014年11月，一轿车在泰顺县隧道变道逆行与他车相撞致2死2伤。

……

公路隧道已成交通事故的“高发地”

目前，我国已成为世界上隧道最多、最复杂、发展最快的国家，公路隧道也成为交通事故的“高发地”，是最危险的行驶路段之一。

公路隧道的相对封闭性决定事故的严重性

公路隧道是一种相对封闭的建筑，由于其道路和环境的特殊性，一旦发生较大交通事故，人员逃生困难，救援难度大。因此，公路隧道交通事故的危害和损失较重，尤其是交通事故引发的火灾更为突出，扑救十分困难，容易造成重大人员伤亡和财产损失。

隧道内外的亮度差是造成出入口处事故多发的主因

如白天，隧道洞口外亮度很高，隧道内亮度很低，车辆刚进入隧道时，突然由明处转入暗处，驾驶人眼睛大约需要7~8秒的适应期。此时，驾驶人眼睛的灵敏度十分低，几乎是盲驾。而车辆驶出隧道口也一样，隧道出口处也往往是事故的多发处。

事故发生数量与隧道长度存在正相关

隧道越长，越容易发生交通事故。这是因为，长隧道对驾驶人的心理和生理都存在一定影响，如单调、疲劳驾驶和空气质量下降等。同时，隧道越长，发生事故后的救援难度越大，人员伤亡和财产损失越严重。

隧道行驶容易造成误判

车辆进入隧道后，驾驶人与外界环境隔绝，隧道两壁又离车辆很近，视觉上隧道两壁快速向后移动，会有强烈的速度感，觉得车开得飞快，如对车速、行车间距估计不准，容易引发追尾碰撞事故。

公路隧道事故高发的原因

隧道行车安全常识和法律知识严重贫乏

多数驾驶人对公路隧道安全行车知识的了解是零碎、肤浅的，有的甚至处于一种无知状态，糊里糊涂进隧道、懵懵懂懂出隧道。

侥幸心理作怪

有的人知晓隧道安全行车的基本知识和法律规定，但由于心存侥幸或从众攀比，知法犯法，故意而为。比如，认为隧道短，不用打开车灯，或认为自己车技高，不会有什么危险，随意变道、超速、超车、掉头和停车，不保持安全车距。

隧道客观条件不佳及管理方不作为

如隧道内灯光维修不及时，导致照明亮度不达标；隧道路面多为水泥路，如遇雨天等恶劣天气，空气相对湿度达到70%~90%时，水泥路表面会蒙上一层小水珠，车辆因湿滑也易发生事故；对隧道内垃圾及障碍物处理不当，不能保障道路畅通，甚至引发交通事故等。

把握七个细节性要点，主动预防隧道人为事故的“高发”

明晓隧道行车的特殊性和法律规定，提高隧道行车的安全意识

公路隧道交通事故的发生概率远远大于普通公路，而隧道内一旦发生交通事故，则很可能引发更为严重的次生事故，且救援难度大。驾驶人对隧道行车的特殊性应有清醒的认识，不粗心大意，不心存侥幸，不从众攀比，不掉以轻心，不违法开车，始终保持高度的警觉性，精心操作，谨慎驾驶，平安进出隧道。

进入隧道前必须开启车灯

这是隧道行车的首条规矩。即使在白天，驾驶人也应于隧道入口约50米处，开启前照灯和示宽灯、尾灯，不仅便于自己认清前车状况，也能引起后方车辆的注意。同时，严禁在双向车道隧道内开启远光灯，避免对向车道驾驶人瞬间致盲，引发事故。

进入隧道前须适当减速

不论隧道长短、昼夜，驾驶人进入隧道前必须减速慢行，仔细观察前方路况，提前采取措施。特别是在即将出隧道口时更要降低车速，因为出口的阳光刺眼，驾驶人很难立即看清前方路况，一旦出口有事故车辆停放，行驶速度过快就非常危险。驶出隧道时眼睛可能会一时不适应突然变亮的环境，应注意不要着急加速，避免与前方车辆发生追尾。

注意与前车保持安全车距

判断好安全跟车距离至关重要，如隧道限定时速80公里，后车和前车距离保持在80米以上才安全。如果感觉后车跟车较近，驾驶人可以轻踩刹车，提示

后车保持安全距离。

做到隧道行车“五不”

在公路隧道行驶不得变道、不得超车、不得超速、不得掉头、不得停车，这是《道路交通安全法》的明确规定。隧道内车道一般都以白色单实线施划，隧道内光线差、湿度大、空间小，变道、超车很容易干扰其他车辆行驶，进而引发交通事故。在隧道内也不得鸣喇叭，以防洞内回音噪声影响其他车辆行驶。如在隧道内任意变道、超车、超速、掉头、停车，一旦发生交通事故，肇事驾驶人将负事故全责。

车辆在隧道发生故障的正确处理

车辆在隧道行驶时发生故障，只要车辆还能行驶，应尽可能将其驶出隧道，停靠在应急车道，严禁在隧道内停车。如确已不能行驶，应尽量将车辆靠边，不能停在车道内，并迅速开启危险报警双闪灯，在后方150米外放置三角警告标志，并在第一时间报警。切勿自行在隧道内抢修车辆。

隧道管理应科学、效能、规范

隧道管理方应注意完善隧道内设施，增加照明亮度，设施有损坏及时更换；增设隧道行车警示标志，时刻提醒驾驶人保持高度警觉；定时检查隧道道路状况，发现遗留物及时清理，保障道路完好畅通，为隧道安全运行和驾驶人的安全行车提供良好的外部环境。

安全细节箴言

● 古人言：忽细事者祸必盈，轻小敌者亡必骤！

● 小细节，大问题；小疏忽，大灾难。这是无数公路隧道交通事故铁一般的事实和血泪凝成的教训！

● 珍爱生命，关注安全，应从驾驶人的一举一行着眼，从隧道安全行车的每个细节做起。谨慎驾驶，精心操作，顺顺利利进隧道，平平安安出隧道！

19. 随意停车害死四亲人
——高速公路停车看路牌引发惨案

高速公路车道内不能随意停车，这是一项法律规定，也是一个基本安全常识。然而，有的人却有意或无意地违背这一法规和常识，在高速公路随意停车，结果引发了追尾相撞并致人伤亡的惨案。

例一 湖北——一次高速公路停车看路牌害死4亲人。2011年3月的一天，孟某驾轿车载一家6人外出，由于不熟悉路况在福银高速汉十段的行车道停车看路牌，且未开启危险报警双闪灯。时隔仅几秒钟，孟某的车被后方来不及躲避的大客车追尾相撞，导致油箱破裂，瞬间燃起大火。浑身是火的孟某和弟弟从车窗爬出，尚有意识的二人挣扎着想救出车内的亲人，可火势太大，眼睁睁地看着车内妻儿4人被大火吞噬。

例二 浙江——一次高速公路换胎，妻子被撞身亡。2015年6月15日，杭州市盛某夫妻驾车行驶至杭新景高速过灵桥路段时左前轮爆胎。虽在最左侧的超车道，丈夫还是决定自己原地换胎。盛某下车拍照，发给微信朋友圈的最后一条信息是丈夫换胎的照片，上写着："真倒霉，车子在路上爆胎！危险！"不幸一语成谶，在盛某想去车后方把倒下的三角警示牌扶正时，被一疾驶而至的宝马车撞飞身亡。

例三 加拿大——一次高速公路停车"护野鸭"致追尾2人身亡。2010年6月27日，加拿大蒙特利尔市时年21岁的女金融分析师艾玛·萨诺巴在高速公路上为帮助"过路的几只小野鸭"，将车停在高速公路的左侧行车道（非紧急停车带）上，并未打开双闪警示灯，结果导致严重追尾事故，造成一对骑摩托的父女丧生。4年后，加拿大一家法院对这起严重交通事故作出判决，萨诺巴被判有罪，最高可面临终身监禁的严厉惩罚。

例N 高速公路随意停车致人死伤的更多事件。

2012年8月，杨某在沈海高速奉化路段停车检修被撞飞身亡。

2014 年 4 月，黄某在台金高速匝道口停车看路牌致 10 人被撞伤。

2014 年 10 月，岳某在厦蓉高速漳州段停车看路牌被追尾致 1 死 2 伤。

2015 年 3 月，一驾驶人在沪陕高速汉河段停车看路牌被追尾致 2 死 2 伤。

2015 年 10 月，一货车驾驶人在宁大高速公路停车加水被撞身亡。

……

真是不看不知道，一看吓一跳。令笔者惊愕不已的是，没想到在高速公路看路牌等随意停车行为，竟会引发如此之多、如此严重的后果。当然，这也在高速公路随意停车肇事驾驶人的意料之外！

在高速公路随意停车引发的追尾相撞事故，绝非个案

纵观全国各地高速公路随意停车的违法行为，不是个案；而随意停车被追尾相撞的，也绝非个案。

江苏：据省公安厅交警总队介绍，随意停车，是 2013 年节假日期间引发全省高速公路交通事故的主要 4 类不良驾驶习惯之一。随意停车，占全年长假期间高速公路交通事故的 30%。

漳州：据市高速交警介绍，从 2013 年年底通车至 2014 年 10 月，仅在厦蓉高速天宝枢纽分岔口一地，就发生停车看路牌的交通事故 15 起，受伤 4 人、死亡 3 人，平均每月发生 1. 5 起交通事故。

高速公路随意停车被追尾相撞事故为何频发

在高速公路随意停车，不仅极其危险，还是国家法律严厉禁止的违法行为。公安部颁布的《机动车驾驶证申领和使用规定》规定，驾驶营运客车在高速公路车道内停车的，一次记 12 分；驾驶营运客车以外的机动车在高速公路车道内停车的，一次记 6 分。

探究高速公路随意停车被追尾相撞事故频发的原因，既有驾驶人自身的问题，也有高速公路管理方的问题，最主要的是前者。

对在高速公路随意停车的危害及违法性认识不足

许多驾驶人对在高速公路随意停车的危害及违法性认识不足，如在高速公路车道内无所顾忌地刹车减速看路牌、停车补胎和维修、驾乘人下车来回走动等；或随意停车见义勇为，结果救人不成反害己。

心存侥幸

有的虽知高速公路随意停车危险，但觉得停车时间很短，甚至只是一脚刹车，没有什么大碍。而有时事故就发生在一刹那。

驾驶人对路况不熟悉

肇事驾驶人对高速公路线路不熟悉，在一些枢纽交叉口突然停车查看指示标志，造成后车避让不及发生追尾相撞事故。而对路况不熟悉者，多是开车新手和异地陌生者。

路牌标识设置不科学、不明确

如厦蓉高速的天宝枢纽段停车看路牌追尾事故多发，即与此问题相关。早有不少驾驶人反映该处路牌设置有问题，根本看不清！

细节上把控，预防和避免高速公路随意停车事故的发生

驾驶人应在以下几个细节上把控，以预防和避免高速公路随意停车追尾相撞事故的发生。

树立安全意识和守法意识

驾驶人应知晓高速公路随意停车的危害和违法性，不在高速公路车道内随意刹车低速行驶或停车看路牌，不占道换轮胎和维修车辆，不随意停车见义勇为。为避免停车看路牌，驾驶人应在上路前预设好行驶线路，知晓驶入、驶出的匝道口，并注意观察路口的指示标志，尤其应提早关注预告标志，及早做好进出高速公路的准备。

控制车速，保持安全车距

驾驶人驾车经过高速公路出入口时，应注意控制车速，保持安全车距，尤其在经过匝道口时更要谨慎，保持与前车足够的车距，防止因前方车辆突然发生变道、急刹或停车的情况而反应不及和处置不当。

警惕匝道口事故

高速公路的匝道口为事故多发地段。经过匝道口的直行车辆，应尽量选择左侧车道行驶；准备驶离的车辆应提前开启右转向灯，驶入减速车道后经匝道驶出。在匝道行驶应倍加小心，因为匝道路面窄、多弯道，有些还有较大坡度，行车平稳性下降；此外，匝道道路标志较多，驾驶人注意力易分散，如果加上车速控制不当，及可能出现停车、倒车和变道行为，事故自然多发。驾驶人应根据匝

道口标明的限速来控制车速，切不可过快或过慢。

严禁在高速公路上倒车或逆行

如果因未看清路牌错过下高速公路匝道口，应“将错就错”，顺行到下个出口，再选择正确道路，千万不要在高速公路倒车或掉头逆行。宁绕十里远，不冒一次险。各地已发生很多此类惨痛事故，应引以为戒。

学会处理高速公路行车紧急情况

在高速公路行车如遇爆胎、机械故障等紧急情况，应将车辆尽快停靠在应急车道上，并对后方来车做好预警措施，开启危险报警双闪灯，并在来车方向150米远的地方放置危险警示牌；驾乘人员则应尽快撤离到硬路肩上或边护栏外，等待专业人员施救。车辆如不能开动，或扶危救难，驾驶人应立即报警求救，或安全科学施救，千万不能盲目施救，将自己陷入困境。

规范路牌设置

高速公路管理方应规范设置路牌，使其明确、醒目、科学，便于驾驶人观看和辨识。

安全细节箴言

●没有规则不成方圆。规则限制了任性，却保障了安全；无视交通法规之人，必将遭受规则的惩罚！

●在高速公路行车，一脚任性刹车、一次随意停车，都极可能导致悲剧发生。任何一个细节失误都可能危及生命。

●高速公路不能随意停车，这是用生命换来的教训，是用血泪写成的规则，是必须遵守的安全常识。切记，在高速公路千万不能随意停车！

20. 路上修车丢两命
——故障停车未设警示牌又酿事故

有人可能从来没想到，因一次交通事故或故障停车未设置三角警示牌引发二次事故；有人可能至死也不明白，自己竟命丧于“停车不设警示牌”这一细小环节。

例一 山东——一次高速公路事故停车未设警示牌，再酿事故撞两人。2013年8月30日，在青银高速253km济南方向，一辆油罐车与一辆小轿车发生刮碰。事故发生后，两车车主急忙下车查看刮擦的车况，都没顾上设置停车警示牌。转眼工夫，从后面驶来一辆轿车来不及刹车，直接与油罐车追尾相撞发生二次事故，导致轿车上两人受伤。

例二 浙江——一次高速公路故障停车未设警示牌致一死一伤。2007年12月16日凌晨，在杭金衢高速杨汛桥附近，一辆货车因故障停在高速公路应急车道，驾驶人没有设置三角警示牌就开始换轮胎。恰逢一辆半挂车从后面驶来，等发现这辆货车时已来不及刹车和变道，一下子撞了上去，导致货车驾驶人当场死亡，车上一名乘客受伤。

例三 河南——一次路边修车未设警示牌追尾致两人身亡。2014年5月7日，郭某驾重型自卸车驶往三门峡途中爆胎，遂电话联系汽车修理店老板刘某。刘某到达后将车停在路边，未设置三角警示牌便和修理工开始修车。不料一重型半挂牵引车从后方驶来，因对面来车灯光耀眼，后车驾驶人未看见刘某停在路边的货车而直接撞了上去，导致刘某和修理工当场死亡。

例N 道路停车未设置警示牌引发二次车祸的更多事件。

2006年8月，一货车在京珠高速韶关段爆胎停车未设警示牌，被大客车追尾，致17死33伤。

2007年12月，两车在郑少高速发生剐蹭，车主下车协商时未设警示牌致5车连撞1死10伤。

2009 年 4 月，两车在成南高速金堂竹篙段发生剐蹭，停车后未设警示牌被追尾，致 3 死 2 伤。

2012 年 7 月，慈溪市一车停车补胎设警示牌不达安全距离致追尾 1 死 1 伤。

2014 年 6 月，南京江宁区一车主停车问路未设警示牌致追尾，1 人死亡。

……

读者看罢上述道路停车不按规定设置警示牌引发的诸多交通事故，可能深受触动；此类事故发生如此之多，后果之严重，也出乎笔者意料！

停车不设警示牌被讽为高速公路“十大作死行为”之一

网友将在高速公路停车不设警示牌与超速行驶、疲劳驾驶、开车打手机等行为一起，讥讽为高速公路上的“十大作死行为”，一次失误就可能车毁人亡。

道路停车不设警示牌容易造成后车误判追尾

现代道路路况复杂，车流量大。在道路上停车，如不设置或不按规定的安全车距设置警示牌，很容易给后方来车造成前车正常行驶，无须减速和绕行的误解或错判。这种情况在视线不良的夜晚和雾天更为突出。

道路停车不设警示牌引发车祸，往往害人害己

在高速公路停车不设警示牌，因车速快、车流量大，引发二次事故的后果往往极为严重，害人害己。2012 年 11 月 17 日，应某驾驶皮卡车在甬台温高速快车道行驶时，因急刹车被后车追尾，随后两车又被一越野车追尾。3 车相撞后都停在快车道，但无人去设置警示牌，也无人撤离到护栏外。几分钟后，一重型货车因发现险情不及时与一大客车相撞，继而又撞上前方已连环撞的 3 辆车，引发 2 死 13 伤的重大事故。

道路停车不设警示牌是违法行为

《道路交通安全法》第 52 条规定，机动车在道路上发生故障，需要停车排除故障时，驾驶人应当立即开启危险报警光灯，将机动车移至不妨碍交通的地方停放；难以移动的，应当持续开启危险报警闪光灯，并在来车方向设置警告标志等措施扩大示警距离，必要时迅速报警。《机动车驾驶证申领和使用规定》规定，在道路上车辆因故障、事故停车后，不按规定使用灯光和设置警告标志的，一次记 3 分。

故障停车不设警示牌何其多

道路停车不设警示牌何其多？综合各地交通事故，分析主要原因有二：

缺乏安全常识

有调查显示，许多驾驶人缺乏道路停车设置警示牌的安全常识，没有随车携带警示牌的习惯，不知道警示牌在车内存放的位置，不晓得警示牌设置的安全距离，更不知道停车不设警示牌潜在的危害。

心存侥幸或疏忽大意

有的驾驶人虽知晓道路停车应设置警示牌，却并未意识到停车不设警示牌的严重性。有的因未携带三角警示牌，或图省事，用其他物品，如油桶、砖头、树枝、车轮毂、轮胎、储物盒等，放在车后当“警示牌”。其实，这些替代品的警示作用很有限，而且有的更危险。也有的驾驶人认为规定的安全距离太远，随便在车后不远处“警示”即可。殊不知，这样的距离并不能起到避险作用。

莫忘安全常识：道路停车必设三角警示牌

在道路上发生事故或故障停车，为确保不发生二次事故，为确保自身和他人的生命及财产安全，驾乘人，尤其是驾驶人应注意把握以下四方面内容：

路上因事故或故障停车，应立刻开启双闪灯、设置警示牌

车辆行驶中发生事故或故障后，驾驶人应利用惯性将车辆停在安全地段或高速公路的应急车道内，如车辆不能移动则作罢。但无论车停何处，第一件事是立即开启双闪灯，并在车后设置三角警示牌。同时，驾乘人不应继续坐在车内等待、站在车外围观、随意在高速公路上来回走动，而是应迅速撤离到护栏外，以防发生二次事故而受伤。

随车携带规范的三角警示牌

三角警示牌是由塑料反光材料制作的被动反光体，当驾驶人在路上遇故障或事故停车时设置，利用其反光性能，警示其他车辆避让绕行，以免发生二次事故。警示牌是汽车的常规应急装备，在汽车发生故障或事故停车时所使用的唯一合法警示标志。因此，许多地方规定汽车必须配置警示牌，缺少者将不能上号牌和年检。而不随车携带警示牌，因故障或事故停车而随意使用其他物品替代，由于其不具备反光和警示功能，将给交通安全带来重大隐患，极其危险！

驾驶人应知晓三角警示牌在车内的存放位置，以便应急时立即取用。目前国

内大部分车型存放警示牌的位置不外乎几种：后备箱盖内侧、后备箱遮板下或存放备胎处。

知晓停车警示牌设置的法定位置和安全距离

警示牌设置的位置和安全距离至关重要，对事故当事人及车辆能起到决定性的保护作用。

1. 法定设置位置：按法律规定，停车警示牌应设置在事故车后方所对应的车道内，不可设置在其他车道内。

2. 法定设置距离：城市环路及一般公路，白天应在车后 50 米处，夜间应在车后 100 米处；高速公路，白天应在车后 150 米处（大约成年人 200 步的距离），夜间应在车后 250 米处（大约成年人 300 步的距离）。

3. 特殊路段警示牌的设置有讲究。如果车辆停在坡路无法移动，须将警示牌设置在坡顶或是坡底，因为车辆行驶在坡路上会产生盲区，这样才能提前警示过往车辆。如果是在弯路区域，须将警示牌设置在入弯前的道路上，告知后方车辆提前减速。

注意观察前方路况

驾驶人行车应精神集中，不一心二用，注意与前车保持安全距离，及时发现前方事故或故障车现场，避免与前车追尾相撞。

安全细节箴言

●三角警示牌虽小，却是驾驶人行车中保障自身和他人生命及财产安全不可或缺的装备；道路停车规范设置警示牌，是关乎自身和他人生命及财产安全的不可忽视的重要细节。

●珍爱生命，安全驾驶，不是一句空话，而应是道路停车设置警示牌这一具体而细微的实际行动。

●请远离道路停车不设置或不规范设置警示牌的“作死”行为！

21. 服药行车出祸事
——药驾犯困致人伤亡

吃感冒药会对驾车有影响吗？大量事实证明，药驾危害并不亚于酒驾！

例一 成都——一次服用感冒药驾车撞死人，赔巨款又服刑。2012 年 12 月 21 日凌晨，温江区邓某驾车驶至金阳路一路口，撞上正在过马路的一男子，导致其当场死亡。事发后，邓某先驾车逃逸，后又投案自首。据其向警方交代，车祸发生前她在朋友家打麻将到深夜，因患感冒吃了一片“白加黑”，吃药后困得不行，便自行开车回家，在半路引发此悲剧。最后，邓某赔偿死者父母 50 万元，并因涉嫌交通肇事罪及逃逸情节，面临 3 年以上、7 年以下有期徒刑。

例二 东阳——一次服感冒药驾车疯撞致 1 死 5 伤。2013 年 10 月 8 日深夜，浙江东阳市横店闹市区发生一起车祸，一辆出租车犹如脱缰野马疯狂撞向路边行人和车辆，造成 1 死 5 伤和 4 车受损的严重事故。肇事的哥叶某被路人拖下车时目光呆滞，哪怕有人拉着衣服要打他，都没有任何反应。警方抽血化验结果，排除了酒驾、毒驾。直到第二天下午，叶某还是想不起前一天晚上发生的车祸。他向警方交代，当天因感冒吃了多包感冒冲剂，接班前又吃了一包。此前，他看过药品说明书，明知吃药后易犯困不能开车，却未引起警觉而导致事故发生。

例三 北京——一次服感冒药驾车犯迷糊，撞人逃逸被批捕。2014 年 12 月 22 日，何某驾驶货车行驶到大兴区魏善庄镇一路口时，突然驶进非机动车道，将行人李某撞倒致其重伤。事故发生后，何某驾车逃逸，后又投案自首。经交警部门查明认定，何某负事故全责。据何某交代，事发当日驾车前吃过感冒药，行驶中精神状态不佳，待发现车前有行人，但因距离太近已无法躲避，最终导致行人受重伤。何某以涉嫌交通肇事罪被批捕。

例 N 药驾酿发事故或致人伤亡的更多事件。

2014 年 1 月，双峰县匡某药驾撞车致人一级残赔款 102 万元。

2014 年 1 月，瑞安市潘某药驾犯困撞飞行人又遭另车碰撞身亡。

2014 年 7 月，香港潘某因涉嫌药驾致三车相撞 4 人受伤被捕。

2015 年 1 月，永嘉县罗某服用感冒药后驾车撞死一骑车人。

2015 年 6 月，郯城县警察蒋某药驾引发事故致中学生 2 死 3 伤。

……

酒驾的危害几乎众所周知，而药驾的危害性却往往不被人知晓。阅罢大量的药驾事故案例，笔者不觉大吃一惊，同许多驾驶人一样，以前只知酒驾的危害，尚不知药驾的安全隐患竟如此之多、危害如此之烈！药驾并不次于酒驾！

影响安全驾驶的七大类药品及致命性危害

影响安全驾驶的七大类药物

药驾，是指驾驶人服用某些可能影响安全驾驶的药品后依然驾车出行的行为。世界卫生组织列出七大类在服用后可能影响安全驾驶的药品，并提出在服用上述药品后应禁止驾车。

1. 感冒药。大多数感冒药服用后会有嗜睡、困倦、视力模糊等不良反应，会直接影响安全驾驶，如感冒清胶囊、鼻炎康片、速效感冒胶囊等，其副作用一般持续 4~6 小时。所以，专家建议服感冒药 6 小时内不要开车。

2. 止咳镇静药。止咳药如咳必清等有致疲劳催睡作用，安定、苯巴比妥等药物有镇静催眠作用。专家建议，使用曲马多等处方止痛药后 2~3 天内不要开车。

3. 抗过敏药。抗过敏药可引起嗜睡、上腹部不适等反应，如扑尔敏、息斯敏、富马酸酮替芬等。专家建议，开车前一天不要服用抗过敏药。

4. 抗菌药。使用庆大霉素、链霉素等氨基糖苷类抗菌药，常有头痛、耳鸣、耳聋、视物不清、颤抖等不良反应，驾车时应慎用。

5. 降血压药。如心得安、硝苯地平等有引起嗜睡、头痛、眩晕和低血压等反应，影响安全驾驶。

6. 降糖药。如果降糖药选用不当，或偶然因素引起低血糖，也会影响安全驾驶。因此，驾车时应谨防出现药物性低血糖反应，如心悸、头晕、多汗、虚脱等。

7. 保健品。保健品中的褪黑素，对神经中枢有抑制作用，各国都规定驾车和机械操作者不可服用。

药驾已成为引发交通事故的主要因素之一

药驾发生交通事故的比率，要比未服药正常状态下开车发生交通事故的比率高出许多倍。药驾已成为引发交通事故的主要因素之一。

国外一份有关《在致命性交通事故中用药情况的调查》表明，在服药后驾车的人群中，服用抗抑郁镇静剂的事故率达97%，服用大麻酚镇吐剂的事故率是90%，服用抗组胺药造成的事故率为72%，而饮酒后驾车的事故率是87%。然而很多人没有认识到药驾的危害。

公众对药驾危害性认识的“盲点”

药品说明书缺少醒目的必要提示

有媒体记者调查发现，十多种不同品牌的感冒药都没有在外包装上对驾驶人进行特别提示，只有一些感冒药会在说明书中注明“服药期间不得驾驶机、车、船，从事高空作业、机械作业及操作精密仪器！”但遗憾的是，这类提示大都隐藏在药品说明书里，必须拆开包装才能发现。对于普通人来说，一般最先关注的是药品疗效，很难注意到这类提示。

很多人对药驾的危害性认识不到位

很多车主知道酒驾的危害，但相当一部分人对于药驾的危害性认识不足，不以为然，认为药驾顶多犯困，不会出啥大事。其实，药驾的危害，严重的可堪比酒驾或醉驾。

预防在先，从细节上防范药驾交通事故的发生

预防药驾交通事故的发生，必须在细节上注意，防患于未然。

驾驶人应知晓药驾的危害及其对安全驾驶的影响

一旦生病需服用影响安全驾驶的药物，就要明白在药性没有消除的情况下，不要驾车上路。打工族驾驶人应向车主或单位领导讲清楚，延缓出车或换班，不要硬挺强开。在这个问题上，千万不要无知，不要疏忽大意，更不可心存侥幸。要把安全驾驶放在首位，没有安全就没有一切！

正确服用药物，预防和避免对安全驾驶的副作用

1. 驾驶人到医院看病时应主动亮明身份，请医生尽量避免开出会对安全驾驶产生不良影响的药物；到零售药店购药时，也要咨询店里的执业医师，以求用

药指导，不要乱用药。

2. 吃药前要仔细阅读药品的说明书或商品标签，在用量、禁忌证和副作用等方面都要认真考虑，不可超剂量用药。对已知有不良反应，但不得不吃的药，开车前要减半量服用，等休息时再补足全量，等药效消除得差不多后，再开车上路。服用任何药物前，应养成看说明书的习惯，一定依据说明书上的量和时间来吃。像“白加黑”药物，白片中不含抗过敏成分的，白天可以放心吃，晚上临睡前才可吃含抗过敏成分的黑片。

药品生产厂家应在防药驾上尽职尽责

药品生产厂家应以对患者生命安全高度负责的态度，在药盒的明显位置做出醒目标志，特别提醒公众不药驾。在法国，根据药品对驾驶人驾驶能力影响的程度，将其分为4个等级，并要求厂家在药盒上以不同颜色标示，警示药物对驾驶能力的影响。

强化法律对药驾的监管

在美国，关于酒驾的法律同样适用于药驾。截至2010年，美国已有37个州通过了禁止药驾的法律法规。2011年，香港特别行政区立法会通过了《2011年道路交通（修订）条例草案》，其中规定任何人驾驶时正受指明毒品以外的药物影响，以致没有能力妥当地控制汽车，即属犯罪（简称“药驾罪行”）。借鉴境外经验，我们应尽快出台关于药驾的监管和处罚规定，严禁在驾驶时服用影响安全驾驶的药物。此外，也应对药物影响安全驾驶的等级作出划分，明确哪类药品在驾驶时禁止服用等。

安全细节箴言

●药驾危害不亚于酒驾，药驾严重危害公共安全！

●驾驶人莫忽视药驾这个致命细节，不要因一次药驾给自己和他人带来伤害！

22. 花季少女乘车失左臂 ——头手伸出车窗外引发悲剧

天暖时节尤其是夏季，驾乘人在车辆行驶中将头或手臂等部位伸出车外的时常可见。驾乘人将头或手臂等部位伸出车外有危险吗？让事实说话！

例一 南京——一次乘车手臂伸出车外被撞断。2006年7月24日，江苏溧水县19岁女孩倪某乘坐一辆中巴车去县城买衣服。看着车窗外的景色，她不由自主地把左臂伸出了车外。一刹那间，对面一辆疾驰而来的货车猛地擦车而过，倪某左臂瞬间被撞断，左胸也受到严重损害，伤势非常严重。

例二 江油——一次将头伸出车天窗玩耍，3岁女童被夹死。2013年10月19日，四川江油市张某开轿车带着3岁的女儿从绵阳返回江油老家，因路上碰到熟人，便停下车一同坐在车内闲聊。女儿平时喜欢玩天窗开关，并将头伸出天窗外。这次女儿脚踩在驾驶座右边的储物盒上，又摆弄天窗开关并伸出头玩耍。当张某与朋友还在聊天时，女儿突然被天窗夹住脖子，后不治身亡。

例三 郑州——一次头伸出车外吐酒被撞掉头颅。2013年4月21日凌晨，河南郑州市中原西路一辆轿车疾驰时，一位坐在后排车座的醉酒男子，身子伏在车窗上，将头伸出车外吐酒。车内人曾听到吐酒声，以为他还伏在那里吐，车继续前行。直到后排人突然发现身旁吐酒的男子没有了人头，才停车报警。原来该男子吐酒时被擦车而过的车辆撞掉了头颅。

例N 驾乘车将头或手伸出车外遭伤害的更多事件。

2008年7月，重庆涪陵一人乘车时头伸出窗外撞到路边的脚手架身亡。

2009年1月，山东曹县安某乘中巴车时头伸出窗外被挤死在车站石柱间。

2013年11月，沈阳市一8岁男孩被自动车窗玻璃卡住脖子身亡。

2014年6月，美国印第安纳州一女子乘车时头伸出窗外呕吐被撞身亡。

2016年6月，贵阳市一乘客头伸出窗外被两辆公交车夹挤身亡。

……

驾乘车时，时常可见到“请勿将头手伸出车窗外”的警示语。说实话，笔者写作本篇前也未把这个警示语当做一回事儿，认为是小题大做，并没有那么严重。看过这些案例，方知“请勿将头手伸出车窗外”的安全警示，是多么的重要和必要！

诸多事实和试验证明：行车时头手伸出车外极其危险

驾乘车时头手伸出车外的情况很常见。例如，有的驾驶人边开车边抽烟，不时把手搭在车窗上或伸到车窗外弹烟灰；有的乘车人因晕车或醉酒把头伸到车窗外呕吐；有的孩子乘车时头伸出天窗外看风景；有的乘车人脱掉鞋子把脚伸到车窗外吹风，等等。具体地说，驾乘人头手伸出车外有哪些危害呢？

头手伸出车窗外易被来往车辆刮碰

驾乘车时，无论是把手臂伸出车窗外弹烟灰或是图凉快，还是将头伸出窗外醒酒、呕吐，都十分危险。因公路上路况复杂、车流量大、车速快，同向或对向行驶车辆的近距离擦车而过的险情时常出现。同时，伸到车窗外的头手也存在被路边树枝划伤或被施工建材碰伤的可能。

头手伸出车窗外遭撞击后果很严重

根据有关科学测试，以公交车或出租车较低时速 40 公里为例，这一速度如遇到外力撞击会产生 3000 公斤的冲击力，如果造成挤压或迎面车辆相对撞击时，撞击力将翻倍甚至增加数倍。因此，一旦发生撞击后果会很严重。

头伸出车窗外易被夹住脖颈酿窒息之险

头伸出车侧窗或车顶天窗均有此风险。如车辆行进时，孩子身体伸出天窗外，并挥舞着小手很开心，但此时只要急刹车，孩子轻则肋骨折断，重则摔出车外，甚至可能夹住脖颈窒息身亡。比如，有乘客误触电动天窗按钮，孩子也有被天窗夹伤夹死之险。一些中高档轿车天窗都有熄火时自动关闭的功能，如发生意外熄火，孩子的脖颈也易被夹住。据 1997 年美国国家统计局的公开数据显示，美国每年至少有 500 人因被电动车窗夹伤而就医，其中一半是儿童。

车窗自动关闭的力量足以致人伤亡

一项警方关于车门窗玻璃升起伤人的试验表明，在小车刚熄火并拔掉车钥匙后的几十秒内，车辆电流还没有完全关闭，车窗玻璃照样可以自动升降。如果此时家长离开车，而恰逢孩子将头伸出窗外，又意外地摁到车门窗升起按钮，就极有可能被升起的玻璃卡住。车窗玻璃升顶时间极短，只需3秒钟。

另一项试验证明，车天窗关闭中也会致人伤亡。有媒体记者用莴笋、矿泉水瓶做过试验。试验结果是，天窗关闭使莴笋断成两截儿，矿泉水瓶被压扁。

行车时头手伸出车外：一个普遍被忽视的致命细节

《道路交通安全法实施条例》规定，乘坐机动车时，乘车人不得干扰驾驶，不得将身体任何部位伸出车外，不得跳车。

为什么行车时头手伸出车外的事故频发？

无知成因型

许多驾乘人把头手伸出车外的一个重要原因是，没有意识到其中潜在的安全隐患和可能产生的严重后果，安全常识缺失，只觉得很享受、很好玩、很酷。《长沙晚报》记者2014年7月26日在长沙湘江路某地观察行驶汽车约一小时，看到两车有小孩把头伸出天窗，而车主则持放纵态度；2014年8月10日在长沙火车站前路口蹲守一小时，发现有24辆车的驾驶人把胳膊伸出窗外。

疏忽成因型

此类人对头手伸出车外的危险略知一二，但由于习惯、气候或其他原因而忘记或忽略其潜在的危险。尤其在夏季的行车中，许多驾乘人喜欢开窗通风，常常不自觉地将头手伸出窗外，享受凉风吹拂的舒适。有的人吸烟后习惯将夹烟的手搭在车窗外或弹烟灰。

侥幸成因型

有人觉得头手伸车外的事故离自己太远，况且自己时常如此总是平安无事，因此驾乘车时常常将头手伸车外，习以为常，不以为然。

铭记常识：不把头手伸车外，不让“小细节”再致命

驾乘人应铭记安全常识，遵守法律规定

国内外因头手伸出车窗外导致的伤害事故，已证明这一行为是极其危险的。驾乘人应不忘他人的惨痛教训，知晓和践行安全常识，遵守法律规定，不再因自己的无知、疏忽和侥幸而给自己和他人造成伤害，不再因这个细节失误而引发祸端。家长带小孩坐车，更要格外注意这一点，不让孩子把头手伸出车外，不让孩子随意摆弄车内电器开关，不单独留孩子在车内，谨防因头手伸出车外被刮碰或

被车窗卡住的事故发生。

驾驶人肩负提醒乘车人注意安全的义务

公交车、大客车应在车内醒目位置贴有“不把头手伸出车外”的警示标志，其他车辆驾驶人也应警醒关注，一旦发现乘车人有头手伸出车外的行为，要及时提醒和制止。如乘客执意不听而造成伤害由其自负责任，驾驶人无须承担。如驾驶人未做到提醒注意义务，一旦出现事故，则需承担一定的法律责任。

准备一些塑料袋

大客车、出租车和私家车，都应在车上备一些垃圾袋，以备乘车人醉酒或晕车呕吐时使用，或将车停在安全位置，避免乘车人头手伸出窗外呕吐及相关事故发生。

可加装防夹车窗玻璃感应装置

目前中高档轿车大都有感应装置，如车门窗玻璃升起时遇异物自动下降；有的电动车窗，装有精细传感器，在碰到物体时会感应而停止升起或关闭。没有此装置的车主可考虑加装，以防万一。

安全细节箴言

●头手伸车外，灾祸跟着来。

●行车中驾乘人把头手伸出车外，无异于自杀。此事故虽属小概率，一旦发生一般都是后果严重的大事故。

●魔鬼就在细节中。请铭记不把头手伸车外的警示箴言，莫再发生这样常识性的低级错误，不让“致命细节”再致命！

23. 男孩命丧副驾驶座
——儿童坐副驾驶座遭气囊弹亡

不少家长乘车出门习惯抱着孩子坐副驾驶座，或将孩子单独放在副驾驶座，更有甚者怀抱着孩子驾车，以为坐前排座既宽敞视线又好。殊不知，让儿童坐前排座太危险！

例一 宁波——一次坐副驾驶座遇车祸，气囊弹出，8岁男孩殒命。2010年4月4日，宁海县薛某驾车载8岁儿子回家。由于从工厂到家的距离不足1公里，她把儿子放在副驾驶座上。就在薛某的车刚开出厂门时，一辆皮卡车撞了过来，安全气囊瞬间弹出……等薛某反应过来，儿子已停止呼吸。

例二 上海——一次被抱坐副驾驶座，遇车祸孙子飞出车外身亡。2013年4月22日，宝山区某路口，张某驾驶的面包车与一辆轿车发生猛烈碰撞。张某6岁儿子从车内飞出，摔落到地上一动不动，头部流血不止，后抢救无效死亡，张某父亲也身受重伤。原来，事发时爷爷抱着孙子坐在副驾驶座上，由于受到巨大的撞击力，孙子从爷爷的怀中飞出车外。

例三 徐州——一次怀抱爱子醉驾撞树，3岁儿子当场身亡。2014年5月17日晚，徐州新沂市邓某在外应酬喝酒回家后，为满足3岁小儿的要求，又开车带孩子出去，并特意怀抱着儿子开车。未料到，邓某因酒后操作失误将车撞到路边大树上，而其怀抱的孩子被直接顶在方向盘上，内脏受到严重挤压不治身亡。

例N 儿童乘车坐副驾驶座出车祸导致死伤的更多事件。

2013年11月，乐清市李某妻怀抱3岁儿子坐副驾驶座遭车祸孩子身亡。

2014年7月，重庆市姜某驾车在渝黔高速被追尾，副驾驶座上的7岁儿子不幸身亡。

2015年1月，泰州市一男子坐副驾驶座，怀中的女儿遇车祸被气囊弹亡。

2015年8月，郑州市一母亲坐副驾驶座怀抱双胞胎儿子遇车祸，3人身亡。

2015年12月，厦门市刘某驾车肇事，连同副驾驶座上的妻儿一同身亡。

……

让儿童坐前排座存在重大安全隐患，极其危险

日常生活中，我们经常看到这样的场景：爸爸或妈妈开车，如果孩子大一点，自己坐在副驾驶座，孩子小一点，则由爸爸或妈妈抱着坐在副驾驶座。许多小朋友也多喜欢坐副驾驶座，认为那里宽敞、视线好，可观风景。然而很多家长并未意识到儿童坐副驾驶座的危险性。

副驾驶座最危险

我国机动车靠右行驶，方向盘等驾驶操纵装置在车内左侧。因此，在行车遇到危险时，驾驶人会出于自我保护的本能，做出保护车辆左侧安全的举动，而与其座位相邻的副驾驶座就自然成为最危险之处。所以，一般车祸都是副驾驶座位先受到冲击和伤害。

美国交通管理部门的专家小组2012年对轿车安全问题进行的专项研究结果表明：就车内各座椅危险系数进行比较，假设驾驶人位置为100，副驾驶位置为101，副驾驶后座位置为74.2，驾驶人后座位置为73.4，后排中间位置为62.2。比较结果是，副驾驶位置最危险。

在副驾驶座怀抱孩子并不能为其提供有效的安全保护

相关测试表明，孩子坐得比较低，头部刚好在成人胸部，如果发生猛烈碰撞，成人胸部会猛烈压住孩子的头颈，对孩子造成极大伤害。在紧急刹车时成人即使系上安全带，也根本无力或无法及时给怀中孩子提供有效的安全保护。在惯性作用下，孩子可能会脱手飞出车外，导致重伤甚至死亡。有关试验显示，当汽车以每小时48公里的速度行驶，7公斤重的儿童在遭遇撞击瞬间将产生275公斤的向前冲击力，成人根本无法抱住。

给副驾驶座上的小孩系安全带就安全吗？答案是否定的。一般来说，汽车座椅和安全带是专门为成人设计的，不适合身材幼小的儿童，一旦发生碰撞，孩子很容易从安全带飞出。安全带也可能变成刀刃一般，正好勒住孩子脖子，成为危险的“索命带”。

安全气囊对儿童具有很强的杀伤力

儿童身材矮小，气囊位置往往就在儿童的头部，气囊爆开时对儿童头部的瞬

间冲击力，远远超过儿童的承受力，轻则造成面部受伤，重则胸部骨折、颅内出血、颈椎骨折及窒息，而且气囊盖板炸开的碎片很容易将孩子的颈部及气管割伤或者割断。所以，安全气囊非但保护不了儿童，反而会严重威胁孩子的生命安全。搂抱着孩子开车更危险，一旦发生车祸，方向盘、安全气囊对孩子都是致命威胁。

1∶90——中外儿童安全座椅使用率为何反差巨大

儿童是没有自主选择权的未成年人，父母作为其监护人，安全意识的高低及安全知识的多少，在很大程度上决定了儿童的生死安危。中外儿童安全座椅使用率1比90的巨大反差，更凸显我国多数家长儿童安全保护意识和知识严重贫乏。

儿童乘坐安全座椅在发达国家已是常识

乘坐机动车让儿童坐安全座椅，这在发达国家是常识。世界上已超过40个国家通过对儿童安全座椅立法以强制其使用，如德国儿童安全座椅的使用率达到95%左右，2011年德国车内死亡的儿童仅有76人。在澳大利亚，如果父母不给未满8岁的孩童使用安全座椅，将被罚款166澳元。美国则对未让未满4岁或体重未达18千克的孩童使用安全座椅者罚款100美元。同样，成人怀抱孩子坐副驾驶座位，在发达国家和地区也是被明令禁止的违法行为。

我国多数家长安全常识缺失，是导致儿童交通事故高伤亡率的主因

中国社会科学院社会学研究所、社会科学院文献出版社等单位发布的《2012-2013中国汽车社会蓝皮书》披露：我国每年14岁以下儿童交通事故死亡率是欧洲的2.5倍、美国的2.6倍！而儿童安全座椅使用率低被认为是重要原因之一。

2013年7月，中国汽车技术研究中心模拟碰撞试验室曾做过一系列模拟碰撞试验，结果显示，不使用安全座椅的儿童在车祸中非死即伤。

儿童乘车的最佳保护方式是使用儿童安全座椅

儿童安全座椅，是一种系于汽车座位上专供儿童乘坐，有束缚设备，并能在发生车祸时束缚儿童以保障其安全的座椅。儿童乘车最佳的保护方式，就是使用儿童安全座椅。

加大宣传力度，使家长购买和规范使用儿童安全座椅

开展交通安全教育是减少交通事故的重要途径。要使家长在思想上牢固树立交通安全和自我保护意识，摒弃无知、侥幸、粗心大意等模糊认识，自觉自愿安装和使用儿童安全座椅，确保儿童乘车的安全。

1. 家长应购买、选用和安装符合标准、适龄的儿童安全座椅，将其固定在驾驶座后的后排座上，检查儿童安全座椅与汽车座位是否平贴，并定期检查儿童安全座椅的完好与否。

2. 每次使用儿童安全座椅，应确认安全带是否有效和扣紧，注意根据儿童体形、穿着调整安全座椅安全带的松紧。

3. 当汽车紧急刹车或受到撞击后，请确认儿童安全座椅的状况并重新绑紧。如有损坏或变形应立即更换，不能再次使用。

4. 儿童安全座椅如长时间不用，应妥善保存，避免暴晒及置于潮湿环境。

培养儿童的安全意识，引导其适应安全座椅

乘车时，许多儿童不喜欢甚至拒绝使用安全座椅。对此，家长要善于引导，不要孩子一哭一闹就妥协。可为儿童准备些平时爱玩的软体玩具分散其注意力，为其播放音乐或故事，陪其偶尔说说话，减少其不适感。同时，须把车内的各种杂物收拾干净，避免紧急刹车时车内物品飞起对儿童造成伤害。尽量安排一名成年人看护乘坐安全座椅的儿童，避免其调皮乱动出现意外。

安全细节箴言

●一次宠爱孩子坐副驾驶座，遭车祸竟致其身亡；一次怀抱宝贝开车，遭车祸竟然致其夭折；一次不坐安全座椅，遭车祸竟然毁掉父母的希望。现实就是如此冷酷无情，就是如此“因小失大”！

●金玉有价，生命无价。为了孩子乘车安全，请规避风险，远离危险，自觉安装和正确使用儿童安全座椅，不让因儿童不坐安全座椅的悲剧重演！

24. “林肯”为何撞六人 ——脚垫使用不当成“杀手”

每辆轿车几乎都会铺放脚垫，但脚垫铺放不当也会成为“隐形杀手”。这是笔者及许多驾驶人从未想到的又一个细节性的安全隐患。

例一 南京——一次脚垫拱起卡住刹车板，“林肯”撞伤6人。2006年4月19日，朱某驾驶林肯轿车行驶在南京市三山街闹市区，见前车突然减速急踩刹车，但车依然向前行驶，眼看就要撞上前车。他向右急打方向盘，导致车冲向路边人群，接连撞上骑车人和行人，造成6人受伤。交警部门查明，引发事故的祸根竟是朱某脚下的一块羊毛垫子。原来，出事前刹车踏板下的羊毛垫移位拱起，卡住刹车踏板，致使朱某脚下刹车踩不下去，结果引发这场车祸。

例二 重庆——一次洗车脚垫压油门，老驾驶人连撞4车。重庆江北的姚某是位老驾驶人。2013年2月24日，姚某在洗车店洗完车准备开车返回，见洗车店门前路口亮红灯，赶紧踩刹车。哪想到，姚某踩刹车后车辆却向前猛地冲去，相继刮擦三辆车，在撞向路边石墩后，石墩又砸中一辆桑塔纳轿车。姚某事后才发现是脚垫惹的祸：原来清洗干净的脚垫并没按规定铺放，脚垫边角盖住了油门踏板，踩刹车时脚垫又压动了油门，使车向前猛蹿连撞4车。

例三 北京——一次脚垫卡刹车板致车辆失控，撞6道护栏伤多车。2015年4月12日，在丰台区华联购物中心旁的一个交叉路口，一女子驾驶的大众越野车突然失控，横穿停车场和马路，一路冲出约200米，撞断6道护栏，造成至少5辆轿车、3辆电动三轮车受损。经查事故原因，系因车脚垫卡入刹车踏板下方，导致刹车踏板踩不下去失控。警方判定大众车驾驶人负全责。

例N 脚垫卡刹车板或压油门引发车祸的更多事件。

2009年8月，美国加州一凌志车脚垫致刹车失灵4人丧生。

2009年，美国加州一丰田车脚垫致刹车失灵冲入太平洋1死1伤。

2009年12月，杭州市一豪车脚垫使刹车失灵撞墙致婆媳2人受伤。

2015 年 6 月，北京市一越野车脚垫压油门停车场引发连环撞。

2015 年 8 月，成都市牛某脚垫卡刹车致使车失控追尾致 2 人受伤。

……

脚垫是汽车内饰小配件，在车辆整体中几乎忽略不计。诸多事故证明，脚垫使用虽属小细节，但也关乎驾乘人生死安危。

汽车脚垫——不可忽视的“隐形杀手”

汽车脚垫因紧邻油门、刹车、离合器等驾驶操纵装置，加之产品质量和使用做法不一，其作用也大相径庭，如使用不当极易引发交通事故，其安全隐患是：

铺设多层脚垫易滑动移位，发生卡刹车板和压油门现象

有些车主为了方便清洁，会在高档脚垫上再铺设一层橡胶、PVC 等易于清洗的脚垫，而铺设双层脚垫导致上层脚垫移位的概率极高。上层脚垫因无法固定，容易随着驾驶人脚部向前用力而向上移动，从而卡入刹车板底部，或搭在相对刹车板位置较低的油门上，安全隐患极大。

变形脚垫易卡刹车板或油门

使用一定年限脚垫一般都会变形，如四角翘起等，脚垫翘起的边角容易卡住刹车板或油门引发事故。

脚垫前后、正反颠倒使用易卡刹车板或油门

有的款式脚垫正反面十分相似，脚垫的正反面颠倒不但不能起到防尘防滑的作用，而且因无法固定而容易滑动移位。

脚垫使用中的安全隐患几乎是一个全球性问题

脚垫使用中潜在的安全隐患，在许多国家都有发生。

2003~2009 年间，美国大约发生过 2000 次丰田或凌志汽车在高速状态下突然“只能加速不能刹车”的险情。此险情症状基本类似，都是在毫无异常征兆的前提下，汽车如同疯了一般不断自行加速，最高时速可达 160 公里以上。因刹车失灵，无论驾驶人怎样狠踩刹车踏板也无济于事。

美国高速公路安全管理局调查结果显示，丰田脚垫本身并不存在缺陷，但当把这些脚垫放置在地毯上时问题就产生了，这样的叠放减少了脚垫与下面地毯之间的摩擦力，进而使其向前滑动卡住刹车或油门，导致安全隐患。美国高速公路

安全管理局的数据显示，因无意识脚垫滑动导致加速造成了 17 起碰撞事故和 1200 起受伤事故。

中国消费者协会 2014 年 2 月发布提示称，汽车脚垫是驾驶的“隐形杀手”，尤其劣质脚垫容易移位引发事故。

从细节着眼，预防和杜绝脚垫引发的人为事故

要预防和杜绝脚垫引发的人为事故，应从细节着眼，防患于未然。

购买优质、合型的脚垫

脚垫虽是看似不起眼的小配件，却和安全驾驶密切相关。现在市场上脚垫产品多样化，质量参差不齐，选购脚垫时应多方考虑，谨慎选择。要根据车型购买专车专用的脚垫，脚垫和车型匹配，脚垫刚好卡在地板上，又将油门和刹车露出来，原装的专车专用脚垫更安全。慎用塑料、绒太厚的脚垫。塑料脚垫在夏天受高温的影响，会变得柔软而团在一起，影响驾驶操作。有的车辆地板上装有脚垫定位扣，选购新脚垫应尽量选择带定位扣的防滑脚垫。

禁止铺放双层脚垫

各地交管部门均提醒，禁止铺放双层脚垫，以免其滑动移位给刹车、提速埋下安全隐患。

及时更换变形脚垫

脚垫使用一段时间后，车主应查看其是否已经变形，对已严重变形的脚垫应及时更换。

注意检查脚垫铺放是否安全合理

脚垫的正确铺放很重要。每次开车前都要留心查看一下脚垫，消除安全隐患。在洗车店清洗或自行清洗脚垫后，对于脚垫的正反、前后放置是否正确，应仔细确认，不能正反或前后颠倒。尤其要看脚垫的铺放是否牢固妥当，防止其滑动移位；要看脚垫铺放是否卡住刹车或压住油门。女性不宜穿高跟鞋开车，因高跟鞋会使脚垫往前滑动，妨碍踩刹车和油门。

洗车店应把好脚垫铺放安全关

洗车店应教育员工知晓放置好脚垫的重要性，尽职尽责，精心洗车并放置好每一个脚垫，留心查看脚垫有没有卡住刹车或压住油门，不给客户留下一点安全隐患。不因洗车工的一点疏忽大意，一次细节失误，而给客户造成无可弥补的事

故和损失。

安全细节箴言

●千里之行，始于足下；安全驾驶，脚垫安全是第一步。

●汽车脚垫虽属小配件，使用不当也会引发大事故！无数事件表明，交通事故的发生往往源自一次疏忽、失误于一个细节。

●脚垫——不可忽视的又一“隐形杀手”，警惕呀！

25. 行车途中“引火烧车”
——打火机放车内爆炸引燃车辆

一些驾驶人习惯将打火机随手放在仪表台上，也有的为驱除车内异味放瓶香水等。其实，在高温季节，这些小物品极可能成为车辆燃烧的“元凶”！

例一 鹤壁——一次打火机放车内爆炸，引燃停放车。2004 年 7 月 3 日下午 2 时许，天气炎热，鹤壁市桂鹤小区一栋住宅楼前，一辆小汽车突然冒出浓烟，转眼间浓烟就变成大火并迅速蔓延。消防官兵接警后迅速赶赴现场扑救，火虽很快扑灭，但小汽车已烧得面目全非。据消防人员介绍，着火元凶竟是车内放置的一只打火机在烈日的炙烤下发生爆炸，最终“引火烧车”。

例二 唐山——一次打火机放车内爆炸，引燃高速行驶车。2009 年 6 月 24 日，河北气温高达 37 摄氏度。在沿海高速唐海县路段，一辆轿车突然起火，轿车前引擎盖被烧得严重变形，向外凸出，车门敞开，位于前排驾驶人位置的顶棚被烧烂，只剩下铁架。原来，驾驶人赵某点燃香烟后，习惯性地将塑料打火机放在仪表盘上方，行驶途中打火机经长时间暴晒爆炸，随后轿车起火燃烧。赵某及时逃离汽车，未造成人员伤亡。

例三 金华——两次打火机放车内，两次遭爆炸。2007 年 7 月 8 日，在金华市双馨路，一辆小车突然发生爆炸，车内一片狼藉。车主王某后悔地说：“我下车前点了根烟，随手就把一次性打火机放到仪表台上了！说起来，这已是我的第二个打火机在车里爆炸了，还好没引起大事故！”原来，同年 5 月份，王某的车已发生过一次打火机曝晒后的爆炸事故。后来，他一直提醒自己“长记性”，谁想这次抽烟又忘记了！

例 N 车内放置易燃易爆品导致车辆燃烧的更多事件。

2007 年 7 月，大连市陈某车内老花镜引燃电话本受惊致车祸。

2011 年 7 月，杭州市葛某车内放置打火机爆炸伤其右眼。

2014 年 7 月，武汉市江夏区黄某车内空气清新剂爆炸导致车燃烧。

2015 年 5 月，银川市金凤区一车内打火机爆炸引燃车座起火。

2015 年 8 月，盐城市一轿车内放置的车载香水引发车辆爆燃。

……

打火机等易燃易爆品在车内爆炸并引发车辆燃烧，虽很少出现人身伤亡事件，但造成的财产损失却不言而喻，少则几千元、多则几万甚至数十万元，令人心痛和悔恨不已。

打火机等易燃易爆品，已成为车辆燃烧的“元凶”

易燃易爆品之所以成为车辆燃烧的元凶，有两方面原因。

易燃易爆品的自身因素

1. 一次性打火机。其机体内充入液态丁烷气体，机身多由透明塑料膜压成型。丁烷受热膨胀后，其塑料外壳经受不住膨胀的压力，稍有外力作用就会发生爆炸。虽然气体打火机的爆炸威力不大，但在车内和一些易燃物放一起时，一旦发生爆炸就易引起火灾，后果不堪设想。

2. 香水瓶。香水的主要成分之一是酒精，而酒精是易燃易爆品。有相当一部分车主喜欢将车用香水放在中控台上面，而此位置恰是被太阳直接暴晒之处，具有相当大的危险性。同时，因香水瓶在中控台上受阳光直射，也会因暴晒膨胀而引发物理爆炸。2015 年 9 月 21 日，陕西广播电视台播出一条视频，两男子进入车内感觉有异味，便顺手拿起车载香水喷了几下，随后打着打火机准备吸烟。随即，车内“嘭”的一声发生爆炸，火势迅速蔓延，两男子惨叫着逃出车外，汽车迅速被大火吞没。而引发这场爆炸的就是车载香水。

3. 老花镜。车内如放置老花镜，其会起到凸透镜的作用，将所有经过镜片的光束集中到一个焦点上。如果此焦点恰好在易燃物上，如汽车座椅套等，一旦温度过高，就会引起燃烧。

4. 高压罐体。金属罐碳酸饮料易吸热，罐体内本身有压力，温度高就会炸裂。发胶摩丝类的高压罐装喷剂、清洁车辆用的罐装清洁剂也属此类，在车内经暴晒或长时间晃动都会使罐内气压暴增，极易引起爆炸。

5. 电池。带电池的物品长时间放置于高温车内，电池有发生鼓包甚至爆炸之险。

外部温度因素

美国 2005 年的一项实验结果发现，无论室外环境温度多少，在太阳的照射下，车内温度都会以相似的速度增加，一小时内平均升高22℃。在盛夏气温达到35℃时，阳光照射15分钟，封闭车厢里温度就将升至65℃，远远超出打火机60℃、香水49℃的爆炸临界点。在炎热夏季，如将打火机等易燃易爆物放在汽车中控台上，很容易爆炸，后果不堪设想。

四川遂宁市消防部门2015年8月所做的相关实验也证明了这一点。一辆报废车露天暴晒一小时后，消防员将两个一次性打火机置于车内前挡风玻璃下方，此时车内温度约为50℃。第12分钟时，一个打火机爆炸；第25分钟时，另一个打火机爆炸，十分危险。

安全常识的缺失，是易燃易爆品引发车辆燃烧的主观原因

安全常识缺失，警惕性不高

具体表现是，有驾驶人不知一次性打火机等易燃易爆品在车内的危险性，不知易燃易爆品的高温临爆点，不知在车内放置灭火器，也不知购买自燃险；打火机随处放，香水用完一瓶又一瓶……直至易燃易爆品引燃车辆，方如梦初醒，但悔之晚矣。

不良生活习惯使然

2015年10月，广东《清远日报》记者采访佛冈十几个车主，超过六成车主在车内放置香水，以缓解车内异味。有的驾驶人称，车内香水一直没断过。

对《保险法》禁赔规定的无知

机动车如已投保自燃险，在使用中因车本身电器、线路、供油系统发生故障引起火灾的情况属自燃，保险公司会给予赔付。但车内存放危险品发生爆炸所造成的损失，因属于车主处理不当，保险公司不予赔偿。然而，有的车主并不知《保险法》的这一禁赔规定。

从细节上预防，避免易燃易爆品引发车辆燃烧事故

如何预防打火机等易燃易爆品引发车辆燃烧事故？综合专家意见整理如下：

强化安全意识，改变车内随意放置易燃易爆品的不良习惯

驾驶人应学习和掌握易燃易爆品的有关科学知识，知晓车内放置易燃易爆品的危害，尤其是高温季节，严禁在车内放置一次性打火机、香水、碳酸饮料、清洁剂、手机、放大镜等物品。要相信和尊重科学，不无知自信，不心存侥幸，不

麻痹大意，不给事故隐患留下任何可乘之机。

高温季节应尽量把车辆停靠在树荫或阴凉处，避免阳光暴晒。

应注意检查汽车底盘，确认车下没有易燃易爆物。车主应注意对车辆易燃部位如发动机、油路、电路等部位的检查保养。

配备有效灭火器

一旦发生火灾，首先应立即报警，并利用随车配备的灭火器做初期扑救。灭火器作为行车常备自救设备，每车都应常备。

学会车辆发生燃烧后的紧急处理方法

一旦发生车辆燃烧，应采取一些紧急处理办法，使损失降到最低。

1. 如车身有异响、异味，应当机立断，熄火停车，最好将车停在避风处。

2. 查找起火点，注意不要随意打开车前盖。因为空气进入车内反而容易助燃，手持灭火器时再打开车前盖。

3. 起火后，如果没有车载灭火器或火势较大无法自救时，应迅速跑出车外，站在车后方，向后面的车示意，并拨打 119 等待救援。

4. 身边可常备一把小裁纸刀，一旦遇到车辆事故或火灾，安全带有可能变成“杀手带”，成为逃生时一大阻碍，一把小刀则可以化险为夷。

5. 车辆起火或车内大量冒烟后，不要贸然返回车内取东西，以防爆炸；同时，烟雾中含有大量毒气，吸入也可能使人致命。

安全细节箴言

●一只打火机引燃一辆车，一瓶香水使爱车付之一炬，这是“忽视细节，因小失大”的又一典型事件。

●牢记他人的沉痛教训，防微杜渐，安不忘危。摒弃车内放置打火机、香水瓶等易燃易爆品的不良习惯，使人车出行更安全、更开心！

26. 百万“宝马”毁于一旦——后备箱存放危险品酿大事故

汽车后备箱是存放物品之处，是汽车的储物间。然而，有的人因在后备箱存放了尖锐物或危爆品，而引发了车毁人亡的悲剧。请看事实！

例一 兴化——一次婚车后备箱装鞭炮，百万“宝马”成空壳。2014 年 5 月 2 日，由 6 辆轿车组成的婚礼车队从江苏兴化市某村出发去接新娘。当车队行驶到一路段时，其中一辆宝马轿车突然燃烧，大火瞬间将整个车辆吞噬。原来，迎新娘时鞭炮掉入车里，引燃车内地毯，以致后备箱里鞭炮噼噼啪啪响起。该宝马轿车系婚礼主人向朋友所借，价值 100 多万元。

例二 嘉兴——一次后备箱放钢管夺去一乘客命。2013 年 11 月 26 日，刘某驾驶轿车在沪昆高速嘉兴段行驶时，因错过匝道出口而急刹车，将车停在行车道内，准备打方向变道去出口。因其随意变道未及时给后方车辆提供警示信号，导致后方轿车避让不及追尾。刘某轿车方向失控，又与右侧车道的一辆面包车发生刮擦。没想到的是，因刘某轿车后备箱存放 3 根钢管，在追尾后车的猛烈撞击和挤压下，钢管穿透后排座椅，直接插入后排右侧女乘客郑某体内，郑某因伤势过重抢救无效死亡。

例三 兰州——一次出租车遭追尾，后备箱储气罐爆炸车毁人死伤。2010 年 2 月 8 日，兰州至中川机场高速公路皋兰路段，一辆运送速冻食品的货车追尾一辆同向行驶的出租车，事故引发爆炸起火，造成 1 死 1 伤。经现场勘查认定，两车追尾后，出租车后备箱内的储气罐受到剧烈撞击爆炸，两车在大火中烧毁。

例 N 后备箱放置危爆品致人死伤的更多事件。

2011 年 1 月，烟台 206 高速路一轿车后备箱鞭炮自燃引发爆炸。

2012 年 7 月，宜春市袁州一面包车内鞭炮爆炸致路人 2 死 3 伤。

2014 年 1 月，武鸣县一婚礼迎亲车 20 万响鞭炮被引燃致 5 伤。

2015 年 3 月，乐陵市一男子宝马新车装鞭炮发生车祸爆炸车被烧毁。

2016年7月，宁化县一轿车载鞭炮撞花圃被引爆致一对母女身亡。

……

汽车后备箱存放危险品致人车伤害事件，相对社会而言，虽属个案、小概率事故，但一旦发生，对当事人而言则是百分之百的伤害！

汽车后备箱绝非“保险箱”

后备箱虽可存放杂物，但物品存放是有条件的，后备箱绝非“保险箱”。

尖锐物或危爆品不能存放后备箱

从物品的属性看，凡是对人车或公共交通安全可能构成威胁的物品皆不可随意存放在后备箱。车辆行驶是动态的，车内物品随着车辆自身的前后运动、上下颠簸会发生物理或化学的变化，尤其在受到外力前后左右碰撞、挤压时可能会发生扎伤、爆炸等。在夏季高温时，后备箱存放的易燃易爆品如鞭炮、啤酒及碳酸饮料等，也有自燃或爆炸的可能。

后备箱受外力撞击的概率较大

后备箱位于车体尾部，好似最安全，其实不然。对于追尾碰撞事故而言，这是一个最危险的部位。后备箱中如装有尖锐物或易燃易爆物品，被追尾后发生爆炸、扎伤等的可能性极大。

后备箱装危险品者的不良心理

无知和麻痹心理

后备箱装危险品，许多人没想到会有什么危险和危害，更没想到会自燃或被他车追尾碰撞，直到致人车伤害事故发生才觉悟。

心存侥幸

有些人虽明知后备箱装危险品不妥、不安全，但心存侥幸，觉得路途很近，危险品不多，过去也装过，但从来平安无事，自己注意点，也就不用担心。2016年2月5日，长春市公安部门仅在一个检查站就发现7辆汽车后备箱中装载有烟花爆竹。

着眼细节，防患于未然，预防汽车后备箱伤人事故发生

后备箱存放物品应防患于未然

汽车后备箱是存放物品之处，但存放物品是有条件的，应以保障驾乘人生命和车辆安全为前提。

由于车辆的高速行驶和路况的复杂多变，在汽车后备箱存放物品时也应无事时防有事。过去没出事，不等于今后不出事；你不撞别人，不等于别人不撞你。因此，后备箱存放物品必须有安全意识，忧患意识，不无知麻痹，不心存侥幸，不掉以轻心，应着眼细节，防患于未然。

后备箱严禁存放危险品

1. 应知晓刀、棍、钢管等具有很强穿透力的尖锐物品不能放后备箱，在急刹车或发生碰撞时，物品会受到惯性或推力的作用向前移动，速度越快冲击力越大，很可能会冲到前排对乘客造成伤害。如非要在后备箱暂时存放和携带上述物品，应进行必要的包裹和装箱，横向摆放。

2. 应明白鞭炮、煤气罐等易燃易爆危险品不能放置在后备箱。这些危险品犹如隐形“炸弹”，一旦发生车祸或遇到明火极其危险。现在许多油改气的出租车后备箱里都装有储气罐，但如果管路和阀门的质量不好，会存在种种隐患。而一旦车辆行驶过程中震动使得胶管松脱，车辆便容易发生自燃；后车追尾相撞并引发储气罐爆炸，也极有可能，这种事故已多有发生。坐这样的出租车会不会让乘客提心吊胆，放心不下？

安全细节箴言

●后备箱非保险箱。后备箱存放危险品而发生灾祸的概率虽很小、很低，但不能侥幸轻心，一旦事故发生就可能是致命性和灾难性的。

●细节之中藏魔鬼，小心谨慎不多余！

27. 打开车门进牢门
——开车门“开”出离奇大祸

电影《疯狂的石头》中，曾有一窃贼得手后骑摩托车疯狂逃窜，结果撞上突然打开的车门当场身亡的一幕。在现实生活中，因一次开车门致人伤亡的离奇事件已多次上演。

例一 南京——一次外开车门致人伤亡，开门人领刑。2004年10月25日，南京市范某发现同行陈某的出租车停在路边，就走上前拉开陈某的车门准备交谈。就在范某拉开车门的同时，缪某骑电动车载老伴许某经过，电动车车把与车门相碰，电动车失控向左侧倾斜，又与一辆行驶的公交车碰擦，导致缪某和许某摔伤，许某不治身亡。法院审理认定，范某负事故主要责任，判其拘役6个月，缓期10个月执行。

例二 孝感——一次内开车门撞死人，驾驶人赔款又获刑。2011年8月28日，大悟县李某开车送朋友的小孩去客运站坐车。在客运大巴开动后，李某突然想到小孩身上没有钱，就按着喇叭追赶大巴。在超车拦停大巴后，李某心急火燎地边低头找钱边推车门准备下车，就在他打开车门的一瞬间，一辆电动车撞上车门。电动车乘车人摔倒后伤重不治身亡。李某被认定负事故全责，除赔偿巨款外，还因涉嫌交通肇事罪被追究刑事责任。

例三 泰安——一次内开车门致人死亡，乘车人进牢房。2012年6月8日，泰安市郝某与人一起乘车外出就餐。车未完全停稳，坐在车后座的郝某就打开左侧车门下车，恰逢周某骑电动车撞到刚打开的车门上，周某摔倒经抢救无效死亡。警方调查认定，郝某承担事故全责。泰山区法院以交通肇事罪判处郝某有期徒刑两年。

例N 开车门致人伤亡的更多事件。

2011年，张家港市顾某突开车门将一人撞成植物人，夫妻双双获刑。

2012年6月，北京市石某突开车门将一人撞成植物人判赔291万元。

2014 年 12 月，浙江缙云县王某突开车门致摩托车驾乘人 1 死 1 伤。

2015 年 3 月，郑州市一轿车突开车门撞倒骑车女，该女又遭货车碾轧身亡。

2015 年 7 月，上海市赵某搭车买菜突开车门致一骑车人身亡。

……

据媒体报道，近年来，南京、北京等地因开车门引发的交通事故几乎天天都在发生。南京市在 2015 年 3 月 1 日后的 12 天中，全市因开车门引发的交通事故就有 74 起。2015 年前 4 个月，仅北京海淀区法院就受理 17 起因停车开车门引发的交通事故案件。

开车门会伤人——一个国人普遍缺失的安全常识

缺乏开车门会伤人的安全意识

靠边停车后，推开车门，立马钻出车子，是很多驾乘人的习惯动作。殊不知，这个看似简单不过的小动作，却往往引发交通事故，轻者发生人身刮擦，重者致人伤亡。许多人没有意识到开车门中潜藏的危险，没有想到可能发生致人伤亡的严重后果，更没有把自己开车门与交通肇事罪联系在一起。

同样，被车门撞到的人也缺乏此安全常识，没有意识到一辆快速行进的机动车如突然停下来车门极可能会被打开。

不按规范停车和上下车

车辆随意停靠，随意占用机动车或非机动车道，在危险地段或禁停区等地方违法停车，致使开车门撞人事故时有发生。

不知晓开车门规范操作

有的人准备下车时，不观察车外是否安全，非常鲁莽地用力一下子打开车门。这样，后方紧随的骑车人很难察觉前方车辆驾乘人的开门意图，突然打开的车门往往使其猝不及防地撞上去。

开车门撞人的危害和事发时空

突开车门是伤人“利器”

据有关专家分析，开车门瞬间相撞带来的伤害很大，特别是在车速较快的情况下，此时如车门正是半开，一旦撞上门角，后果不堪设想。摩托车、电动车如以 40 公里时速撞到半开车门，身体与车门边缘发生撞击，就相当于以百米冲刺的速度冲向一个坚硬物的尖角。尤其摩托车、电动车在超速行驶的状况下，若与车门发生撞击，对骑车人的伤害非常之大，往往非死即伤。

开车门伤人的事发时间与区域

1. 事发时间。有统计显示，此类交通事故事发时间多在早晚高峰出行期。

2. 事发区域。多在交叉路口、公交站、小区路口、商店、银行、学校等处。这些区域人流量大，人口密集且来往车辆多，稍不注意就酿成事故，其中，有近五成事发于非机动车道。当车辆行驶到非机动车道，许多人觉得辅路车速较慢、人流量少，故而放松了警惕，致使事故多发。

法律关于停车及开车门的禁止性规定

关于车辆临时停放的法律规定

《道路交通安全法》第 56 条、《道路交通安全法实施条例》第 63 条对车辆临时停放有明确规定：

1. 机动车应在规定地点停放。禁止在人行道停放机动车，但依法施划的停车泊位除外。道路上临时停车的，不得妨碍其他车辆和行人通行。

2. 设有禁停标志、标线的路段，机动车道与非机动车道、人行道之间设有隔离设施的路段及人行横道、施工路段、交叉路口、铁路道口、急弯路、窄路、桥梁、陡坡等地不得停车，路边临时停车时应紧靠道路右侧，驾驶人不得离车。

关于开车门和上下车的法律规定

《道路交通安全法实施条例》第 63 条、第 77 条明确规定：车辆停稳前不得开车门和上下车，开关车门不得妨碍其他车辆和行人通行；乘车人在机动车道上不得从机动车左侧上下车。

从细节上防范，警惕和远离开车门伤人这一“飞来横祸”

遵法守规，养成良好的停车习惯

驾乘人应知晓和遵守法律规定，在机动车行驶中如临时停车，应按顺行方向靠右。停车时距离路牙 20~30 厘米，不得在禁停地方任性停车，不得在危险区域随意停车。

乘客应避免从左侧上下车

由于靠右侧停车时，车的左侧会有车辆、行人通过，在车流量较大和车速较快的情况下，开左侧车门易引发交通事故。出租车一般不让乘客从车左侧上下车，即是此理。因此，乘车人应避免从左侧上下车。

实施“两步开车门法”，规范开车门流程

1. 驾驶人的“两步开车门法”，即开门前先看后视镜，观察无风险后再打开车门。

2. 乘车人的“两步开车门法”。乘客应遵守先小开、后大开的开车门法。即在下车前，先将车门打开一个拳头大小（10 厘米左右）的小缝，观察来往车辆和行人，确认安全无险后再完全打开车门，切忌猛然打开车门。先将车门打开一个小缝，也可起到提醒骑车人和行人的作用，使其注意与前车保持一定的安全距离，以免发生相撞事故。

3. 延时开门仍须再观察。驾驶人在第一次看后视镜或乘车人已将门打开小缝观察无危险后，因有事而延缓下车，在完全打开车门前一定要第二次仔细观察后视镜或顺缝回望一下，确认安全无险后再打开车门。2014 年 9 月 1 日，浙江浦江县周某驾车停驶后，准备下车前先瞄了一眼后视镜。可就在他观察无碍但延时开门的十几秒后，恰逢吴某骑电动车经过。撞上车门的吴某最终不治身亡。周某除赔款 62 万元外，被法院判处有期徒刑 1 年，缓期 6 个月执行。

4. 借鉴台湾地区做法，将“两段式开车门法”纳入驾校培训内容。2013 年 7 月起，台湾地区推行反手开、转身看的“两段式开车门法”，并列为驾照考试内容。同时，开车门若酿意外，将依过失伤害或致死罪嫌追责。

骑车人和行人应注意与前车保持一定的横向安全距离

无论是骑车人还是行人，在路过停在前方的车辆，特别是刚停下来的车辆时，应注意与其保持一定的横向安全距离，以防范车门突开受到伤害。

安全细节箴言

●慎在于畏小。犯罪和罪犯离我们并不遥远，善恶生死只在一瞬间。日常生活中一个安全常识的缺失，一个不经意间的细节失误，就可能成为人生命运的拐点，就可能跌入犯罪深渊。

●路上停车莫乱来，顺向靠右停无碍；司机下车先看镜，安全无险开门迈。乘客开门先小缝，回望无危再大开；外开内开均有险，关注细节铭心怀。驾乘骑者同谨慎，莫因开门受伤害；高高兴兴乘车去，平平安安下车来！

28. 公交车前过马路迈入“鬼门关”——“鬼探头”引发惨案

各地交警时常提醒机动车驾驶人、骑车人和行人预防“鬼探头”现象。你可知道，由“鬼探头”引发的交通事故已让许多人付出生命这一沉重代价。

例一 温州——一次公交车前过马路，陈某迈入“鬼门关”。2016年2月23日，陈某在温州市77省道某公交站下车后直接从公交车前过马路，不幸被一辆丰田轿车撞飞并当场身亡。事后交警调查发现，陈某从公交车前过马路时恰逢丰田轿车从公交车左侧的快车道驶来，与其撞个正着。

例二 郑州——一次斑马线上“鬼探头”式过马路，骑三轮老人被撞身亡。2015年5月26日，一位骑电动三轮车的老人从郑州市中原路斑马线过马路时，被快速驶来的一辆小轿车撞飞并当场身亡。原来，事发时一辆公交车正好停在斑马线一侧，挡住了快速驶来的小轿车驾驶人的视线，加之其在路口并未减速，待看到骑车老人时已来不及刹车。

例三 镇江——一次车流中“鬼探头”式横穿马路，女大学生被撞成重伤。2016年10月12日，镇江市南徐大道江苏科技大学南校区附近路段，女大学生缪某从车流中间横穿马路时被一辆小客车撞倒，导致颅内血肿、左小腿粉碎性骨折。交警事后调查确认，缪某在车流中横穿抢过马路，导致另一车道驾驶人来不及反应而撞上，是典型的“鬼探头”事故。

例N “鬼探头”式过马路伤亡的更多事件。

2014年5月，北京市姚家园路一名女子“鬼探头”式过马路被车撞死。

2015年7月，乐清市一名10岁男孩“鬼探头”式过马路被车撞倒。

2016年3月，济南市历一名男子“鬼探头”式闯红灯过马路被撞成重伤。

2016年10月，芜湖市一名40岁男子抄近道穿绿化带过马路被车撞死。

2016年6月，南京市一名50岁女子翻越路中护栏横穿马路被车撞死。

……

“鬼探头”这一词，乍一听以为是神灵鬼怪之事，其实是形象地比喻非机动车或行人突然窜出（横穿马路）造成驾驶人反应不及。

“鬼探头”事故的“三大高发地”

红绿灯路口

由于红绿灯路口等地具有交汇性的特点，已成为“鬼探头”事故的高发地。车辆在等待绿灯通行时，如果行人或非机动车从斑马线上闯红灯，很容易被停驶的大型车遮挡，导致后方通行车辆来不及刹车而相撞。

公交车站台

公交车站台是“鬼探头”事故的又一高发地。很多人下公交车后不等其驶离就从车头前过马路，但由于公交车车体庞大，从公交车左侧驶过的车辆的驾驶人基本看不到前面是否有人，车头突然窜出的行人往往让其猝不及防。

有隔离护栏或隔离带的马路

有些人不遵守交通规则，为抄近道随意跨越隔离带或钻穿隔离护栏后从车流中间横过马路，致使路过车辆来不及刹车直接撞上。

“鬼探头”事故发生缘由探究

存在视线盲区，是“鬼探头”事故发生的客观原因

“鬼探头”事故之所以发生，是因为存在视线盲区。尤其是在红绿灯路口、公交车站台或建筑物转角处，因非机动车、行人与机动车之间被其他大型车遮挡，相互看不见，一旦有一方出现违章行为就极易相撞，导致“鬼探头”事故发生。

人为过错，是“鬼探头”事故发生的主观原因

1. 非机动车驾驶人和行人的过错。有的非机动车驾驶人或行人，对“鬼探头”的危害认识不足，不知闯红灯、从公交车前过马路及横穿马路极易被来车撞上；有的心存“机动车不敢撞我”“机动车不会撞我”等侥幸心理，我行我素。

2. 机动车驾驶人的过错。有的机动车驾驶人不知“鬼探头”高发路段，不知在前车阻挡视线时应该减速慎行，规避风险。有的驾驶习惯不好，如在十字路口绿灯刚刚亮起时，不注意观察斑马线上的行人和非机动车就快速起步；右脚松开油门后不放在刹车上，遇突发事故应对不及时，等等。

留心细节处，预防“鬼探头”事故的发生

机动车驾驶人对“鬼探头”事故的预防

1. 防范“鬼探头”事故，关键是提高安全意识。机动车驾驶人要知晓“鬼探头”的高发地，开车路过“三大高发地”，尤其紧邻大型车时更需小心谨慎，减少视线盲区。老驾驶人常说的“超车看车头，会车看车尾”，即是预防“鬼探头”事故的经验之谈。超车看车头，是指超车时要注意防范被超车的车头前突然窜出行人或非机动车；会车看车尾，是指会车时要注意防范对向交会车的车尾处突然窜出行人或非机动车。

2. 养成“备刹车”的好习惯。即使是老驾驶人、驾车高手，突遇“鬼探头”，也会吓一跳。预防这一事故的办法是提前做好应对准备，养成“备刹车”的好习惯，即开车时只要不踩油门，右脚一定放在刹车踏板上，一旦遇到突发情况就及时踩刹车。

3. 通过公交车站、路口时减速慢行。在容易发生事故的地段和环境，机动车的减速慢行非常必要，可给驾驶人留足反应时间，给机动车留够制动距离。驾驶人发现前方公交车停靠站时，要减速慢行，观察道路状况，打灯提示；在车身与公交车车身重合时要鸣喇叭提示；经过路口时注意减速，观察道路两侧是否有机动车或行人经过，尤其在没有红绿灯和交警指挥的路口，更要留心。行经建筑物拐角、绿化带两端，应减速并鸣喇叭，以防行人突然出现发生意外。儿童的规范意识相对较差，因此在开车经过学校、小区等路段时，更要提前减速，防范撞上突然出现的儿童。

行人、非机动车驾驶人对“鬼探头”事故的预防

1. 遵守交通法规。对于行人和非机动车驾驶人来说，遵守交通法规，不闯红灯、不抢道、不逆行、不违法横穿马路，是避免“鬼探头”事故的关键。根据《道路交通安全法》的相关规定，行人、非机动车驾驶人违法闯红灯和横穿过马路酿发事故，必须承担相应的赔偿责任。

2. 不心存侥幸。人的血肉之躯难抵机动车的金刚铁骨，非机动车和行人千万不可麻痹大意、心存侥幸，不以“鸡蛋碰石头”。

3. 把握预防“鬼探头”的细节之法，不做交通安全的“冒失鬼”。过马路时除了不闯红灯，还要做到“一慢二看三通过”，晚上过马路时更要小心谨慎；从公交车下车后，不从车头绕行。

安全细节箴言

- 谨记：超车看车头，会车看车尾。
- 勿忘：开车时右脚不空，不踩油门即备刹车。
- 忠告：行人莫做“鬼探头”，不闯红灯、不穿车流。

29. 户外车内休息丢三命
——停驶开空调“开”上不归路

在炎热的夏天或寒冷的冬季，上车开空调已成为不少驾乘人的习惯，有的停驶休息或等人时也开着空调。但想不到，这种现代化的“享乐”和习惯竟能使人长眠不醒，命归黄泉，演绎出一幕幕人间悲剧。

例一 玉溪——一次户外停驶开空调，3男子夜宿车内中毒身亡。2008年11月14日凌晨，云南玉溪市一家铁矿的3名男子，在洛河街吃完烧烤后打算乘车返回单位，但当晚3人并没有回到住处，而是直接睡在了车里。待第二天早晨有人发现停放路边的车辆时，任凭从外边怎么敲打车门窗，3人都已没有了任何反应。经警方查明，3人死因系停驶开空调一氧化碳中毒。

例二 吉林——一次车库着车开空调，夜宿车内中毒身亡。1998年12月的一天，吉林某公司驾驶人曲某出差深夜归来，由于驾车疲倦，曲某便准备不再回家，在车内过夜休息。然而他却再也没能醒来。第二天，当公司同事在车内找到曲某时，其已一氧化碳中毒死亡多时。

例三 柳州——一次车库着车开空调，醉酒夜宿车内中毒身亡。2004年6月25日晚，柳州市某公司老板雷某与朋友在外饮酒，后又来到一酒吧娱乐，进包厢后一直呈醉酒状态昏睡。次日凌晨，雷某醉酒尚未全醒，朋友便开车把其送进小区的自家车库，朋友临走前，雷某仍沉睡车上。上午8时，雷妻才发现在车后座已停止呼吸的雷某。经法医勘验，雷某为一氧化碳中毒。

例N 停驶开空调中毒伤亡的更多事件。

2013年12月，安徽一男子芜宣高速新竹服务区停驶开空调身亡。

2013年6月，杭州市萧山区一对男女在车库内开空调中毒双双身亡。

2014年7月，海口市府城一男子路边停驶开空调中毒身亡。

2015年8月，重庆市涪陵新区冉某于自家楼下着车开空调睡觉中毒身亡。

2016 年 1 月，美国新泽西州一私家车被困积雪内开空调致 2 死 1 伤。

2016 年 7 月，广州谭某外出路上堵车开空调休息中毒身亡。

……

停驶开空调致人中毒事件大都出现在夏、冬两季。据媒体报道，西安市每年夏季都发生多起因停驶开空调引发的一氧化碳中毒事件。仅 2011 年 7 月，西安市急救中心就接诊了 9 名车内开空调一氧化碳中毒病人。

大量事件证明：室内、户外停驶开空调均可致人一氧化碳中毒

停驶开空调致人一氧化碳中毒，无论在室内还是户外均有可能发生，只有事故发生的时间长短及概率大小之别。

室内着车开空调一氧化碳中毒的伤亡率更高

在一个密闭环境如单间车库内，车辆怠速运转排出的尾气无处散发，进入车内的一氧化碳更多，车内人缺氧量更大，中毒速度更快，伤亡概率更高。因此，如在车库内着车开空调休息，即使开着车窗也很危险，因为车库是相对密闭的场所，人极易因一氧化碳浓度过高而中毒。

同时，由于车辆发动机工作时需燃爆汽油，而汽油燃爆时需要大量氧气。同时，怠速状态下开空调消耗空气量会增加 20%。在密闭的车库，随着时间的推移，车辆怠速消耗掉的空气（氧气）越来越多，车库内的氧气就会越来越少。而车内人呼吸需耗氧，在密闭状态下时间越长车内氧气越少，就会造成车内人员缺氧，从而患上缺氧性脑病。

户外停驶开空调也存在一氧化碳中毒的危险

许多人认为室内车辆开空调会中毒，但对户外停驶开空调也会一氧化碳中毒，感到不可思议。

据专家介绍，户外停驶时开空调取暖或纳凉，仍有一氧化碳中毒的危险。这是因为，车辆在怠速状态下，发动机长时间运转排放废气，而废气内所含一氧化碳密度与空气密度相差无几（28∶29），既不下沉也不上升或扩散。在无风的情况下，一氧化碳聚集在车辆周围，时间越长浓度越高，不仅会顺着通气孔、缝隙进入车内，也会在车辆开着外循环时随着空调换风气流快速进入车内，导致车内人中毒。

停驶开空调者存在的认识误区

综合各地发生的此类事件，无论事件当事人还是局外人，对停驶开空调中毒，都存在一定的认识误区。

缺乏安全常识

有的人虽有多年驾龄，但对停驶开空调中毒的危险懵懵懂懂，不甚了解，没想到停驶开空调会中毒，更未想到户外停驶开空调也有中毒危险。

心存侥幸

有人虽知晓停驶开空调有中毒危险，但往往觉得此类事件离自己太远，更觉得自己不会那么倒霉，或觉得在车内停留时间很短，只是缓解疲劳，或是临时停车，不会有太大的危险，未料到，空调带来的舒适使其不知不觉入睡而中毒。

疏忽大意

2014 年 3 月的一天，新疆阿瓦提县的王某驾车载着 9 个月大的女儿给丈夫送午饭，看到建筑工地尘土飞扬，便将女儿哄睡着，又怕孩子冷便打开空调。待其丈夫吃完午饭返回，车内的孩子已没了呼吸。

留心细节，预防和避免停驶开空调中毒事件发生

预防和避免停驶开空调中毒事件的发生，重点是把握以下五个细节安全点：

增强安全意识，预防和避免停驶开空调中毒事件的发生

停驶开空调中毒，室内、户外都有可能发生，驾乘人应吸取前人的惨痛教训，增强自我保护意识。在夏、冬两季更应格外小心，不能掉以轻心，不要为了自己或他人一时的凉快或温暖而停驶开空调，不要在此状态下长时间在车内停留，更不能躺在车座椅上睡觉，尤其不能将婴幼儿放在密闭的空调车内睡觉或玩耍，否则极有可能中毒甚至死亡。

停驶开空调应注意车内外通风

如驾乘人在户外需停驶开空调休息，为避免一氧化碳中毒，应注意车内外通风，可将天窗或侧窗留出两三厘米宽的缝隙，且每小时下车通一次风，透透气，以防一氧化碳浓度过高而中毒。如果在密闭车内感觉头晕和四肢无力，应立即开窗通风换气，或下车走一走。但在密闭车库停驶开空调，即使将天窗或侧窗留出缝隙，也照样会中毒。

护送醉酒者回家应面见或告知家人

送醉酒者回家时，不能只送到车库或门口就一走了之，而要面见或及时告知其家人照应，以防不测。这是因为，护送醉酒者回家，应被视为双方的口头形式合同，一样具有法律效力，应将醉酒者安全交给其家属才算完成约定。否则，将醉酒者送至车库或楼下，任其在开空调状态下的车内长时间休息，一旦发生中毒伤亡事故，护送者须承担相应的法律责任。

对车内一氧化碳中毒者正确施救

发现有人在车内一氧化碳中毒，应立即实施抢救，把所有车窗都打开，然后将中毒者转移到通风保暖处平卧，解开其衣领及腰带以利其呼吸顺畅。在救护车到来前，对于昏迷不醒患者，可将其头部偏向一侧，以防呕吐物吸入肺内窒息。

对车辆进行必要检修及停放检查

空调车应注意检查排气系统是否有漏气处，及时排除隐患。驾驶人停车时应检查排气管是否被现场杂物、沙土等堵塞，如堵塞则应及时清除，以免着车开空调导致尾气倒灌，造成一氧化碳中毒。2014 年 8 月，上海市 2 人乘出租车在某停车场开空调，因杂物堵住排气管造成尾气倒灌，导致一氧化碳中毒。

安全细节箴言

●寒霜偏打无根草，事故专找大意人。

●停驶开空调致人中毒伤亡，是完全可以预防和避免的低级错误，错在当事人安全意识的淡薄和安全常识的缺失，错在对安全细节的无知和疏忽。

●一次安全细节失误，导致一条条鲜活生命陨落，导致一个个家破人亡悲剧发生。请切记，珍爱生命，关注安全，从细节做起，避免因停驶开空调致人中毒伤亡的悲剧重演！

30. 事故无责买“赔单”
——不投保交强险肇事吃“大亏”

有的驾驶人图省钱或心存侥幸，不为机动车投保交强险，发生交通事故虽无责任或仅负次要责任，却为此背上巨债甚至致贫，可谓“省小钱吃大亏”！

例一 博白——一次未投保交强险，驾摩托车肇事负次责背巨债。广西博白县王甲买摩托车后为省钱未投保交强险。2012年5月25日，王甲的摩托车与王乙驾驶并搭载2人的摩托车相撞，导致王乙受伤最终不治身亡，王甲受伤。交警部门勘查认定事故责任：王乙负主责，王甲负次责。法院审理认定，王乙、王甲分别承担70%、30%的民事赔偿责任。因王甲没给其车投保交强险，故应在交强险范围的死亡伤残赔偿限额内赔偿王乙丧葬费、死亡赔偿金等共11万元。对于原告损失交强险赔偿不足部分的1.73万元（总损失12.73万元-交强险限额11万元），依据原被告双方的事故责任分担，确定王甲承担30%的赔偿责任，故王甲自费赔偿责任总额为11.519万元。

例二 广安——一次未投保交强险，撞车无责自买单。2011年6月，广安市龚某驾驶的摩托车与郑某驾驶的摩托车相撞，郑某受伤。经交警部门认定，郑某因不按规定行车负全责，龚某无责。而后，郑某起诉，要求龚某赔偿其损失。原来，郑某受伤住院花去医疗费1.38万元，并鉴定为十级伤残。根据交强险条款，郑某应获得保险公司无责任限额范围内医疗赔偿1000元、残疾赔偿9500元、车损赔偿100元。而龚某为省钱未投保交强险。法院审理后认为，龚某未尽投保交强险的法定义务，致使郑某无法获得保险公司在交强险责任限额范围内的赔偿，故判决龚某自费赔偿郑某经济损失1.06万元。

例三 海宁——一次续保交强险未“即时生效”，肇事伤人自赔巨款。2014年1月6日晚，李某在浙江海宁市驾车将张某撞伤，张某又遭马某驾车二次碰撞，后死亡。交警认定，李某对第一次碰撞负全责，马某对第二次碰撞负主责。张某家属状告李某、马某及双方保险公司，要求赔偿各项损失47万余元。法院一审判决马某及其投保的保险公司赔偿原告22.5万余元，李某赔偿15.9万余元，而李某投保的保险公司不承担赔偿责任。原来，李某自知车辆交强险脱保，委托他人于事故发生日代买了“次日零时生效”的车险。法院认为李某非新购置车辆，未要求保险公司在交强险保单出单时“即时生效”，即视其认可保单生成后“次日零时生效”的交易惯例，故其投保的保险公司不承担赔偿责任。

例N 未投保交强险出事故无责或负次责自“买单”的更多事件。

2013年除夕，巫山县3名少年偷摩托车撞死人，车主阿勇因未投保交强险，被法院判其在交强险范围内赔偿死者家属12万元。

2013年5月，苏州市张某驾车与骑车人李某碰撞，李某受伤。张某虽负事故次责，但因交强险脱保一天内出车祸，被判自赔10万元。

2013年10月，信丰县沈某驾驶摩托将吕某撞成九级伤残，虽负次责，但因其未投保交强险，需在交强险赔偿限额内赔偿吕某8.84万元。

2013年，南丹县何某驾拖拉机将摩托车驾驶人罗某撞伤，因其未投保交强险，法院判其在交强险范围内赔偿罗某11.46万元。

2014年9月，韶山市刘某撞车致贺某伤残负次责，因其未投保交强险，被判在交强险限额范围内自担9万元赔偿款。

……

在交通事故中，一方虽无责任或仅负次要责任，但因没有投保交强险而最终在交强险责任限额内自掏腰包赔偿的案例屡见不鲜。

❗交强险“强制性”和“无责赔付”的特性

交强险，即机动车交通事故责任强制保险，是由保险公司对被保险机动车发生道路交通事故造成受害人（不包括本车人员和被保险人）的人身伤亡、财产损失，在责任限额内予以赔偿的强制性责任保险。

《道路交通安全法》第17条、第98条和《机动车交通事故强制保险条例》明确规定，国家实行机动车第三者责任强制保险制度。交强险具有公益性、强制性、无责赔付性等多种特性。

公益性

设立交强险的目的，是保障机动车道路交通事故中的受害人依法得到赔偿，促进道路交通安全。

强制性

1. 机动车所有人或管理者，都应当依照法律规定投保机动车交通事故责任强制保险，即无论何种机动车，车主只要购车就须每年投保交强险。

2. 保险公司不能拒绝承保、不得拖延承保、不得随意解除交强险合同。

3. 机动车所有人、管理人未按照规定投保交强险的，由公安机关交通管理部门扣留机动车，通知机动车所有人、管理人依照规定投保，并依照规定处以投保最低责任限额应缴纳保险费的 2 倍罚款。

无责赔付性

1. 投保机动车交强险的机动车发生交通事故，只要造成第三者人身伤亡、财产损失的，无论机动车有责或无责，保险公司都应在交强险责任限额范围内予以赔偿，不足部分按双方在事故中的责任分担。

2. 交强险限额内的不分责任赔偿。比如，在两车相撞事故中有人受伤，赔偿金需要 27 万元，两车不管在事故中有无责任和责任大小，交强险的赔偿金都得先赔上，这个数额最高能达到两车交强险赔偿金的总额（24.4 万元）。多出的至少 2.6 万元钱，再按责任划分进行赔偿。如有车主未投保交强险，不管其车在事故中有无责任，都须先自付交强险责任限额范围的赔偿金，最多达 12.2 万元的数额，剩下的 2.6 万元再按各自车辆事故责任比例进行赔付。

不投保交强险的四大原因

交强险虽属国家强制性险种，但在现实生活中，不投保交强险的仍大有人在。

“法盲”无知

1. 投保交强险的安全常识贫乏。不少车主购买车辆后立即上路，完全无视车辆在道路上行驶的安全性，甚至有些当事人不知道交强险，也不知道投保交强险的重要性。

2. 对交强险承保“即时生效”内部新规不知晓。在保险营销人员不履行告知义务时，一般投保人并不知晓中国保监会“可根据实际情况采取适当方式实现交强险保单出单时‘即时生效’”的规定，只知道保单格式条款中“次日零时生效”这一所谓的保险“通则”，以致在投保后至次日零时这一段时间处于脱保的“真空时段”，而一旦在此时段发生交通事故，将导致交强险投保人的权益受到损害。

心存侥幸

摩托车或农用车的所有者，通常认为自己的摩托车或农用车基本不出远门，仅仅在居住地周围使用，一般不会发生交通事故，没必要再花钱投保交强险。还有的人认为车辆比较破旧即将报废，或马上要过户，不会那么倒霉出事故，故不再投保交强险。

疏忽忘投

机动车所有人忽视了投保期限，导致车辆脱保。2012 年年末，芜湖市的江某因工作繁忙忘记投保交强险，恰在这短暂的“脱保期”，江某驾轿车将骑电动车的刘某撞伤，并对事故负全责。法院审理后认定，交强险范围限额内的 11 万多元赔偿款由江某个人买单，江某后悔万分。

投保无门

由于摩托车等机动车属于事故高发车辆，而保费又很低，一些保险公司出于自身经济利益考虑，对这类业务热情不高。有的地方在车主投保摩托车交强险时，保险公司称暂时没有保单，让投保人吃了“闭门羹”，导致许多摩托车车主不能及时投保交强险，这也是许多机动车未投保交强险的重要原因之一。“摩托车要年审，交强险却难缴”是许多地方交强险投保难的真实写照。

重视交强险及投保细节，不让机动车“裸奔”现象再发生

强化投保交强险的法律意识，明晓投保交强险的利害得失

1. 提高法律意识，认识交强险的重要性及强制性。机动车所有人投保交强险是法定义务，不投保交强险是一种违法行为。交强险作为一种强制性公益险，首要目的是保障受害人权益。机动车未投保交强险，将使受害人本可以从保险公司交强险限额内获得的赔偿权益落空，侵害了受害人的合法权益。为此，机动车所有人在购车后，应无条件地及时投保交强险。

2. 应算好投保交强险的利益得失账。据了解，根据现在的保险行情，两轮摩托车的交强险保费每年只需 100 多元，一旦出事故最高额即可获得 122000 元的有责赔偿限额和 12100 元的无责赔偿限额。因此，应摒弃投保交强险没有用、白花钱等不正确心理，积极投保交强险，切莫因小失大。

注意防范交强险脱保的潜在风险

1. 要关注机动车交强险脱保的风险。有的人因工作忙或疏忽大意，可能会

出现交强险脱保的问题。这样，一旦出现交通事故，就极具风险性。正确的做法是，牢记保险到期时间，及时续保，宁可提前不可错后。如果交强险过期，建议暂时不开车上路，尽快找保险公司续保。

2. 明晓投保交强险“即时生效”的正确选择，规避“次日零时生效”的风险。投保人无论是新投保还是续保，在签订交强险保单时，一定要关注保险生效时间，向保险营销人员明确自己“即时生效”的选择意见，并在合同中注明，以确保不出现交强险脱保的“真空时段”。商业车险目前尚未开通“即时生效”业务，特此建议车主最好在车险“次日零时生效”后再开车上路，以免发生意外后无法获赔。

值得欣慰的是，在全国已发生的多起交强险脱保引发的纠纷中，凡因保险营销人员未向投保人进行“即时生效”的提示，导致投保人未能作出“即时生效”的选择，并在脱保期间出了交通事故的。投保人要求保险公司在交强险责任限额范围内承担相应赔偿责任的诉求，基本上得到了法院的支持。

保险公司应履行社会责任，解决交强险“投保难”的问题

保险公司应强化社会责任意识，将摩托车、农用车等车辆纳入交强险的承保范畴。有法官建议，保险公司应多派出营销人员下乡为广大车主，特别是为偏远乡镇的民众投保摩托车、农用车的交强险提供便利。

安全细节箴言

● 驾车如驾虎，高危又高险；不怕一万，就怕万一。

● 投保交强险是机动车所有人、管理人的法定义务，利人又利己。

● 重视投保交强险的细节，不再无知与疏忽，不再侥幸与麻痹，不再因小失大，不再因不投保交强险而举债致贫，不再为不投保交强险而痛心疾首！

31. 大车夺命悲剧为何频演
——大型车内轮差碾轧骑车人

上海市在2011年11月12日后的38天内，曾连续发生18起、20人死亡的大型车交通事故，被媒体称为“两天夺一命”。事故成因惊人的一致：大型车右转弯内轮差所致。其实，大型车右转弯内轮差伤人的悲剧岂止如此？

例一 宁波——一次大货车右转弯内轮差将骑车人刮倒碾轧。2014年9月30日，一辆重型货车在宁波市镇海区一路口右转弯时，将车边一七旬老人和自行车卷入货车右侧后车轮下，老人被碾轧当场身亡。原来，大货车驾驶人张某驾车在329国道行驶，借非机动车道右转弯去加油站加油。转弯前他还朝车子右侧后视镜看了看，发现没有行人和车辆才继续前行。不料转弯时突然发现一骑车老人被碾轧至后轮下。交警现场勘查后认定事故为大货车右转弯内轮差所为。

例二 南通——一次搅拌运输车右转弯内轮差将骑电动车母女卷入车下。2015年1月8日，一辆混凝土搅拌车在南通启东市一路段右转弯时，将一对骑电动车的母女卷入车下，被困者生命垂危。原来，一名骑电动车的母亲载着女儿急匆匆地下学回家，当她们途经惠阳桥路口时，猛然间被一辆右转弯的混凝土搅拌车卷入车下，搭载母女俩的电动车前轮被混凝土搅拌车轧得粉碎，小女孩的双腿被车轮死死地压在下面，地面上血迹斑斑。事后经交警调查认定，造成这起事故的原因是大型车右转弯的内轮差及其存在的视觉盲区。

例三 葫芦岛——大型车右转弯内轮差伤人事件接连发生。2016年1月23日，在辽宁葫芦岛市老城区的新华大街一路口，一大型罐车在右转弯时与一老太骑行的三轮车发生刮碰，老太被卷入车轮下当场身亡。而在一个多月后的3月1日悲剧再次上演，在老城区的一路口处，一辆重型自卸货车右转弯时将一年近5旬的骑自行车女子碰倒轧过，致其当场身亡。

例N 大型车右转弯内轮差致人死伤的更多事件。

2014年4月，南京市一大货车右转弯内轮差刮倒3人，致其中2人身亡。

2014 年 11 月，上海市一卡车右转弯撞死一对骑车母女。

2015 年 1 月，济南市一大货车右转弯内轮差碾死一对骑车母女。

2015 年 7 月，张家口市宣化区一大货车右转弯内轮差碾死一对骑车母女。

2016 年 3 月，济南市历城区一搅拌车右转弯内轮差将一骑车人碾死。

……

网上曾流传一个“已经拯救了百万人生命”的视频短片，其内容是：一辆大货车在右转弯时，将坐在自行车后座上的小杰卷入车后轮。肇事驾驶人直呼：“都是内轮差惹的祸！”该片提醒公众，在遇到大型车右转弯时，一定要注意保持距离，因为大型车右转弯时会产生一个致命的内轮差！

大型车右转弯伤人事故频发，内轮差是元凶

令人可怕的大型车内轮差

车辆转弯时前后轮走过的轨迹是不一样的。内轮差，即车辆转弯时前后内轮轨迹的半径差。无论车辆大小都有内轮差。内轮差的大小，与各种车辆的转向角大小和轴距长短相关，转向角越大，内轮差越大，轴距越长，内轮差越大，反之则越小。小型车的内轮差，最大可近 0.6 米，大型车内轮差则可达到 1.5 米至 2 米之多。大型车的内轮差大引发的交通事故十分突出。

大型车右转弯内轮差是视觉盲区

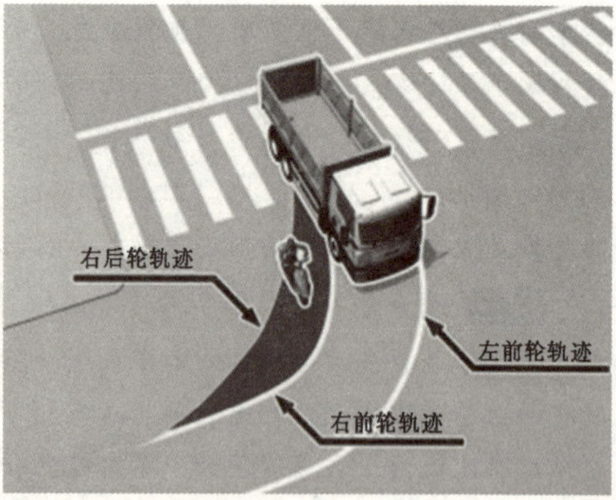

大型车车身高大，驾驶人坐在左侧驾驶座上，仅凭后视镜观察右后方，可视范围有限。而电动车、自行车和行人的体积较小，驾驶人可能根本看不见，一旦步入内轮差的视觉盲区就面临危险。因为存在盲区，即使大型车撞人也不能及时做出反应，将导致骑车人或行人被快速卷入后车轮下。右前轮 2 米内属极度危险区（参见大型车右转弯内轮差示意图）。

无情吞噬生命的内轮差

大型车右转弯的内轮差往往不被人们所知，在马路上时常见到骑车人或行人遇到转弯大型车时，紧贴转弯车停下或行走，以为前车轮能通过即安全无忧。殊不知，右转弯的大型车，即使前车轮已过去，后车轮照样可能撞倒或碾轧骑车人或行人。

全国各地因大型车右转弯内轮差吞噬生命的交通事故数不胜数，且惨不忍睹。据济南市历城区交警部门公布的数据显示，仅2015年1月至2016年3月，全区就发生21起大型车右转弯内轮差导致的碾轧电动车、行人的事故。

国人多不知大型车右转弯存在致命的内轮差

公众对内轮差的知晓率有多高？三个城市的调查情况从一个侧面说明，国内大多数人对大型车右转弯的内轮差基本不了解。

绍兴：绍兴市公安局在2013年的一份关于全市道路交通事故的分析报告中指出，大多数机动车和非机动车车主都不知道大型车的内轮差。

南京：2013年5月，南京市交管局提交的关于一系列大货车右转弯交通事故的录像和有关试验结果表明，事故原因在于大型车存在可怕的内轮差和视觉盲区，而公众却大多对此不了解。

济南：2014年11月，《齐鲁晚报》记者在采访中发现，大部分行人和骑车人对内轮差基本不了解，在路口遇到大型车转弯时也紧贴前行，毫不避让。

对大型车右转弯内轮差这一安全常识的无知，是事故当事人频遭大型车右转弯伤害的主观原因。可以这样断定，许多事故受害人的死伤，源于其对大型车右转弯内轮差致命性危害的无知！

警醒起来，远离大型车右转弯的致命内轮差

因大型车右转弯内轮差引发的交通事故，并非不可预防和避免，这需要大型车制造商、驾驶人、骑车人和行人的共同努力，做好细节防范的大文章。

大型车制造商应完善车辆技术功能，从源头上防范和杜绝大型车右转弯内轮差事故的发生

工程车、土方车、集装箱车、水泥搅拌车、公交车等大型车的制造商，应以对车辆使用人和人民群众高度负责的职业精神和态度，积极克服和解决大型车的现有先天技术缺陷，完善其防范因右转弯内轮差导致事故发生的各种功能，如安

装右转弯视频探头、增加转向蜂鸣、语音提示、增加晚间信号灯提醒，提醒过往路人对大型车转向予以注意等，让大型车少有或没有视觉盲区，让大型车驾驶人不再每天总是提心吊胆地开车！

大型车驾驶人牢记车辆转弯前后轮永远存在的内轮差，小心谨慎驾驶

为消除现有大型车右下侧的视觉盲区，应在右倒车镜上加装一个向下的凸镜，或者直接加装右侧盲区的视频探头。驾车人时应知晓路口转弯时尤其是右转弯时存在的内轮差和盲区，在转弯前有意识地观察车身的右侧，确认车辆周围是否有非机动车或行人，打开转向灯，增大转弯半径，减速慢行，并注意与小型车、骑车人和行人保持足够的安全距离！

小型车也应注意避让大型车

因为内轮差的缘故，小型车转弯时千万不要与正在转弯的大型车过于“亲密”地并行或抢行，既要防范大型车的前轮，还应防躲后轮。

骑车人和行人应远离右转弯大型车

骑车人应提高警觉，在大型车转弯尤其是右转弯时与大型车始终保持 2 米以上的安全距离，避免进入内轮差的危险区，不要紧贴大型车并排行驶，在绿灯时不要抢超正在转弯的大型车，更不要在红灯时超越斑马线。

安全细节箴言

- 大型车右转弯的“内轮差+视觉盲区”是可怕的“组合杀手”。大型车驾驶人在右转弯时应小心谨慎地驾驶，莫忽视内轮差与视觉盲区。
- 骑车人和行人应知晓内轮差及其危害，莫让大型车的“组合杀手”伤害自己，不死于无知和侥幸！远离大型车！远离大型车！！远离大型车！！！

32. 六姐妹横遭厄运
——马路边遛弯儿遭车祸“阴阳两隔”

每天早晚外出遛弯儿（也称散步、遛早儿、晨练等），是许多城乡居民尤其是中老年朋友健身的首选。但出乎意料的是，有人外出遛弯儿时突遭飞来横祸，或被车撞或被飞物袭击而伤残甚至身亡。

例一 北京——一次6姐妹路边遛弯儿被撞3死3伤。北京市通州区台湖镇杨某等6名六七十岁的老姐妹，每晚都有沿着马路边遛弯儿的习惯。2013年1月20日晚，6姐妹分前后两排在镇政府大街路边遛弯儿，边走边说笑。突然，一辆白色轿车从身后冲向她们，最终导致3死3伤。

例二 扬州——一次路边遛弯儿，怀双胞胎孕妇被撞身亡。高邮市周山镇的邹某怀上了双胞胎，全家人都对未来充满了幸福的憧憬和期待。邹某血压偏高，每天晚饭后都由家人陪着沿路边遛弯儿。2013年8月8日晚，邹某在婆婆等人的陪同下又去路边遛弯儿。可谁也没想到，一家人走到一交叉路口时，一辆轿车突然从后面直接向路边遛弯儿的人群撞去。邹某被撞身亡，一起失去的还有她腹中的双胞胎，另有两名亲人受伤。

例三 沈阳——一次老小5人路边遛弯儿，突遭车祸“阴阳两隔”。2014年3月30日，在沈阳市大东区和睦路上，一对老夫妻一人推着两个孙子、一人推着一个孙女，像往常一样在路边遛弯儿。走到家附近觉得有点累，他们就坐在马路边的石头上休息。突然，一辆准备掉头的轿车因躲闪出租车向右急打轮，直接撞向这一家老小。爷爷当场身亡，奶奶和3个孩子均受伤。

例N 马路边遛弯遭遇车祸伤亡的更多事件。

2012年5月，义乌市38岁的刘某夫妇路边遛弯儿被撞双双身亡。

2013年7月，蓝田县某村村民路边遛弯儿被车撞，3死4伤。

2014年2月，广汉市5人路边遛弯儿被车撞，2死3伤。

2014年6月，仪陇县3人路边遛弯儿被失控大货车撞死。

2014年7月，南京市一对姐妹路边遛弯儿被车撞飞致1死1伤。

……

因在马路边遛弯儿突遭车祸的事件，在全国发生多起。笔者所在的县城，已发生多起在马路边遛弯儿而突遭车祸的不幸事件。

大量事故证实：马路边遛弯儿不安全

健身遛弯儿，有条件的城市居民多选择绿化好、静谧的公园或社区广场；无条件的居民多选择公路或街道。而农村一般无公园，居民多选择毗邻的公路。无论城乡，选择路边遛弯儿的，多考虑的是公路或街道两侧地面平坦、视线开阔或有灯光照明。殊不知，公路或街道过往车流量大，存在诸多潜在的对路边行人构成严重威胁的不安全因素。例如，脱轴而出的轮胎、车辆碾轧飞起的石块、车载物品甩落等，均可对路边遛弯儿的行人造成致命伤害。2014年8月9日，东莞市周某在路边行走时，被从一辆重型半挂车上滑落的尿素袋砸中身亡。

科学研究证明：马路边遛弯儿不卫生

据环保专家向媒体披露，机动车尾气具有贴地和集中排放的特点，且排出后较长时间悬浮在呼吸带高度，导致道路及其两侧区域污染严重。

马路及其两侧区域PM2.5浓度最高，有害身体健康

专家称PM2.5对人的呼吸系统有严重危害，而马路边和大公交站附近的PM2.5浓度最高。PM2.5，是指空气中直径小于或等于2.5微米的颗粒物，能深入机体肺泡并沉积，对呼吸系统造成损伤；若进入血液，会造成全身性的危害。接触颗粒物和大气污染的程度越深，罹患肺癌的风险越大。

离街道（公路）越近，罹患痴呆症和呼吸道感染的风险越大

2014年，国外一项科学研究发现，居住在临街住宅并常年呼吸汽车废气的女性，年老后容易出现认知能力明显衰退的症状。此外，住得离街道（公路）越近，呼吸道感染风险越大。

有专家建议，不要用婴儿车推着婴幼儿在马路边遛弯儿，因为机动车尾气对儿童伤害非常大。由于婴儿车普遍低于1米，而1米水平面上下的空气中铅尘浓度最高，容易导致儿童铅中毒。

正确选择遛弯儿场所

尽量选择在比较安全和少污染的公园、广场等环境遛弯儿

公园、广场、林区因树木和青草有净化空气的作用，且少有行驶车辆干扰，是遛弯儿的最佳去处。如居住地周边没有公园、广场、林区，遛弯儿可选走人行道，不走车行道；如只有人车混行道，应尽量选择车辆较少路段，并靠边右行，避让和远离机动车。尤其应远离大型车，谨防其右转弯的“内轮差”和车载物品滑落伤人。尽量不用车推着幼儿在马路边遛弯儿，以免幼小生命遭受尾气等污染物的侵害。

尽量不在视线不佳的夜晚外出遛弯儿

由于夜晚视线不好，加之前述过往车辆突发事故等诸多潜在危险，建议人们尽量不在视线不好的夜晚外出遛弯儿，以防遭遇不测。

结伴而行，相互提醒

外出遛弯儿的人尤其是老年人，最好结伴出行，相互有提醒、前后有照应，一旦发生险情及时报警救助。

适度建设居民安全遛弯健身的公共场所

建议各地政府部门在城乡居民聚集区适当建一些公园、广场，平时作为公众安全、清静的休闲健身去处，地震时则成为公众防灾避难的场所。

安全细节箴言

●遛弯儿出行路线和时间的选择，是一种细节选择，也是一定意义上生死安危的选择：选择安全之行，给自己带来的可能是健身与开心；选择危险之行，给自己带来的可能是伤害和痛苦。

●切记：马路边遛弯儿隐患多，既不安全，又不卫生，极不可取；遛弯儿应远离马路，不要因一次马路边遛弯儿而使自己受伤害！

33. 好心借车惹官司
——车外借“借”出大麻烦

亲朋好友间相互借车是常有的事儿。然而，有人好心将自己的车辆借给他人使用，却借出了闹心的大麻烦，甚至是“赔了夫人折了兵”。

例一 黑龙江——一次公车外借参加婚礼出车祸，出借人背官司。1999年8月22日，铁力市一单位的陈某应老部下高某的请求，派赵某驾驶公车送高某及其家人赴外地参加婚礼。途中，该车与对向驶来的三轮车相撞，两车损坏，乘车人许某（高某妻妹）身受重伤，留下终生残疾。交警部门认定，公车驾驶人赵某负全责。最后，车主单位除负责三轮车伤者治疗费、误工费、双方车辆修理费外，还被许某告上法庭，要求赔偿医疗费、护理费、伤残补助费等数万元。陈某好心帮忙借车却成为被告，后悔不已。

例二 合肥——一次连环外借车辆肇事，惹发连环诉讼。2008年10月24日，合肥市赵某租用某汽车租赁公司的一辆轿车后借给陈某，陈某又将该车借给韩某。韩某驾车发生交通事故。2009年3月，某汽车租赁公司将赵某、陈某、韩某诉至法院，请求判令三被告支付车辆事故损失费51940元。而后，赵某诉陈某赔偿其损失20776元，陈某诉韩某赔偿其损失20776元，形成一起连环诉讼案。到头来，昔日的铁哥儿们反目成仇。

例三 余姚——一次小舅子借车酒后撞人，姐夫连带“吃”官司。2011年7月21日，余姚市张某同姐夫徐某等人一起吃晚饭，酒足饭饱后，张某向徐某提出借车出去兜风的要求。徐某虽有些犹豫，但还是把车钥匙交给了张某。张某酒后驾车外出不久，将正在过马路的一对夫妇撞倒在地，造成1死1伤。法院依法判决张某担责80%，赔偿66万余元；徐某担责20%，赔偿16万余元。

例N 车外借惹出官司的更多事件。

2011年年初，湖州市李某未上牌照便将车借给朱某，朱某驾车肇事致人死亡，李某被判担责。

2012年10月，武汉市蔡某将车借给朋友，朋友驾车肇事致1死3伤，蔡某连带赔偿60万元。

2013年3月，日照市张某将车借给韩某，后者无证驾车发生事故致人伤残，张某被判担责。

2014年4月，长沙市艺人郭某的车被人擅用，发生交通事故坠桥致4死2伤，郭某成被告。

2015年2月，石家庄市栾城区李某将宝马车借给朋友，借车者交通肇事致4人死亡，并致宝马车报废。

……

在全国各地，由于车辆外借惹出交通事故，车主摊官司被判担责的案例不计其数，车主叫苦不迭。

车外借存在难以预料的风险

存在被私下转借第三人的风险

第三人有可能是无证驾驶者、刚取得驾照的新手、嗜酒者、吸毒者、无经济实力者等，这给车外借带来了诸多难以预知的风险。2012年11月23日，重庆万州区魏某将车外借后，车又被层层转借，第6位借车人肇事致1死3伤，魏某和几位转借人均被告上法庭。

存在承担连带责任的法律风险

1. 把车借给酒驾者，一旦出现交通事故造成人身、财产损害，保险公司会拒绝理赔。

2. 车外借发生交通事故，车主需承担连带赔偿责任。

掌握拒绝车外借的“秘籍”，防范未知风险

有车主说，我知道车外借可能有麻烦，也担惊受怕，但有时面子上实在推不过，怎么办？

婉拒借车巧推辞

面对亲朋好友借车，直截了当地说“不”，不仅令朋友没面子，也伤感情。因此，不妨说点善意谎言，学会“三推辞”。

1. 买车后适时告知朋友，“老婆与车概不外借”。告示一出，朋友自会心领

神会，一般不再开口借车。

2. 拿老婆当挡箭牌，称自己是“妻管严”，车不外借。这一招很灵，一般人都不会去做影响夫妻感情的“坏事”。

3. 来点善意谎言。谎称“刹车有问题，不熟悉车况的人不好驾驶”等。这样，借车人自然知趣不借。

“五种人”借车要坚决拒绝

1. 无驾驶证者不能借。无驾驶证者属于无准驾资格，最易出事故。车借给无驾驶证者若出致人伤亡事故，车主须负刑事责任。

2. 新手不能借。新手想借车过车瘾的不在少数，但技术不熟，经验不足，遇到紧急情况一慌神就会出事故。

3. 有酗酒习惯和吸毒者不能借。酒驾、醉驾、毒驾者最易出事。

4. 喜欢野蛮驾驶者不能借。求猛贪快，野蛮操作是事故之源。

5. 经济条件较差者不能借。一旦出车祸借车人无力赔偿，车主因承担连带责任须先行赔偿。

非借不可者，也须谨慎为之

倘若借车人是关系十分要好的朋友，又确有急事，实在无法拒绝而自己又有时间，可亲自送对方去目的地。这样，既对得起朋友，又可以保证车辆安全。

对于执意借车者，车主应注意把握以下安全细节：

1. 验看借车人有无驾驶证，无驾驶证者坚决不借。

2. 问清借车时间和目的地，做到心中有数。

3. 双方共同查看内外车况，避免事后扯皮。

4. 签订借车协议，“约法三章”，分清双方责任和义务。

安全细节箴言

- 车外借应谨慎。否则，车子借出去，麻烦带回来！
- 为了你和他人的平安与幸福，三思后行，免开借车尊口，以防害人害己！

34. 王某撞亡谁之过
——施工不设警示标志出事担责

道路施工不设安全警示标志有风险吗？答案是肯定的。有的施工方因未设置安全警示标志和采取防护措施导致发生人身伤亡事故，不得不承担相应的赔偿责任。请看以下案例：

例一 呼和浩特——一次道路施工不设警示标志，无辜行人撞栏死亡。2013年4月20日晚，呼和浩特市39岁的王某骑电动自行车途经北二环一岔路口时，因该路段路灯不亮，撞在道路施工隔离带的隔离栏上。王某头部受伤，送医不治身亡。办案民警勘验认定，该路段没有路灯，施工方未在现场设置警示标志，应承担事故全责。施工方后来一次性赔偿王某家人丧葬费、精神抚慰金等45万元。

例二 温州——一次道路施工不设警示标志致人死亡赔款18万元。2014年1月7日晚，赵某醉驾一辆无牌照摩托车途经平阳县一维修路段时侧翻，当场死亡。经交警部门调查认定，赵某醉酒且无证驾驶，承担事故主要责任。温州某公司未经道路主管部门和交警部门同意，擅自对事故路段施工，且未设置警示标志，承担事故次要责任。该公司赔偿赵某家属18万元。

例三 临沂——一次道路施工不设警示标志致人死亡赔款28万元。2014年12月31日晚，临沂市兰山区高某骑车至一施工大桥时，因夜晚视线模糊，加之该处未设置警示标志，不慎摔下桥底当场死亡。施工方某路桥公司认为该桥未交付使用，事故应由高某自己负责。经兰山区人民调解员调解，认为该路桥公司未按规定设置安全警示标志，有过错。最终，该路桥公司赔偿高某家属28万元。

例N 道路施工不设警示标志致人死伤的更多事件。

2011年，西安市某公司道路施工未设明显警示标志，致庄某驾车摔坑身亡。

2011年，永定县一单位将沙石堆放在公路上未设警示标志，致骑车人曾某摔成重伤。

2012年，龙胜县某公司施工未设警示标志，构成林某车祸致瘫原因之一。

2013年，邵阳市一公司道路施工未设警示标志，致谢某跌坑受伤。

2014年，中铁十一局某公司在永春县施工未设警示标志，致黄某车祸身亡。

……

近年来，笔者所在地已发生多起因道路施工不设警示标志，导致骑车人、行人摔伤或摔死，施工方被追责赔偿的事件。各地媒体报道的此类不幸事件亦不胜枚举！

不设置警示标志是道路施工方的“通病”

本文所指道路施工中的道路，泛指公路、城市道路及虽在单位管辖范围但允许社会机动车、非机动车及行人通行的地方，以及广场、公共停车场及居民小区等用于公众通行的场所。道路施工，即指在此类地方和场所的施工。

《道路交通安全法》第32条明确规定，作业单位应当在经批准的路段和时间内施工作业，并在距离施工作业地点来车方向安全距离处设置明显的安全警示标志，采取防护措施。在现实生活中，不按规定设置安全警示标志是道路施工方的“通病”。其主要表现是：

不设置安全警示标志

不设置安全警示标志的大多是一些工期短、规模小的道路维修和养护工程，尤其在乡村、居民小区的道路施工中最为普遍。施工方因不设置安全警示标志引发交通事故的很常见。

安全警示标志或防护措施设置不当

有的警示标志设置得十分简单、敷衍了事，不能引起路人的注意；有的虽有警示标志，但没有相应的防护措施。

施工方的警示标志集中挂设在施工通道口等显眼的地方，而在存有危险因素的施工区域、地点和有关设施、设备、施工材料及待处置的废料上，却没有设置警示标志。且警示标志设置的安全距离不够，待机动车或非机动车发现危险时，已来不及预防和处置。

安全警示标志使用效果差

安全警示标志尺寸不达标，颜色不醒目，夜间无灯光照明，达不到警示效果。

道路施工不设置警示标志的主要“病因”

为什么道路施工现场不设置警示标志？分析其原因，主要有以下两点：

安全意识和安全常识缺失

有的施工方对施工人员不培训、不指导，施工人员不知需要设置、也不知怎样设置安全警示标志，头脑中没有安全警示标志的概念，认为设不设警示标志无所谓。待到因不设置警示标志发生致人伤亡事件才如梦初醒，但悔之晚矣。2015年10月27日凌晨，济南市义合北街的一路段施工，因未设置警示标志，致使一夜间有四辆轿车掉进挖开的沟里。

疏忽大意和心存侥幸

有的施工方认为，施工项目小、工期短，没必要设置警示标志；有的认为施工周边人群都知道这里施工，哪会不注意安全？有的认为，过去施工不设置警示标志也平安无事，这次也无必要；还有的虽设置了警示标志，但不规范，如夜间无照明灯光，起不到警示作用。

重视设置警示标志的细节，不让道路施工再“坑人害己”

要杜绝道路施工“坑人害己”事件的再次发生，施工方、驾驶人及行人，均须关注设置安全警示标志、安全驾驶和行走的诸多细节，把此类人为事故消灭在萌芽状态。在这些细节上，切不可疏忽大意，不可心存侥幸，不可简单应付，不可偷奸取巧。否则，极可能因小失大，害人害己。

道路施工单位应强化安全意识、法律意识，防患于未然

《民法通则》第125条、《侵权责任法》第91条都明确规定，在公共场所或者道路上挖坑、修缮安装地下设施等，没有设置明显标志和采取安全措施造成他人损害的，施工人应当承担侵权责任。

1. 道路施工必须设置警示标志。无论是大的道路施工项目，还是小的维修养护工程；无论是在主干公路上的施工，还是在偏远、村镇街道的施工，施工方都须把安全放在首位，遵法守规，在存在事故隐患的地方设立警示标志和采取防护措施，最大限度地减少危险事故的发生。

2. 施工方应在圈定的施工现场、开挖的土坑周围采取设置横栏、摆放警示标志等防护措施。

3. 鉴于不设警示标志致人伤亡的事故多发于夜晚，警示标志的设置不仅要

醒目，还要有灯光照明，旨在凸显警示标志的明显性；有条件的也可安排专人看管。

4. 车辆行驶导向标志应设置在距施工现场150米处，慢行标志应设置在距施工现场50米处，警示标志应设置在距施工现场10米处等。标志的正面或其邻近不得有妨碍公共视线的障碍物等。

5. 机动车驾驶人应增强自我保护意识，不超速行驶，不分心驾驶，不酒驾醉驾，途经施工路段时注意观察路面状况，减速慢行，谨慎驾驶。特别是夜间驾车时，在通过一些路灯比较昏暗甚至没有路灯的路段时，应倍加注意安全，这可是性命攸关的大事。

行人应增强自我保护意识，遵守交通法规，预防人身伤害事故的发生

夜晚走路无灯光时，应借助手电、手机等发光用具观察路面，不贸然行走；不做“低头族”，只顾玩手机而不看路。

安全细节箴言

● 无知加大意必危险，警惕加防护保安全！

● 宁可千日不松无事，不可一日不防酿祸；抓基础从大处着眼，防隐患从小处着手！

● 道路安全无小事，细节决定生死安危！

第三章　安全细节失误成因之三

粗心大意与心存侥幸

★ 粗心浮躁、企求非分，是当今社会普遍存在的两种不良心态。

★ 粗心、侥幸似孪生子，如影随形。粗心、侥幸与机动化的道路出行方式形成交集，所引发的道路交通事故，对人们自身的伤害最为常见，后果极为严重。

★ 因粗心、侥幸不良心理和行为习惯作祟，导致忽视安全细节而致人伤亡的不幸事故依然在频频上演。

★ 摒弃 14 类粗心、侥幸的不良心理和行为习惯，养成关注细节、严谨精细的公共文化与行为习惯，是人车安全出行的保障！

35. 车辆“自驶”连撞人
——停车不拉手刹的恐怖后果

机动车的手刹有什么作用？有人肯定会说，那还用问，刹车用的呗！但在实际生活中，却有人忽视手刹的功能，有意或无意地“弃之不用”，上演了一幕幕停车不拉手刹酿发交通事故甚至致人伤亡的悲剧！

例一 岳阳——一次停车忘拉手刹，越野车溜坡撞人1死1伤。2013年9月6日晨，湘阴县的伏某将越野车停路边后去吃早点，就餐后却发现爱车不翼而飞。更令他傻眼的是，在距离停车地点200米处自己的车将一名女性轧在轮下。该女子在送医院途中死亡。交警调查后发现，该车在溜坡后滑行至街道对面，且滑行速度越来越快，在将两辆电动车撞翻后又撞上两人，最终酿成1死1伤的恶果。伏某虽确信自己拉了手刹，但交警部门对车辆状况进行检测后，认定其车未拉手刹。

例二 淮南——一次停车不拉手刹车开溜，挤死自己伤3人。2013年3月23日，淮南市的张某驾一辆重型货车驶至凤阳县一水泥厂门口，随后下车进行签单。由于其下车没拉手刹，且停车位置恰处于下坡处，导致满载水泥半成品的车辆溜坡。看到车辆向坡下滑去，张某慌忙从驾驶室右侧打开车门，站在车门外去拉手刹。结果他还未拉到手刹，大货车就拖着他继续滑动，并瞬间与门口停放的另一辆货车车厢相撞。张某被自己的车门挤成重伤，经抢救无效死亡，而站在碰撞处的3人也被撞伤。

例三 贺州——一次停车没拉手刹，车滑入河中致1人溺亡。2015年6月29日，广西贺州市富川瑶族自治县一对年轻男女驾车到龟石水库毛家码头，准备停车散步。不料男子操作不当，停车时没拉手刹，又离河边太近，并处于坡道，两人还未离开车，车辆就在惯性作用下滑入水深约有5米的河里，造成车上女子柳某溺水身亡。

例N 停车不拉手刹出车祸的更多事件。

2009 年 9 月，十堰市一驾驶人停车未拉紧手刹溜坡致 1 死 1 伤。

2010 年 10 月，厦门市张某停车没拉手刹致车倒溜撞死自己。

2014 年 9 月，金寨县一人停车忘拉手刹车溜入水库致母子溺亡。

2014 年 12 月，禄劝县李某停车未拉手刹滑行阻溜被挤死。

2015 年 9 月，凤阳县陈某载货摩托停坡路忘拉手刹撞死 1 人。

……

没想到因一次停车不拉手刹竟然引发如此之多的严重车祸！

坡道停车不拉手刹，溜车的可能性最大

手刹是机动车的操纵装置，也称辅助制动器，其主要功能是使机动车可靠地保持在停放位置，不会发生溜车，便于机动车在坡道上起步和停车。

停车不拉手刹的危害到底有多严重？一般情况下，在平道上停车不拉手刹，车辆溜动的可能性很小，但在装载了较多货物时，车辆溜动的可能性就会增大。但在坡道上则完全不同，停车不拉手刹的后果非常严重。尤其在重心和引力的作用下，溜车的可能性几乎是百分之百，而且后果难以估计，这已被无数相关事件所证实。

停车不拉手刹的溜车，有可能造成翻车或撞上其他物体导致车辆损毁，路边行人对突然出现的车辆躲闪不及也可能致伤、致死。若是运输危险品的车辆，则可能引起爆炸甚至殃及周围的人和物。

停车不拉手刹的原因剖析

机动车已配置手刹，驾校培训也讲手刹的功能，为什么驾驶人停车忘拉手刹致人伤亡的事故仍在频发？综合分析交警部门的意见，其原因主要有以下三点：

认识不到位

有的驾驶人对手刹的重要性认识不足，认为手刹不如脚刹重要，可用可不用，不用也不会有危险，没有养成停车拉手刹的好习惯，平道上停车不拉手刹习以为常，坡道停车也就自然想不起拉手刹。

粗心大意

有人知晓停车不拉手刹有危险，但有时疏忽大意，一时忘拉手刹而引发事故。杭州市从事个体运输多年的任某，由于之前停车一直平安无事，就有些麻痹

大意。2014 年 10 月 24 日，当他把卡车再次停放在一座引桥桥面坡道时，由于忘拉手刹，导致卡车开溜轧死 1 人。

心存侥幸

有的人认为，自己停车基本不拉手刹，从来没出过事，拉不拉没关系；有的人认为长时间停车有必要拉手刹，短时间停车如问路、小解、买个小商品、吃个早点就没必要拉。而不幸有时就发生在一刹那。

关注细节，养成停车必拉手刹的良好习惯

避免停车不拉手刹致人伤亡事件的发生，其实很容易、很简单，只要驾驶人树立安全意识，养成良好习惯和正确操作即可。

增强停车拉手刹的安全意识和细节观念

倡导安全开车，离不开行车细节的安全，没有行车细节的安全，就没有行车整体的安全。停车拉手刹就是行车中一个不可忽视的安全细节。对此，驾驶人不能疏忽大意，不能心存侥幸，不能掉以轻心，应做到停车必拉手刹。这不仅是规范停车的需要，也是驾驶人自我保护的基本要求。

养成停车必拉手刹的良好习惯

有了安全意识还不够，还必须将其转化为一个个具体的安全习惯。熄火、拉手刹，这是停车的规范程序，也是停车最安全、最有效的方式。虽然依靠挂挡能阻止溜车，但对车的变速器有一定不良影响，如坡道停车只挂 P 挡不拉手刹，因受力过大，P 挡对变速箱的锁止机构卡不住，也极易造成溜车。

同时，停车时驾驶人看到的平地，也许会有微小的坡度差。所以，如果停车只挂 P 挡，没有手刹的保护也不安全。驾驶人务必养成停车拉手刹的良好习惯，不管是临时还是长时停车，不管是平道还是坡道停车，都一定拉上手刹，并在每次下车前确认一下是否已拉手刹，久而久之地重复操作，自然形成条件反射，即可做到每次停车必拉手刹，这是避免忘拉手刹事故的最好办法。

停车拉手刹的正确方式

1. 等红灯停车如何拉手刹。车停稳后挂空挡，拉紧手刹，这样可以有效避免溜车事故的发生，如等红灯时停车只挂驻车挡，不拉手刹，一旦被前后的车辆不小心碰撞，很容易直接对变速箱的锁止机构造成损害，甚至直接损害变速箱。

2. 长时间坡道停车如何拉手刹。长时间在坡道上停车，应先拉上手刹，在

车轮前后打上“眼儿”（楔子），待楔子与车轮顶实后，再松开手刹，挂在前进挡（车头朝坡顶方向）或倒挡（车头朝坡底方向）上。因为手刹是通过钢丝拉线作用于刹车上进行制动的，松开手刹可以使停车时的受力集中在楔子上，防止因手刹钢丝老化断裂而溜车。

溜车发生的应急处理

一旦发生溜车现象，驾驶人要保持沉稳心态，不能慌张，更不能只身到车辆下滑的前方去阻挡，这种做法犹如螳臂当车，绝不可取。遇此危急情况，驾驶人切莫心慌意乱，可先让周围人群立刻散开，再考虑有无阻止车辆下溜的可能。

安全细节箴言

●事出前都未料到会出事，料到会出事才会不出事。

●停车拉手刹，这是驾驶人不可不知的安全常识，是安全行车不可缺少的操作细节。生活小常识，人生大学问；开车小细节，安全大问题！

●养成良好习惯，收获美好人生。养成停车拉手刹的好习惯，预防和避免停车不拉手刹悲剧的上演！

36. 五龄童误启动车酿悲剧
——停车不拔钥匙频发伤人事件

驾驶人停车后不拔钥匙就离开，被他人或孩童误启车致人伤亡，或车辆被盗，这样的“离奇”事件时常发生，令人悔恨，令人叹息。

例一 邳州——一次停车不拔钥匙，5 岁儿童误启动车致 1 死 2 重伤。2014 年 6 月 26 日，蒋某驾货车驶入江苏邳州市区一废品回收站，停下车与随行家人一起装卸货物。不料，蒋某 5 岁的孙子溜进驾驶室独自玩耍触碰钥匙，致使车子突然启动向前急冲，将路过的李某夫妻及孙子 3 人撞倒，1 人当场身亡、2 人重伤。警方调查认定，蒋某停车后虽拉了手刹，但变速杆挂在二挡，又未拔车钥匙，致使 5 岁孙子误将车启动并酿成惨祸。

例二 桐乡——一次停车不拔钥匙，两男童误启动电瓶车撞死一女童。2015 年 9 月的一天，桐乡市程某将电瓶三轮车骑回后停放在自家店铺前。停车不久就听到外面有惨叫声，程某出来一看傻了眼：隔壁店主 2 岁的女儿依依被自家电瓶三轮车给撞死了。原来，程某停车后未拔钥匙，其 4 岁的弟弟和隔壁店主 5 岁的儿子爬上三轮车玩耍，依依跑过去也想和两个小哥哥一起玩，未料到三轮车竟被两个男童误启动，直接将依依撞死。

例三 杭州——一次停车不拔钥匙，被人启动撞死人。刚毕业的大专生肖某来杭州找工作，和老乡小飞一起吃住。2015 年 6 月 14 日，小飞开车去公司处理事务，停车后留肖某一人在车内等待。肖某百无聊赖之际，见车钥匙未拔下，就启动车子听音乐。由于车辆挡位还挂在倒车挡，结果导致车辆向后移动，肖某心中一急便想着赶紧踩刹车。可未考过驾照的肖某，误将油门当刹车，将一行人撞死。

例 N 停车不拔钥匙致人死伤或被盗的更多事件。

2011 年 4 月，青州市李某私动丈夫未拔钥匙的车撞死一人。

2012 年 3 月，延吉一父停车忘拔钥匙致 3 岁儿启车撞死 5 岁童。

2012 年 5 月，慈溪市王某停车不拔钥匙被人启动车辆失控撞死一人。

2012 年 9 月，西安市殷某私开一未拔钥匙车辆失控撞死亲舅舅。

2015 年 2 月，杭州市许某停车不拔钥匙被史某私开致 1 死 1 伤。

……

停车不拔钥匙，能有多大事儿？看罢上述案例，我想持此种看法的读者应有颠覆性的改变。笔者在 2015 年 8 月中旬以“停车不拔钥匙撞了人”为词条进行搜索，在百度找到的相关结果有 40 万条。停车不拔钥匙的后果不可小觑！

停车不拔钥匙绝非“小事一桩”

停车不拔钥匙有被人误启动引发交通事故的危险

1. 同车成人乘客的误启动。驾驶人停车离开后，同车不会开车的成人乘客在等待期间，闲来无事想听音乐、开空调或好奇，因车钥匙未拔掉而私自启动，导致交通事故发生。

2. 未成年人的误启动。未成年人尤其是幼童天生活泼好动，也极易在车钥匙不拔时摆弄车而弄出意外。这样的“离奇”事件举不胜举。

停车不拔钥匙有失盗的危险

在上海浦东杨园等地，2011 年 9、10 月接连有 3 辆集装箱卡车被盗。令盗贼频频得手的主要原因是，驾驶人停车不拔钥匙。破案后盗贼交代，他开过集装箱卡车，知晓集卡驾驶人普遍有“停车不拔车钥匙”的习惯。

停车不拔钥匙的行为及事故成因

停车离开即拔钥匙，是驾驶人安全行车的起码要求。但为什么停车不拔钥匙及由此引发致人伤亡的交通事故如此之多？

安全细节意识淡薄

有的驾驶人对停车拔钥匙的问题看得很淡，认为拔不拔无所谓，小事一桩。没有把拔钥匙行为与行车安全挂钩，更没想到不拔钥匙存在车被他人摆弄引发交通事故或被盗的可能。

疏忽大意，嫌麻烦

有的人认为离车时间很短，钥匙再拔再插麻烦，不愿每次停车离开都拔掉钥匙。尤其停车时间很短暂，更不想拔掉。而事故极可能就在那一次疏忽、一次嫌麻烦时发生。

侥幸心理作怪

有的驾驶人以为过去停车不拔钥匙安全无事，这次不拔钥匙也不会出问题，别人开车也经常不拔车钥匙。殊不知事故有时就发生在侥幸时、刹那间。

关注行车细节，不让致命“小细节”再致命

重视停车拔钥匙的安全细节

停车不拔钥匙是致命的“小细节”。每一个驾驶人都不可大意，做到每次停车都拔掉钥匙。驾驶人应知晓，如停车不拔钥匙并由此引发致人伤亡的交通事故，是驾驶人的严重失职，必须承担相应的法律责任。

养成停车拔钥匙的良好习惯

不管需要办的事情多么急，停车时间多么短暂，哪怕只有一两分钟，离车前务必拔掉钥匙，不给他人随意操纵汽车装置引发事故的机会，不给盗贼留下任何可乘之机。好习惯养成，必将受益一生。

规范停车的操作程序

停车不拔钥匙事故的发生，与驾驶人停车操作程序不规范相关。停车时把手刹挂在前进挡、倒车挡或空挡，若不拉手刹，一旦被他人误启动，车辆自然会出现前冲或倒车或滑溜等现象。因此，无论手动挡车、自动挡车还是摩托车、电动车，都应规范停车操作程序，把好每个操作环节的安全防范关。挂驻车挡、拉手刹、熄火、拔钥匙、锁门，是驾驶人离车时规范的操作程序。

安全细节箴言

● 大意与事故结盟，小心与平安交友。

● 应当预见而没有预见到，有预见但轻信可以避免，是许多道路交通事故发生的原因。

● 珍爱生命，关注安全，从停车拔钥匙等安全小细节做起，不让致命小细节再致命，不让类似悲剧重演！

37. 车子突动“碾死自己”——离车不熄火引发不幸

驾驶人离车熄火，是安全行车的操作规程。然而，有的驾驶人却有意或无意地违背操作规程，离车不熄火，结果亲手制造了一起起人间悲剧。

例一 常熟——一次离车不熄火，车子突动碾死自己。2011 年 9 月 22 日，常熟市的李某驾驶货车行至张家港一停车场，将该车停放在一辆挂车南侧后，李某未熄火就下车办事。几分钟后，李某返回货车驾驶室左侧，此刻货车突然向左前方移动，将其挤压至挂车左后部并撞击横停在前方的摩托车，造成李某当场死亡。此蹊跷事故发生的原因，系李某下车时未熄火，且将车挡位挂在前进挡，也未拉手刹，导致货车向前移动酿发了此不幸。

例二 重庆——一次离车不熄火溜车，死伤 3 人驾驶员被判罪。2013 年 9 月 20 日，巴南区某水产店的龚某驾驶一辆农用货车，与老板一起到某店收取货款，老板下车后，龚某随即将车开到路边等候。等了一段时间仍不见老板返回，龚某便在车不熄火的情况下擅离驾驶室。刚离开货车没多远，车辆就突然开溜将路上 3 名行人撞伤，其中一伤者经抢救无效死亡。最终，巴南区法院以交通肇事罪判处龚某有期徒刑一年，缓期两年执行。

例三 兴宁——一次停车未熄火滑行致 1 死 1 伤。2016 年 4 月 28 日，兴宁市曾某驾驶运送砂石料的重型自卸货车至位于坜陂花园门口的其老板店铺拿水壶。因曾某认为拿水壶所需时间较短，便将货车停在马路右侧，没有熄火。不料他刚走进店铺，就听到“汽车轧人了”的喊叫声。原来未熄火的货车在曾某离开后竟自行向左滑行，直接撞上道路左侧的行人，致 1 死 1 伤。

例 N 离车不熄火导致交通事故或被盗抢的更多事件。

2004 年 9 月，深圳市叶某车停坡道不熄火挂空挡离车撞死 4 人。

2010 年 9 月，温州市一电动车不熄火，2 岁孙子误操作撞死奶奶。

2009 年 1 月，大化县陆某斜坡停车不熄火致人死亡被判刑两年。

2013 年，深圳市惠某离车不熄火送快递致摩托车及 28 部手机被盗。

2014 年 3 月，遂宁市唐某车停坡道离开不熄火，阻溜车被挤死。

……

俗话说："种瓜得瓜，种豆得豆。"驾驶人离车不熄火，与上述案例中的交通事故及盗抢事件的发生存在着因果关系。可以这样肯定和评判，没有一次次的离车不熄火之因，就不会产生一起起交通事故及盗抢案之果。这些恶果是离车不熄火之因的最终反映和产物。

❗ 离车不熄火给事故隐患留下可乘之机

离车前熄火，这本是机动车停驶的操作规程，也是驾驶人应知常识和必做动作。然而，这个基本常识和必做动作却被有的驾驶人有意或无意地忽略、省掉了，离车不熄火给事故隐患留下可乘之机。

离车不熄火存在着酿发交通事故的危险

1. 离车不熄火，也不挂驻车挡、不拉手刹，极易溜车出事故；

2. 离车不熄火，虽已挂驻车挡或拉手刹，但仍有被他人或儿童摆弄溜车的可能。2016 年 1 月，广东河源市某市场内，一位父亲离车不熄火，其子启动车后冲进人群，后果十分惨重。

离车不熄火，存在着被盗抢的可能

譬如，2015 年 11 月 9 日，廖某在上海金桥路闲逛发现一辆雷克萨斯轿车无人且未熄火，遂盗车逃离，一路疯狂驾驶，导致 2 死 8 伤及多车严重损毁。

❓ 为什么频发离车不熄火事故

分析离车不熄火的原因，主要有三类：

安全意识淡薄

有人意识不到离车不熄火的潜在危害，觉得这是无足挂齿的小事，不必太拘泥于小节。

心存侥幸

有人认为离车不熄火虽有一定风险，但离车时间很短，不会出什么差错；以为平时常常这样做，从未有过闪失，习以为常。

疏忽大意

有人虽然知道离车应熄火，但有时因粗心疏忽就忘了，留下事故隐患。

关注细节，不再犯“离车不熄火”的低级错误

离车不熄火致人伤亡和盗抢事件的发生是人为的，并且是完全可以避免的。要预防和避免此类事故需注意以下两点：

强化安全意识，主动预防离车不熄火事故

无数离车不熄火的事故警示我们，无论下车购物、办事、交谈、吸烟或等人，不管离开车子的时间有多短，哪怕只是一两分钟，也一定要熄火，拔掉钥匙。这不是小题大做，而是直接关系自己和他人生命安全的大事，绝不能疏忽大意，不能心存侥幸，更不可偷懒图省事，不能给事故隐患留下任何可乘之机。

规范停车操作程序，养成离车即熄火的好习惯

挂驻车挡、拉手刹、熄火、拔钥匙、锁门，这是机动车停车的操作规程，是安全行车的必要步骤，每一个程序都不可少，每一步都不可疏漏。好习惯养成，受益一生。

安全细节箴言

- 小错铸大祸；不仔细，害自己。
- 一次离车不熄火，将给事故隐患留下可乘之机；离车即熄火，切断引发事故的因果链，不给事故隐患任何可乘之机，这是无数血淋淋的事故给我们留下的沉痛教训和宝贵经验。离车即熄火，别再犯离车不熄火的低级错误，不再因小失大！

38. “翻斗车”撞坏京承铁路桥
——自卸车“翘尾巴”惹祸端

自卸车，也称翻斗车，是指通过液压或机械举升而自行卸载货物的车辆。“翘尾巴”，是对自卸车举升行车状态的形容。各地因驾驶人的一时疏忽大意，致使这种车厢不该举升时举升，该降落时没有降落，惹出了许多大麻烦，甚至有的竟“吃了豹子胆”，撞停繁忙的铁路线、刮断高压线……

例一 承德——一次自卸车“翘尾巴”撞停京承铁路线。2014 年 9 月 26 日，一辆自卸车在维修站装轮胎后，驾驶人未降落举升的车厢即上路。车刚开出不远，举升的车厢撞倒限高杆，又撞上京承铁路线上的 135 号铁路桥，造成桥上铁轨和桥梁弯曲变形，严重影响列车的安全通行。事故导致途经承德市区的 5 趟列车停运，并且巨大的撞击使自卸车驾驶人受了重伤。

例二 即墨——一次自卸车“翘尾巴”挂倒高压线致半城断电。2012 年 7 月 17 日，一辆自卸车在即墨市的墨河桥头卸沙后，驾驶人没有降落车厢就向后倒车，结果举升车厢挂上了空中的高压线，将即墨市府线 4 段 10 千伏高压线和城甲线两条线路都挂断，造成了即墨大面积停电，路边的数根路灯杆被拽断。事发后，即墨供电部门抢修了 13 个小时才恢复供电。

例三 攀枝花——一次自卸车“翘尾巴”撞垮高速收费站。2013 年 3 月 27 日，攀西高速攀枝花收费站遭遇重创，站棚垮塌，攀枝花出入口被迫封闭。而导致这一事件的原因，竟是自卸车驾驶人吴某疏忽大意所致。吴某驾车途中未发现车厢处于举升状态，行驶至攀西高速攀枝花收费站也未降落车厢，致使举升的车厢撞上高速路入口的顶棚，直接挂倒了收费站。

例 N 货车“翘尾巴”惹出麻烦的更多事件。

2004 年 3 月，杭州市一自卸车“翘尾巴”卡桥洞致 2 死。

2007 年 5 月，襄樊市一自卸车“翘尾巴”扯断 16 根电缆。

2011 年 3 月，福州市一自卸车“翘尾巴”撞天桥致 1 死 1 伤。

2013年11月，太原市一自卸车“翘尾巴”挂倒门楼砸扁两车。

2014年4月，郑州市一自卸车“翘尾巴”撞上立交桥。

……

自卸车“翘尾巴”惹祸的事件媒体多有报道，笔者亲身感知的此类悲剧也曾发生。

笔者所在地有一煤炭销售老板刘某，生意红火，家庭美满。2013年11月，刘某驾自卸车给客户送煤，当卸完煤从客户院中出来时，一时大意忘记降落正在举升的车厢，导致车厢将门楼挂倒，而突然倒塌的砖石门楼一下子砸向驾驶座，致使年仅50岁的刘某当场身亡。其年迈的老父悲伤过度，不久也撒手人寰。

自卸车为何频频“翘尾巴”惹祸

自卸车“翘尾巴”惹祸的事件，在庞大的自卸车队伍中虽只是个案，但频频发生的事件，对肇事人和受害人而言，却是百分之百的灾难，并且严重威胁公众的生命和公共安全，影响了正常的工作和生活秩序，不能不引起自卸车驾驶人的高度重视和社会各界的关注。

总结全国各地自卸车“翘尾巴”惹祸的原因，主要有以下三点：

疏忽大意

驾驶人忘记降落举升的车厢，继续前行或倒退，而发生撞碰路桥、收费站顶棚、高压线或门楼等事件。

遇事慌张

如遇突发情况慌张误操作自卸车厢的升降开关，致其不经意举升。

自卸车系统设计不完善

自卸车车厢升降装置失灵，导致行驶中的自卸车车厢莫名其妙地突然升起而闯祸。

注意把握预防自卸车“翘尾巴”惹祸的三个安全细节

怎样减少和避免自卸车“翘尾巴”惹祸现象的发生？综合交警部门及有关专家意见，应重点把握三个安全细节：

要精心驾驶和检查

安全体现在细节。自卸车车厢每次举升卸货完毕后，驾驶人必须降落车厢，并认真检查确认无误后方可进退行驶。在这个问题上，不可粗心大意，不可心存侥幸，不可掉以轻心。

准确操作升降控制开关

大型车驾驶人遇事莫惊慌失措，应定心凝神，准确操作升降控制开关，防范人为操作失误事故的发生。

完善自卸车升降控制系统，从根本上杜绝事故隐患

自卸车生产厂家，应从技术上完善自卸车升降控制系统，增设车厢举升报警系统和车厢观测后视镜，这是彻底消除此类事故的治本之策。

安全细节箴言

- 古人言，患生于所忽，祸发于细微。
- 珍爱生命，关注安全，从细节做起，不再让自卸车“翘尾巴”惹祸事件重演！

39. 行车途中“飞来横祸”
——大型车撞飞限高杆频夺命

大型车超限高而撞上限高杆或被卡桥底的伤害事故时常发生。此类事故能否被预防和避免？笔者愿与读者作一番讨论。先看部分案例。

例一 成都——一次撞飞限高杆砸死骑车人。2014 年 7 月 19 日，一辆运渣车在经过成都市中和大道桂龙大桥时，将中间车道的限高杆撞飞，限高杆砸在右边车道的电动三轮车上，三轮车驾驶人张某顿时头部血流不止，歪倒在驾驶室内，经救护车送医后不久死亡。张某在菜市场经营肉铺，生意一直不错，每天给一家餐馆送肉，没想到这次送货途中却遭飞来横祸。

例二 北京——一次撞掉限高杆，货车驾驶人被砸身亡。2013 年 12 月 1 日，一辆山东牌照高 3.7 米的厢式货车，在进入北京玉泉营桥东侧桥洞前，驾驶人未注意观察桥洞的 3.4 米限高，导致车厢撞上桥梁限高杆，限高杆掉下将驾驶室砸瘪，造成驾驶人被困驾驶室。右安门中队闻讯后，14 名消防官兵火速赶往现场实施救援。驾驶人重伤在送医抢救途中身亡。

例三 天津——一次撞上限高杆，大客车遭削顶致 2 死多伤。2015 年 1 月 26 日，一辆载有 50 多名乘客由河南省开往天津市的长途大客车，在途经津霸公路武清区路段时撞上限高杆，限高栏铁横杆几乎将大客车的整个车顶贯穿削透，事故导致 2 人死亡，多人受伤。大客车驾驶人被公安机关控制后，称因雾太大未看见限高杆。

例 N 撞限高杆或卡桥底或致人伤亡的更多事件。

2011 年 8 月，北京市南二环一卡车撞断限高杆将遛弯男砸死。

2011 年 10 月，济南市一大客车撞断铁路桥限高杆砸死一过路女。

2012 年 11 月，德州市一大型车撞上限高杆驾驶人被挤身亡。

2015 年 2 月，中山市一大客车撞上限高杆致使乘客 2 死 9 伤。

2015 年 5 月，北京市一货车撞飞限高杆砸中一面包车致 3 死 12 伤。

……

不看诸多案例，不知大型车撞限高杆或卡桥梁的事件竟如此之多，后果如此之严重，简直令人难以置信。据北京市城市道路养护中心的统计数据显示，2012年年初至2015年8月，全市共发生撞卡桥事故35起，撞桥梁限高门架事故690起。

设置限高杆的初衷，是为了保护桥梁或道路，本该是一件好事，却事与愿违，限高杆安装地偏偏成了事故高发区。很多地方的限高杆是安了撞，撞了安，再撞，再安……

为何大型车撞限高杆或卡桥梁底的事件屡发

综合各地撞限高杆或卡桥梁的事件，酿发此事故的车辆都是大型车，如载货车、水泥搅拌车、油罐车、工程车、大客车、公交车等。大型车撞击限高杆或卡桥梁的要害，是撞卡的车辆或其载货高度超过了限高杆或桥梁的限定高度，被阻挡或卡壳了。其后果轻则撞坏限高杆或桥梁，重则造成人员伤亡及车辆损毁，甚至会伤害路上驶过车辆或行人等第三方。

为何大型车撞限高杆或卡桥梁事故屡屡发生？仔细分析，这既有驾驶人的主观原因，也有道路管理方的客观因素。

疏忽大意

大型车在通过限高杆或桥梁时，驾驶人因疏忽大意而忽视了限定高度，或所驾驶车辆或所载货物的高度，在明明超过限定高度的情况下，硬是往前开，结果被阻挡或被卡住，不是造成所驾车辆或所载货物的损毁或驾驶人的伤亡，就是导致限高杆或桥梁的损坏或第三方的伤亡。

心存侥幸

个别驾驶人明知限高杆或桥梁的限定高度，禁止超高载货车辆通行，仍存在侥幸心理，试图强行通过，结果被卡撞。

判断失误

即驾驶人对自身车辆及载货高度判断失误。2015年8月23日晚，青岛一辆集装箱半挂车驾驶人王某，因对车厢超高判断失误，在撞断限高架后，将车卡在广州路铁路桥下动弹不得。

限高杆设置的不规范及非人性化

有专家分析，大型车撞限高杆或卡桥梁事件屡发的客观因素是，限高杆的设置缺乏法律依据和标准规范，有的设置不科学、不合理、不合法，如各地对限高杆的高宽、材质、颜色、活动装置等并无具体标准，不同道路设计标准不一，限高设置也因地各异。有关部门只考虑如何死死地卡住超高车，没有首先考虑人的生命安全，致使“限高杆杀人”悲剧不断上演，如青岛市哈尔滨路有一处被称为“史上最悲惨”的限高杆，此限高杆自2011年10月设置至2013年年初，已发生19次被撞。限高杆被撞几乎“常态化”。

从细节上预防，使限高杆不再成为“冷漠杀手”

限高杆因其似门状，有人称之为限高门、“夺命门”，也有人称其“冷漠杀手”。限高杆不再成为“夺命门”“冷漠杀手”，这是完全可能实现的；限高杆不再伤人，这是完全能够预防和避免的。要做到这一点，应从主客观方面，即从驾驶人及道路管理等方面进行多角度、全方位的预防，从细节上避免，防患于未然。

驾驶人行车中应认真查看路况

驾驶人应时刻把安全驾驶放在心间，眼观六路，耳听八方，及时发现安全隐患，仔细查看有无限高杆、桥梁及限定高度，不能疏忽大意、不能心存侥幸、不能错误判断，不能冒险强行通过。熟悉路段、驾驶技术好，不能掉以轻心；陌生路段，驾驶人更应小心谨慎，注意观察，知己知彼，留足安全通行空间，才能预防限高杆伤人、毁车事件的发生。

人性化设计和安装限高杆

早有专家大声呼吁，道路交通相关管理部门应与时俱进，从以人为本和尊重生命的视角，重新审视各种道路上的限高杆，创新和采用现代安全材料和科技手段，做好限高杆的规范、设计、安装与改造，切莫让限高杆成为公路上的“冷漠杀手”！

其实，只要转变思路，开阔视野，解决此“老大难”问题并不难，如青岛市城阳高架桥一处限高杆虽设置多年，基本上未发生过伤人事件。其经验做法是，在限高杆前方10米或20米处，先架设一个警示性的限高杆，用铁链悬挂铁管，一旦车辆或所载货物超限高，撞到铁管后也能马上退回，不至于撞到正式的限高杆。同时，也可将限高标志制成智能报警器，超限高车一旦进入一定范围，就自动发出警示信号，让驾驶人及时发现并采取有效措施。

安全细节箴言

●限高杆伤人，这不是危言耸听，而是血淋淋的事实！

●驾驶人及相关部门应高度重视，主动预防，细节上防范，不再让限高杆成为“夺命门”和“冷漠杀手”，不再让限高杆设置地成为交通事故的高发地，不再让限高杆伤人、毁车的悲剧重演！

40. 十三岁男孩婚车内殒命 ——儿童独留车内酿悲剧

许多家长开车带孩子外出，都曾有短时将孩子单独留在车内的经历。家长朋友，你可知道这样做的潜在危险？请看诸多撕心裂肺的惨痛悲剧！

例一 黄石——一次男孩被遗忘在婚车内，中暑殒命。2013年6月29日，湖北黄石市一名13岁男孩随家人去接新娘。男孩坐在表哥驾驶的婚车内睡着了，当大家下车时他仍在车内沉睡。中午吃饭时，男孩父亲发现儿子不见了，四处寻找，其间也曾敲打婚车，但车内没有任何反应。由于车窗贴膜看不到车内情况，其父亲到附近网吧寻找。待饭后一行人准备开车返回，表哥开车门方发现男孩昏迷不醒，最终不治身亡。表哥悔恨自责割腕自残。

例二 上饶——一次两儿独留车内，车溜水库双双溺亡。2013年6月12日，在杭州工作的陈某夫妇携两个不满10岁的儿子回上饶市探亲。在岳母家吃过午饭，陈某开车带着两个儿子去钓鱼，将车停在水库岸边有点缓坡的水泥地上。因下起小雨，陈某招呼孩子上车后，便转身去岸边取渔具。就在此时，轿车突然移动起来，陈某听到动静马上冲过去，试图拉开车门救出孩子，但没能追上加速下滑的汽车，眼睁睁地看着车子滑进水库。

例三 安庆——一次女童被遗忘在校车内窒息死亡。2011年8月2日早晨，安庆市朱某的3岁女儿被一幼儿园校车接走，负责接送的是该园法人代表兼驾驶人杨某和老师汪某。在进园儿童依次下车时，汪某抱着一哭闹孩子先行离去，之后未再返回清点人数。而杨某也未认真查看便关上车门，导致朱某女儿遗留车内。直至下午放学打开车门，才发现她已身如水洗，没有了呼吸。

例N 儿童独留车内被拐或卡死或窒息死亡的更多事件。

2013年11月，长沙市唐某4岁女独留车内在火车站被拐卖。

2013年11月，沈阳市一父将8岁儿独留车内被车窗卡死。

2014年2月，苏州市宋某将5岁儿独留车内，车自燃遇难。

2014年8月，泉州市一2岁女童被亲戚遗忘车内窒息身亡。

2015年7月，沂水县一3岁女童被幼儿园园长遗忘车内身亡。

……

近年来，儿童被无意或有意独留车内出现意外的事件频频被媒体曝光。其中，有的有惊无险，有的酿成大祸，甚至酿成无法挽回的悲剧。

❗ 儿童独留车内存在的四大危险

儿童独留车内有发生高温热射病之险

美国2005年一项实验发现，无论室外环境温度多少，在太阳照射下，车内温度都会以相似的速度增加，一小时内平均升高22℃，即使将车窗打开一条缝，也无法阻止车内温度的上升势头。在盛夏气温达到35℃时，阳光照射15分钟，封闭车厢内温度就将升至65℃，一般人在此环境里待上半小时就能致命。

高温对车内儿童来说是无形杀手。因儿童体温上升、体内水分散失的速度远比成年人快，其呼吸系统和耐热能力又不如成年人，极易患热射病，即因体内热量过度积蓄而引发神经器官受损，直至死亡。2015年1月至8月，媒体曝光我国发生13起“儿童被独留车内”事件，其中死亡5人。美国每年有30名以上儿童因独留车内死于热射病。

儿童独留车内有被车窗卡脖子之险

汽车锁车时如忘关车窗，再按一下遥控钥匙的锁车键，未关闭的车窗会自动关闭。如遥控钥匙在儿童手中，而独留车内的儿童又将头部伸出窗外，再误按遥控器，车窗会迅速关闭将其头夹住。有的车辆虽有防夹功能，可一旦被夹，由于瞬间力量很大，仍将造成程度不同的伤害。

吉林大学控制科学与工程系的实验发现，电动车窗通过车载电机驱动升降，车窗上升时的推力最强可达52.6公斤，最弱可达到16.6公斤。有人试验车窗夹胳膊，试验者疼得有被“刀砍”之感。1997年，美国公布的一项数据披露，全国每年至少有500人因被电动车窗夹伤而就医，其中一半是儿童。

儿童独留车内有随意摆弄设施致车辆失控之险

儿童独留车内，由于其好奇的天性和模仿力，可能触碰各种开关，摆弄变速杆等，甚至踩动油门，一旦车辆突然启动，对儿童可能是致命性威胁。由于地形因素，还可能出现溜车现象，进而发生溺水、撞车、伤人等事故。

儿童独留车内有走失被拐卖之险

儿童独留车内，有可能因其不见父母焦急下车寻找而走失，也有可能被人贩子盯上而被拐卖。

儿童独留车内引发伤害事故的原因分析

安全意识淡薄

有的家长或当事驾驶人安全意识淡薄，安全常识缺失，不知晓将儿童独留车内潜在的种种危险，以致犯下常识性的低级错误。

疏忽大意

如家长或驾驶人“马大哈”，下车前没有认真检查车内情况，不知儿童被遗忘车内而匆匆离去，从而导致意外事故发生。

心存侥幸

如有的家长认为自己离车时间很短或为图省事，把孩子独留车内也不会有差错，结果却事与愿违。

从细节上预防，避免儿童独留车内伤害事件的重演

家长应具有强烈保护儿童的安全意识，尽职尽责尽心

家长及其他监护人，应具有强烈保护孩子安全的意识，认识到儿童幼小无知和脆弱的特点，认识到儿童独留车内潜在的各种危险，认识到将儿童独留车内的违法性，不心存侥幸，不掉以轻心。无论事情再紧、离车时间再短，也绝不能把儿童独留车内，绝不再犯常识性的低级错误。

教育孩子掌握一定自我保护和自救的简易方法

如教育孩子不能乱摆弄车内电器、开关和操纵装置，以及一旦遇险被锁在车内，用按喇叭、双闪报警灯、拍车窗等方式报警求助。

养成安全停车的良好习惯

养成将挡位置于停车挡位、拉手刹、熄火、离车拔钥匙，以及不将钥匙交给孩子保管的良好习惯，使车钥匙远离孩子视线。

建立健全幼儿园校车安全管理机制，严防儿童独留车内事故的发生

幼儿园应强化校车驾驶人、跟车照管员的安全意识、责任意识，建立健全校

车的管理和考核机制，杜绝此类违法和失职行为的发生。每次儿童乘车应认真清点核对人数，仔细查看有无儿童遗漏车内。

建立儿童独留车内事故的家长法律责任追究制

借鉴国际惯例，对于因家长过失而导致儿童独留车内致死事故，应追究其刑事责任。相应法律的出台，可对一些“马大哈”家长起到威慑作用，父母开车带孩子出行，就会加倍“长记性”，避免伤害事故的发生。

安全细节箴言

●儿童是父母的希望，也是脆弱的生命体，父母等监护人应小心谨慎地呵护！

●切记：生命大于天。无论你离开车的理由有多么充足，时间有多么短暂，都不可将儿童独留车内！

41. 的姐“自寻死路”
——高速公路逆行生悲剧

在高速公路上行驶错过出口怎么办？有的驾驶人直接倒车逆行。这样的错误选择，已让很多人付出沉重甚至是生命的代价。

例一 广西——一次高速公路逆行“不听劝”，酿车祸1死7伤。2014年2月25日，一名的姐驾驶出租车行驶在都南高速，因错过马山收费站匝道口，便在驶过匝道口约3公里后，直接掉头在正常行驶方向的左侧车道以时速80公里逆行。车上乘客提醒的姐注意安全，的姐却表示“早上车少没事”。该出租车逆行中与一辆正常行驶的现代轿车迎面猛撞，致的姐死亡，另7人受伤。

例二 辽宁——一次高速公路逆行引发特大交通事故。2010年5月23日，一辆大货车从长深高速公路辽宁境内一服务区出来后，误辨方向而逆行，在行驶306公里左右时与一辆正常行驶的车牌号为津A豪华卧铺大客车相撞，大客车和大货车均被熊熊大火烧毁，只剩下空壳和框架。事故导致两车人32死24伤，并使高速公路上车辆一时拥堵五六公里。

例三 河南——一次高速公路逆行引发惨烈车祸。2012年9月18日，一辆两厢轿车在连霍高速逆行下匝道时和一辆正常行驶的大货车迎面相撞，轿车前部钻进大货车下，轿车前排座位压缩在一起，前引擎部分撞得面目全非。轿车上4人2死1重伤。目击者说，轿车从京港澳高速上下来往连霍高速上转，可能是转上弯道后感觉走错了路，掉头往回走，恰与大货车相撞。

例N 高速公路逆行致人伤亡的更多事件。

2011年5月，南宁一执法车绕城高速逆行拦停货车致3死5伤。

2013年7月，一货车于海南东线高速路逆行相撞致2死多伤。

2014年2月，美国一女子在60号高速公路驾车逆行致6死。

2014年8月，一辆商务车于G30高速吐鲁番路段逆行相撞致5死。

2015年11月，一辽A牌轿车驶入青海茶格高速逆行相撞致5死。

……

上网浏览得知，国内外因在高速公路逆行而引发的交通事故难以计数，不胜枚举。在高速公路逆行，是名副其实的“倒行逆驶”，危险又违法！

在高速公路逆行危险又违法，是名副其实的“倒行逆驶”

高速公路逆行是极其危险的鲁莽行为

高速公路作为专供汽车两向分隔、分道行驶并全部控制出入的公路，严禁逆行。高速公路互通式立体交叉桥的互通区、匝道口，是交通事故的多发地带。在此区域，一些驾驶人因路不熟、看错路牌、疏忽大意或听信导航仪的“误导”等，待错过出口后方知走过了头，就想倒车或掉头逆行。这不仅对高速公路正常、有序、畅通的行车秩序构成极大干扰，也对自己和他人的生命和财产安全构成严重威胁。这是极其危险的鲁莽行为。

“省却高速一小步，断抛人生一大步”。许多高速公路逆行车祸的幸存者和遇难者亲属，无不为自己或亲人的错误选择感到悔恨和痛惜。

高速公路逆行是严重的交通违法行为

机动车在高速公路逆行的违法行为，法律严厉禁止。《道路交通安全法实施条例》第 82 条规定，机动车在高速公路上行驶，不得逆行。2013 年 1 月 1 日起施行的《机动车驾驶证申领和使用规定》，对在高速公路上倒车、逆行等违法行为加大了处罚力度，每查处一次罚款 200 元、记 12 分。

心存侥幸是高速公路逆行的主因

尽管在高速公路逆行极其危险，法律重惩之剑高悬，但因无意之中错过出口，为图省事、抄近路，而有意铤而走险的逆行仍时有发生，有的在逆行中与正常行驶车辆直接相撞引发致人伤亡甚至群死群伤的惨案。

侥幸心理害死人。在现实生活中，怀有“在高速公路逆行不安全，但绕远太不合算”“错过路，注点意，倒一下无妨”“偶尔逆行一次，没事的”等侥幸心理的驾驶人并不是个别。

一位曾亲眼目睹高速公路逆行悲惨车祸现场的目击者感叹道：“其实走错了路也不要紧，再走不远就能下来。说实话，早知这么危险，就是再多走 1000 公里也值啊。在高速公路上逆行的代价实在太大了！”

避免高速公路逆行对策：预防在先，细节着眼，理性处置

驾驶人须强化安全意识和守法观念，不再高速公路上违法逆行

无数血淋淋的交通事故警示我们，高速公路是有着严格法规限制的单向行驶的交通道路，不是驾驶人随心所欲的游戏场，不是肆意妄为的自由地。因此，驾驶人不得心存侥幸逆行，不得图省事而抄近逆行，不能铤而走险倒行逆施。否则，若无视危险和法律而任意逆行，必将付出生命和财产代价。

预防在先，细节着眼

1. 对驶离出口心中有数。驾驶人出行前或进入高速公路前，应先知晓行车路线，做到心中有数。导航仪有时也会误导，不能完全依赖。

2. 仔细观察和辨识出口标志。一般在离高速公路互通区不到2.5公里处就会有出口指示标志，接下来的2公里、1公里、500米……再到出口都会有提醒标志。驾驶人应仔细观察和辨识，不要等到了匝道口再停车看路牌或向人问路。在高速公路互通区随意停车与逆行一样，都是极其危险和严重违法的。

3. 正确变道驶向出口。驾驶人在高速公路一般选择内侧两车道行驶，待驶离高速公路时，需变更一两个车道，如果不提前做准备，就会下意识地突然减速或停车，甚至一次性横跨两个以上车道硬性右拐直下，这样极易引发追尾、碰撞事故。在变道驶离高速公路时，驾驶人应提前打右转向灯，并在不妨碍其他车辆正常通行的情况下，提前逐车道渐变到最右侧车道，从匝道口驶离高速公路。切记，变道时不能一次性连续跨越多个车道。

错过高速公路出口，应“将错就错”，理性驶离绕行

倘若因一时疏忽大意或看错路标或方向判断失误错过出口，不要惊慌失措或心存侥幸，不能倒车或掉头逆行，否则，一旦与正常行驶车辆发生碰撞，那是真正的“欲速而不达”。如已错过高速公路出口，应沉着冷静，理性处置，继续前行绕点路，选择下一个出口离开，再返回到所要离开的正确出口。这样，虽绕点远，多跑了几公里或十几公里的“冤枉路”，但是为自己和他人赢得了行车安全，于己于人都值得。宁走十步远，不走一步险！

安全细节箴言

- 高速公路逆行危险又违法，宁绕高速十里远，不冒逆行一步险！
- 高速公路逆行是作死行为，不作死就不会死！
- 逆行一次扣记 12 分，不得在高速公路“倒行逆驶”！

42. 诺奖得主纳什夫妇双双遇难
——乘车不系安全带被甩飞丧命

媒体经常宣传一句警示语：安全带是“保命带”“救命绳”。但有人偏偏不信这个理儿，我行我素，驾乘车照常不系安全带，为此付出了生命代价。

例一 新泽西——一次乘车不系安全带，诺贝尔奖得主纳什夫妇双双遇难。2015年5月23日，美国著名数学家、诺贝尔经济学奖获得者、奥斯卡最佳影片《美丽心灵》原型、86岁的约翰·纳什和妻子，在从挪威领完国际数学界最高荣誉阿贝尔奖回家途中，所乘坐的出租车在新泽西州高速公路失控撞上防护栏。因未系安全带，夫妻双双被弹出车外遇难。噩耗传出，全世界都为天才的陨落扼腕叹息。

例二 福建——一次不系安全带遭车祸，一家进香返程5人丧命。2012年正月十四，惠安县王某开车与父母及妻子、儿女，祖孙三代一家六口到泉州市区关帝庙进香。返回在泉南高速南惠支线的路段时，车子突然爆胎失控，撞向路中央的防护栏，轿车被护栏劈成两半，现场一片狼藉。事故除王某父亲身负重伤外，其余5人均遇难，且大多身首异处。事故调查发现，主副驾驶座位的安全带插口上各插着消声卡扣，后排座位人员均未系安全带。

例三 重庆——一次未系安全带，大客车追尾乘客甩飞致15死56伤。2014年3月25日凌晨，一辆“顺德—泸州”大客车在G包茂高速黔江区境内侧翻，又分别被多车追尾，导致15死56伤。事后查明，此车祸群死群伤的直接原因为，大多数乘客未系安全带而被甩出车外致死致伤。乘客在客车出站前虽都按要求系好安全带，但在路上则无人督促监管，有的以不习惯或不舒服为由，擅自解开安全带；有的休息区下车吃饭将安全带解开后上车也未再系。

例N 驾乘车不系安全带丧命的更多案例。

2000年1月，演员刘丹在深圳乘车不系安全带遇车祸身亡。

2007年1月，台湾地区艺人许玮伦驾车不系安全带遇车祸身亡。

2010 年 10 月，杭甬高速一大巴乘客不系安全带遇车祸 3 死 6 伤。

2013 年 3 月，烟台市大巴乘客不系安全带遇车祸 7 死 11 伤。

2014 年 7 月，池州市一客车于杭瑞高速翻车不系安全带致 6 死 36 伤。

……

媒体报道的国内外驾乘人不系安全带在车祸中致死致伤的事故比比皆是。开车不系安全带，被称为国人开车的“十大陋习”之一。

安全带就是“生命带”

安全带，是汽车发生碰撞过程中保护驾乘人的基本防护装置

当车辆发生碰撞时，安全带迅速收紧，把驾乘人紧紧地固定在座椅上，最大程度避免驾乘人在车厢内发生二次碰撞，也避免气囊弹出对驾乘人的伤害。

清华大学汽车碰撞试验室的安全带试验结果表明，发生严重交通事故，如没系安全带，前排驾乘人就会像一颗“人肉炮弹”冲向仪表台和前挡风玻璃，人体的头部、胸部等要害部位首先遭受冲撞，多半非死即伤。

另一项研究结果也证明，不系安全带的事故死亡率约为系安全带的 4 倍。在高速公路上，汽车以每小时 100 公里的速度行驶，在不系安全带的情况下，如发生事故乘客会以每秒 28 米的速度飞出车外，生还的希望几乎为零。

系不系安全带，有可能是“生与死”的区别

有关部门的一项安全测试和事故原因分析证明：车辆发生碰撞时，安全带起到的保护作用达到 90%，加上安全气囊可达 95%。如果系了安全带，发生正面撞车时可使死亡率减少 57%，侧面撞车时可减少 44%，翻车时可减少 80%。

系上安全带，发生事故尽管撞得底朝天，但车内人员一般没有大碍；而不系安全带，驾乘人则很容易被抛出车外，死亡比例很高。小小的安全带，是事故突发时任何安全配置都替代不了的“救命稻草”。

美国公路交通安全局的一项研究报告显示，全美因系安全带平均每年可挽救 1.3 万人的生命，也有 7000 人死于不系安全带。

驾乘人不系安全带的内因分析

《道路交通安全法》等规定，机动车行驶时，驾乘人应当按规定使用安全带；机动车在高速公路或城市快速路上行驶时，驾驶人未按规定系安全带的，罚

款并一次记2分。但据有关部门一份调研结果表明，由于我国90%的驾乘人没有自觉系安全带的意识和习惯，安全带大都弃之不用，成了徒有其名的“摆设”。

自我保护意识淡薄

如有的驾驶人认为，自己车技不错，注点意，系不系安全带无所谓；有的认为，高速公路车速快，应系安全带，普通道路车速慢，就没必要系了；还有的以嫌麻烦、不舒服、弄皱衣服、不习惯等为由而不系安全带。

心存侥幸

如认为，自己开车多年从来不系安全带，平安无事，今后开车也无必要；乘坐前排危险，应系安全带，坐在后排没有多大风险，没必要再系。

从众心理

如看到同车其他人不系安全带，自己也就不想系、不愿系。

↑ 在全社会形成驾乘车必系安全带的浓重氛围

摒弃不良心理，养成“想系、愿系安全带”的良好习惯

安全即细节。驾乘车系安全带，既是生命安全的技术保障，又是一项法律规定，更是一种行为习惯和安全细节。驾乘人应把系安全带视为敬畏生命、自我保护、尊重法治的一种不可缺少的细节性行为，自觉自愿地去践行，摒弃嫌麻烦、不舒服、弄皱衣服、不习惯等不良观念。不可疏忽大意，不可心存侥幸，不可盲目攀比，人人都应养成驾乘车“想系愿系安全带”的良好习惯，做到驾乘车必系安全带。

坐后排座也须系安全带

根据业内实验评测报告，在发生交通事故时，后排乘客因未系安全带，所受到的伤害一点不亚于前排乘客。因此，坐驾驶座、副驾驶座要系安全带，坐后排座也要系安全带；不仅要防止发生事故甩出车外，也要防御车内二次碰撞。

注意把握驾乘车系好安全带的细节性要点

1. 安全带必须与座椅配套安装，不得随意拆卸，经常检查其技术状态，有问题及时更换。

2. 安全带上不要安装饰品类物件，否则，可能导致安全带无法正常使用。

3. 把安全带系在髋部和胸前，只能一人系带，不能扭曲使用。

4. 不能将安全带压在坚硬或易碎的物体上，如衣服口袋里的眼镜、手机等。

5. 不要让座位的靠背过于倾斜，否则，安全带将不能正确的伸长和收卷。

6. 孕妇驾乘车辆系安全带时，安全带腰带应穿过胯骨，位置尽量要低，不能将腰带直接搭在肚子上方，以防车辆在紧急刹车时伤及腹中胎儿。儿童应选择合适的安全座椅，安装在后排座位上，再系好安全带，才能确保安全。

7. 要一系到底。系安全带是为了自身安全，不是为了他人，不是为了应付检查监督。要不做假系安全带、安装卡扣等自欺欺人的事，不能时系时不系，而应在整个乘车行程中一系到底，确保自身全程安全。

安全细节箴言

● 珍爱生命、关注安全，不应是一句空话，而应是系安全带这一具体并付诸实践的细节行动。

● 安全带是“保命带”“救命绳”——一拉一扣，举手之劳；养成习惯，受益一生！

43. 夺命高跟鞋
——穿高跟鞋开车“害人害己”

不少年轻女性喜欢穿高跟鞋，甚至开车时也照穿不误，并不觉得会有什么危险，更没想到高跟鞋会成为女驾驶人的“美丽杀手”！

例一 福州——一次穿高跟鞋开车撞死骑车人。2012 年 4 月 16 日，在福州市鼓楼区福飞路发生一起惨烈车祸，一辆小轿车与同向行驶的摩托车发生碰撞，摩托车车主飞出十多米远，送到医院后经抢救无效身亡。事故原因为：肇事女驾驶人穿着 8 厘米高的高跟鞋开车，没能踩住刹车。

例二 南京——一次穿高跟鞋开车导致连环撞。2013 年 9 月 3 日，南京市六合区紫晶购物广场地下停车场内，一辆轿车在准备驶出车位时发生 5 辆车前后连环撞。肇事后，女驾驶人被吓得脸色苍白，呆坐在车内不能动弹。交警现场查明，因其穿 10 厘米的高跟鞋导致把控油门和刹车不精准造成事故。此驾驶人遭记 2 分、罚款 50 元的处罚，并承担全部受损车辆的赔偿。

例三 济南——一次穿高跟鞋开车撞死一老人。2015 年 9 月 19 日，天桥区大桥镇一位 70 岁老人推着电动车过马路，眼看已走过三分之二的距离，不料连人带车被刘某的轿车撞出十多米远，老人伤重不治身亡。经查，当时刘某驾车在远处已发现老人，却以为对方会给她让行而没有减速，等到发现老人在车前再急踩刹车时，又因穿高跟鞋延长了刹车时间，最终酿成了这场悲剧。

例 N 穿高跟鞋开车出车祸的更多事件。

2015 年 3 月，鹰潭市郑某穿高跟鞋开车在赣东商城撞伤 9 人。

2015 年 5 月，秦皇岛市杨某穿高跟鞋开车失控致多人伤亡。

2015 年 6 月，天台县王某开车因高跟鞋卡住又误踩油门连撞 6 人。

2015 年 9 月，杭州余杭区一女子穿高跟鞋开车撞伤一人生命垂危。

2015 年 12 月，绵阳市一女子穿高跟鞋开车失控坠河身亡。

……

爱美之心，人皆有之。高跟鞋是许多年轻女性的最爱，穿上高跟鞋可以使女性收腹提臀，凸显曲线美。但同时这一女性的挚爱之物，在驾驶中又常常让女驾驶人变成“美丽杀手”。

❗大量车祸证明：高跟鞋使女驾驶人成为“美丽杀手”

各地交警部门纷纷提示，穿高跟鞋开车存在很大风险。穿高跟鞋开车时，脚的支点被抬高，无形中增大了踩刹车的力度和角度，遇到紧急情况，驾驶人需要踮着脚尖狠踩刹车才能将车刹住，这无疑会延长刹车距离，增加出车祸的风险。

穿各式高跟鞋都不宜开车

穿细高跟鞋开车，踩刹车时鞋跟最容易被卡住，会出现“踩不下去、抬不起来”的窘况，有很大安全隐患；穿粗高跟鞋开车，因鞋底过厚使脚感很差，容易产生操作不到位或过度的情况，十分危险；穿坡跟鞋开车时无法正常地踩脚踏板，用力或急刹车时极易崴脚。

实验和事实证明：穿高跟鞋开车存在严重的事故隐患

曾有机构做过的实验显示：在时速 40 公里时，穿平底鞋开车的刹车距离为 16 米，穿高跟鞋开车的刹车距离为 20 米；在时速 60 公里时，穿平底鞋开车的刹车距离为 22 米，穿高跟鞋开车的刹车距离却长达 30 米。穿高跟鞋开车的直接危害是：刹车距离拉长，还可能造成脚掌从踏板上滑落，导致不能及时刹车。

澳大利亚某保险公司的一项调查显示，有 60%的肇事者开车时穿细高跟鞋或尖头皮鞋，有近 38%的人事故发生前曾脚下打滑。据媒体报道，2015 年 1 月至 7 月，仅烟台市区就有 239 人因穿高跟鞋或坡跟鞋开车而引发交通事故。

❓穿高跟鞋开车者为何偏爱致命的“高跟”

无知无畏型

有些女驾驶人安全意识淡薄，对穿高跟鞋开车的危害及违法性不知晓或是一知半解，致使穿高跟鞋开车引发的事故频出。

心存侥幸型

尽管不少人知晓穿高跟鞋开车用不上劲、有危险，可仍心存侥幸，认为自己开车常穿高跟鞋从未出过事，只要注意点也无大碍；还有人觉得嫌上下车老换鞋很是麻烦。因此，开车时粗跟鞋、细跟鞋、坡跟鞋样样都穿，鞋跟也越穿越高，有的竟高达十七八厘米。可事故有时偏找侥幸人。

疏忽大意型

有的驾驶人对穿高跟鞋开车的危害有一定认识，开车时一般会换上平底鞋，但有时因疏忽大意或来去匆忙却忘记了换鞋，而事故恰巧就在这一次疏忽中突然发生了。

切记：安全重于美丽，开车杜绝高跟鞋

穿高跟鞋开车而引发的交通事故，完全是人为的，是可预防和可避免的。而要从根本上杜绝此类事故的发生，其实很简单，只需驾驶人做到以下三点：

强化安全意识，坚持开车不穿高跟鞋

高跟鞋暗藏杀机，已成为女驾驶人的“夺命凶器”。女驾驶人应强化自我保护意识，自爱自律，做到不侥幸、不怕麻烦、不疏忽大意，坚持开车不穿高跟鞋，无论何种高跟鞋都不能穿，开车时一次也不能穿。

确保穿平底鞋开车

女驾驶人如因职业关系或日常应酬穿高跟鞋，无可厚非，但应在车内准备一双平底鞋，每次开车前换上。如因一时疏忽开车时已穿上高跟鞋，应尽快找个安全地方停车后换上平底鞋，千万不能边开车边换鞋，以免分心驾驶或误把油门当刹车而引发交通事故。

把换下的鞋放在安全位置

开车前放置已换下的高跟鞋，最好放在后排座下，而不要随手放在驾驶座下或驾驶座旁，以避免鞋子滑落刹车下而发生意外。

安全细节箴言

- 事故常发于疏忽，祸患多起于侥幸。
- 美丽诚可贵，生命价更高。为了自己和他人的生命安全，为了家人的团圆和幸福，请切记：穿高跟鞋不开车，开车不穿高跟鞋！

44. 深圳“8·23”特大车祸肇因——开车穿拖鞋惹出交通事故

拖鞋穿起来无拘无束，非常舒服。有的人在家穿，外出也穿，天热开车时还穿，结果“穿”出了大麻烦，甚至“穿”出了特大交通事故。

例一 深圳——一次穿拖鞋开车“穿”出特大交通事故。2005 年 8 月 23 日，24 岁的李某驾驶中巴客车途经深圳民清路口时，因车速过快而无法避让一推自行车的行人，便向右猛打方向盘，致使中巴车冲上人行道撞向人群，造成深圳建市以来最大的一起 19 死 19 伤的特大交通事故。警方确认，事发时李某脚穿拖鞋，遇紧急情况无法及时踩刹车，是酿成车祸的重要原因，李某承担本次事故的全部责任。宝安区人民法院以交通肇事罪判其 7 年有期徒刑。

例二 北京——一次穿拖鞋开车，奔驰汽车“骑”上隔离带。2013 年 5 月 18 日，一名女士驾驶奔驰轿车在北京白广路北口处，“骑”上路中间的隔离带，把整排的栏杆都轧倒。交警调查事故原因发现，女驾驶人称没有及时踩刹车。原来女驾驶人穿着夹脚人字拖鞋开车，刹车时没踩住而引发车祸，所幸事故未造成人员伤亡。车祸照片被发布到网络后，网友戏称女驾驶人是“穿拖鞋开车的灭绝师太”。

例三 焦作——一次穿拖鞋踩刹车打滑撞死一人。2013 年 7 月 3 日，焦作市武陟县 89 岁老汉段某蹬着三轮车准备过路口时，被身后疾驶而来的摩托车撞伤，经抢救无效死亡。武陟警方根据现场遗留的拖鞋，经过认真侦查终将肇事逃逸人马某捉获。原来，19 岁的马某借一无牌照摩托车载人兜风，当发现前方出现人力三轮车急忙踩刹车时，因所穿拖鞋打滑踩空，致使摩托车与三轮车相撞。事后，马某懊悔地说：“我真不应该穿拖鞋骑车！”

例 N 穿拖鞋开车引发车祸的更多事件。

2011 年 6 月，东莞市王某穿拖鞋开车卡刹车踏板撞伤 2 人。

2014 年 9 月，南京市李某穿拖鞋开车踩刹车打滑撞倒一人。

2014 年 8 月，句容市一男子穿拖鞋开车翻车手臂被卡压。

2015 年 5 月，十堰市卜某穿拖鞋开车刹车失效撞死一人。

2015 年 6 月，乐清市杨某穿拖鞋开车踩刹车失灵坠溪涧。

……

拖鞋后半截没有鞋帮，就其特点和功能而言，一般只限于休闲时穿着，是不登“大雅之堂”之鞋，更是驾驶人开车之大忌。

❗穿拖鞋开车极具危害性

国外一项实验研究显示，穿拖鞋开车会将踩刹车的速度放慢（延迟）0.13 秒，相当于在每小时 60 英里（96 公里）的速度下，将刹车距离延长 3.5 米。女性开车穿拖鞋比穿高跟鞋更危险，因为穿拖鞋更难刹车。右脚穿拖鞋在刹车和油门踏板之间移动需用时 0.04 秒，比穿高跟鞋要慢两倍。

驾驶人行车时通常以脚跟为轴，右脚频繁进行油门与刹车的踩踏转换。但若穿拖鞋开车，会因拖鞋和脚面没有完全“结合”、固定不牢、天热脚掌出汗等原因，易在踩踏转换时造成拖鞋滑落，而驾驶人本能反应是穿上滑落拖鞋再踩刹车，这一刻最容易引发事故。尤其是需紧急停车时，穿拖鞋踩刹车极易出现脚底打滑、踩不实甚至踩不到刹车踏板的情况，安全隐患极大。

为此，各地交警部门对穿拖鞋开车者，一旦查实给予记 2 分及罚款处理。

❓穿拖鞋开车者大有人在

穿拖鞋开车现象，在热带地区和夏季最多，男驾驶人图凉快，女驾驶人图漂亮，但多数人不知道穿拖鞋开车的危害性，且穿拖鞋开车者大有人在。譬如，宁波高速交警在 2009 年 7 月 12 日的例行检查时，发现 15 辆货车中有 10 辆车的驾驶人穿着拖鞋开车；检查 6 辆违法停车的集卡车，所有驾驶人全是穿拖鞋开车。北京交警部门 2012 年的一次集中检查，1 小时就查获 53 名穿拖鞋开车的女驾驶人，占被查人数的 70%。

为什么穿拖鞋开车者如此之多？大体有三种原因：

无知无畏型

有部分人只知穿拖鞋开车不得劲、不跟脚，但不知穿拖鞋开车的真正风险和潜在危害。泉州交警称，穿拖鞋开车隐蔽性强，不少驾驶人不知其危害。

盲目自信型

譬如，2015 年 5 月 29 日，张某驾车从沪蓉高速公路万州段进入天城匝道口时，因穿拖鞋打滑不能减速而肇事。张某向交警坦承，朋友曾劝他不要穿拖鞋开车，他夸下海口："凭我的技术，光脚开车都没事！"可半小时后，他给朋友打去电话："兄弟我错了，出车祸了，牛皮吹大了！"

心存侥幸或疏忽大意型

有的认为，我开车穿拖鞋，注意点就行了，不见得会发生不安全问题吧？开车穿拖鞋，交警也不可能将脑袋伸进我的车里检查吧？有相当部分人明知穿拖鞋开车不安全，但心存侥幸或嫌麻烦而故意穿之。

自重自律，预防和杜绝穿拖鞋开车的事故

预防和杜绝穿拖鞋开车的事故及违法行为，除须道路交管部门的严格执法和加强舆论宣传外，更重要的是靠驾驶人的自省、自重和自律。

增强自我保护意识和守法意识

生命只有一次，安全重于泰山。为了自己和他人的生命与财产安全，每个驾驶人都应自重自律，杜绝穿拖鞋开车违法行为。不心存侥幸、不疏忽大意、不嫌麻烦、不图一时凉爽或舒服而忘掉安全，使不穿拖鞋开车成为自觉行为。

坚持开车必穿"安全鞋"

开车需要手脚两者协调配合，手要握好方向盘，脚要做好踩刹车的准备，一双好鞋对于开车人来说，十分重要。开车应选择软度适中的鞋子，以运动类鞋为主，不仅便捷舒服，更主要的是为了安全。建议喜欢穿拖鞋出门的驾驶人，准备一双平底鞋，在开车时换上，以免留下安全隐患。

乘车人要敢于向违法行为说"不"

无论是乘坐出租车、大客车、公交车及他人的车辆，面对驾驶人穿拖鞋开车的违法行为，乘客应敢于站出来说"不"，婉言相劝、直面制止或向上举报，这既是为了保障自己的生命安全，也是为了保障驾乘人的生命安全。不能视而不见，不能睁一只眼闭一只眼，不能怕伤人，否则，"姑息养奸"，受伤害的可能就是自己。

安全细节箴言

● 穿拖鞋开车绝非小事一桩；不怕一万，就怕万一！

● 凉爽诚可贵，漂亮价更高，若为安全故，两者皆可抛！

● 分分秒秒珍爱生命，点点滴滴关注安全。珍爱生命，关注安全，就从开车不穿拖鞋的细节做起！

45. 阿花幼女夭折记
——倒车失误撞死亲人

驾驶人都知道，开车前行容易倒车难。因倒车时盲区面积比向前开时更大，故而倒车引发的交通事故率更高。近年，驾驶人倒车撞死人的事件媒体时有报道，令人震惊、痛心与惋惜。

例一 钦州——一次母亲倒车碾死5岁女儿。2013年8月12日，广西钦州市阿花驾车带着5岁女儿外出后回家，准备将车直接开进地下停车场的停车位，第一次停车有些偏位，她便将车倒出调整方向。就在此刻，阿花的女儿从车上下来，不知何时绕到车后。在倒车进库时，阿花没留意车后情况，也没听到雷达报警，结果将蹲在车后的女儿当场碾死。

例二 台北——一次父亲倒车挤死4岁儿子。2013年7月4日，台北市北投区医师倪某准备开车带妻儿外出，在车库倒车时，因一时疏忽，没注意到年仅4岁的儿子已跑到车的左后侧，将儿子挤到车子和墙壁之间，最后儿子送医不治身亡。令其夫妇痛心的是，一次倒车，不仅失去了可爱的儿子，倪某也因涉嫌过失致死罪受到法律的制裁。

例三 北京——一次丈夫倒车撞死妻子。2009年3月17日，在北京市某机动车检测场内，一女子在车后方指挥丈夫倒车。突然，该车快速后倒，车尾部将其妻猛地撞倒，随后又撞上停在后面的轿车。男子见状急于将车挪开，又突然前开，撞上停在前面的车辆。在车辆前行中，其妻头发被车轮卷起，头部被重重地磕在车辆底盘上，最终不治身亡。

例N 驾驶人倒车撞死人的更多事件。

2013年6月，奉化市一女驾驶人车库倒车撞死老公夹死自己。

2013年8月，上海市刘某倒车时将为其指挥的大学生弟弟夹死。

2014年3月，兰州市一重卡车倒车时将过路人常某碾死。

2014年4月，广州市番禺区一父亲倒车时将2岁女儿撞倒身亡。

2015年4月，福州市一名女子在医院门口倒车撞死丈夫。

……

我国每年倒车事故有多少？管中窥豹，可见一斑。据南京市交管部门的微统计，仅2015年4月1日~19日，该市共发生564起因倒车引发的事故，平均每天有近30起。其中，倒车中碰撞或刮擦其他车辆的占事故总数的69%；倒车引发的单方事故占事故总数的21%，主要是碰撞树、墙、墩子、柱子等固定物体；倒车中碰撞到非机动车或行人的占事故总数的10%。

倒车时客观存在的“四大盲区”

车头盲区

在倒车打方向盘的过程中，由于前轮运动轨迹呈现弧线，倒车时车头所划过的区域要比车身占用的面积大，会靠近甚至碰轧到原本离车身两侧较远的障碍物。

车身两侧盲区

近车两侧区域，驾驶人一般看不到，且打方向时前轮轨迹呈弧线状，并与后轮存在轮差，倒车时存在发生剐蹭的可能。

后盲区

即车辆后面观察不到的地方。如未安装倒车影像、倒车雷达等辅助设施，此区域在倒车时完全看不见。即使安有倒车雷达，遇到低矮障碍物也不能保证完全判断正确。

车身右侧靠后盲区

此区域距离驾驶人最远，观察最困难，因经常被C柱遮挡且处于车辆后部，故稍有不慎就会造成碰撞。

倒车致人伤亡的人为过错之诸因素

安全意识淡薄

许多倒车伤人事故的原因之一，是驾驶人的安全意识淡薄。有的虽知晓倒车有盲区，但这些盲区有什么危险，忽视盲区会有哪些严重后果，多是一知半解或不甚了解，甚至心存侥幸，觉得倒车出事的是极少数，自己不会那么倒霉。

多数驾驶人未养成倒车前下车检查的好习惯

驾驶人观察不到的后盲区，也是儿童有时会停留的高危区。倒车前，驾驶人应先下车观察后面是否有儿童或其他障碍物，在确保安全无危险后再开始倒车。有一项调查数据显示，倒车前仅有 30.8%的驾驶人会下车仔细检查驾驶盲区是否有儿童或其他障碍物。有的驾驶人过度相信倒车雷达，但倒车雷达对一些较矮或特殊物体并不能测判准确。

操作失误

这是许多倒车伤人事故的一个共同原因。如有的驾车不熟练或倒车技术不好而造成操作失误，猛踩油门；有的车速过快或惊慌失措而误将油门当刹车，或将前进挡误挂成倒车挡等。女性因心理稳定性差，易受外界环境干扰而出现紧张、慌乱等不良情绪，倒车操作失误伤人事件偏多。2015 年 4 月，福州市在 3 天内连发两起倒车致人伤亡的悲剧，涉事驾驶人均为女性，一名女驾驶人倒车时连撞 3 名路人，造成 1 死 2 伤。

倒车指挥人站位有误

驾驶人倒车撞死指挥人的事故，除驾驶人的责任外，一个共性问题是，指挥人的站位有误。即指挥人为了让驾驶人看到倒车后方位置的两侧情况，往往站在车后正中的位置，左右来回打着手势指挥。殊不知，这个站位最危险，一旦驾驶人倒车操作失误，指挥人被撞的可能性最大。

留心细节，防止倒车伤人事故重演

强化安全意识，提升对“四大盲区”的认识

驾驶人应正视“四大盲区”，摒弃粗心大意、心存侥幸、嫌麻烦等不良心理，采取积极主动的态度，在思想和技术上预防，防患于未然，远离倒车致人伤亡事故。

安装倒车影像，消除倒车的视觉盲点

倒车影像，也称倒车可视系统，是实用的技术配置。安装倒车影像，会使驾驶人对车后状况一目了然，即使在晚上，通过红外线也能看得一清二楚，实现倒车无盲区。2012 年 3 月，为了减少倒车因视觉盲点引发事故，美国国家公路交通安全管理局出台新规，要求所有客车在 2014 年前必须安装倒车影像。

驾驶人须掌握正确和安全的倒车方法

1. 倒车先看车，绕车转一圈。即使已安装倒车雷达和影像，也不能掉以轻心。不管是倒车影像或雷达，还是自动泊车功能，都不能完全避免倒车伤人事故。因此，驾驶人倒车时不能过度依赖这些设备，更不能取代自己的实地观察。驾驶人倒车前应仔细观察周围环境和情况，尤其要看车后有无行人、车辆、石头、钢管等障碍物，更要注意车后有无沟坑，检查无障碍后再倒车。

2. 倒车须兼顾前后左右。倒车时应留意车头、车尾及左右两侧，不顾此失彼，往左倒时应注意右车头，往右倒时应注意左车头，以免刮碰。

3. 倒车的关键是控制好车速。切忌猛踩油门，缓行慢速是安全倒车的前提。右脚应一直“备刹车”，以防突发情况。

4. 居民区倒车须谨慎。由于小区道路狭窄、人员多，在小区倒车更须谨慎。停车时应将车头向外停放，以避免路面情况变化或是天黑光线不好而发生碰撞。莫贪图一次倒车成功，应以慢速、多次调整来倒车。

5. 请人指挥倒车。在周围环境杂乱、车位狭窄、光线较暗等安全倒车无把握时，应请人指挥倒车。驾驶人应集中精力，摇下车窗，看清或听好指挥人的手势或口令，减速缓行，确保倒车安全。

6. 倒车时不让小孩独留车外。小孩应对危险能力差，如独留车外随时有可能走入驾驶人的视觉盲区，极易酿成事故。所以，倒车时家长要不让小孩独留车外。

倒车指挥人应正确站位

鉴于倒车指挥人被伤害事故频发，指挥人应特别注意自身的安全保护。应选择正确的站位。如果在开阔地，指挥倒车人应当在车后方左侧或右侧指挥车辆，避免直接位于车辆正后方、正前方或驾驶人的盲点位置指挥。如果在地下车库指挥倒车，千万不要站在柱子、墙壁旁边，避免对方误操作撞在柱子或墙壁上，造成重大伤害。

安全细节箴言

● 天堂地狱一瞬间，阴阳生死自把关；开车有风险，倒车风险更大。

● 安全倒车应知晓和把握的“三原则”：先查后倒，尽量短倒，请人引“倒”。

● 倒车应眼观六路、耳听八方，认真察看，精心操作，实现“倒车零事故”！

46. 爱子生日成“祭日”
——骑摩托不戴头盔车祸丧生

摩托车、电动车以其轻便、灵快、经济的特点，深受城乡居民的青睐。然而，有些人因骑乘摩托车、电动车不戴头盔遭车祸，从而发生一场场人为的家破人亡的血泪悲剧。

例一 启东——一次骑摩托未戴头盔，爱子生日成“祭日”。2013年7月27日，江苏启东市施某儿子5岁生日。中午11点左右，施某让儿子坐在摩托车油箱上，骑着摩托到城里吃肯德基。因出行匆忙，施某没有给儿子戴头盔。驾驶途中，施某摩托车撞向路旁的垃圾桶，继续滑行一段距离后，摩托车翻倒在路面上，儿子当场被甩出。因严重颅脑损伤，儿子于当日抢救无效死亡。施某因交通肇事罪被判处有期徒刑1年，缓刑1年。

例二 襄阳——一次骑乘摩托没戴头盔，两人遭车祸双双身亡。2012年5月21日晚，在湖北省襄阳市的深圳工业园富康大道与经纬路交叉路口，一辆起重车正处于左转弯的行驶状态，突然一辆摩托车冲了上来，直接撞上起重车的前部。因摩托车速度过快，两名骑乘人没戴安全头盔当场死亡，车祸现场非常惨烈。

例三 郑州——一次骑电动车不戴头盔，高三女生摔倒身亡。2013年9月20日，郑州市24中高三女生、刚满18岁的沈某骑电动车途经建设路时，因躲避大型车猛地摔倒在凹凸不平的路上，因未戴头盔伤及头部。在医院昏迷半个月后不治身亡。

例N 骑乘摩托、电动车未戴头盔导致伤亡的更多事件。

2014年3月，宁波镇海区16岁包某骑电动车不戴头盔摔倒身亡

2014年9月，蚌埠市两人骑乘一辆摩托车未戴头盔撞车双双遇难。

2014年12月，扬州一“准新郎”骑摩托车没戴头盔摔倒身亡。

2014年12月，青铜峡市朱某骑摩托车被撞未戴头盔身亡。

2015年7月，武汉市施某二人乘电动车未戴头盔摔倒1死1被捕。

……

人们常形容说，坐汽车是“铁包肉”，骑摩托车、电动车是“肉包铁”，风险极大。而骑摩托车、电动车不戴头盔，更是危中加危、险上添险！

骑乘摩托、电动车不戴头盔真“要命”

头盔，也称安全帽，是一种用于摩托车、电动车骑乘人的头部保护装置。骑乘摩托车、电动车不戴头盔真要命，绝不是危言耸听！

头部损伤是摩托车、电动车事故致死致残的主因

据世界卫生组织（WHO）2006年统计，全世界每年约有120万人死于交通事故，另有数百万人受伤或致残。在许多发展中国家，两轮车使用者尤其是骑摩托车者，发生交通事故而造成伤亡的占总数的50%以上。其中，头部损伤是致死致残的主因。

我国各地骑乘摩托车、电动车因不戴头盔导致死伤的事件举不胜举。仅以济南市为例。2016年5月，济南交警支队公布了一组数据：2013年至2015年的三年间，全市共发生涉及摩托车、电动车的一般程序交通事故7864起，造成8835人受伤，1216人死亡。其中，摩托车事故4330起，死亡775人、受伤4979人；电动车事故3534起，死亡441人、受伤3856人。

不佩戴或不按规定正确佩戴安全头盔占颅脑损伤死亡的近九成

据济南交警支队统计分析，上述驾驶摩托车和电动车致死的主因是头部颅脑损伤，主要是驾驶人不佩戴或不按规定正确佩戴安全头盔所致。其中，两类不佩戴或不按规定正确佩戴安全头盔致颅脑损伤死亡的人数占总死亡人数的分别是89.02%、85.49%，即两项事故中不戴头盔致死率分别近九成。

由于骑乘摩托车、电动车属于“肉包铁”的特殊结构，以及头部处于最高、最突出位置，发生事故最先着地或撞击车辆等其他物体的往往是头部，受伤最严重的也是头部，因为薄薄的一层头骨承受不住车祸的巨大冲击力。

头盔具有重要保护作用

世界卫生组织（WHO）2006年8月25日发布公报说，骑乘摩托车等两轮交通工具时戴头盔，可使受伤者的比例下降70%，死亡率下降40%。并认为，戴头

盔是减少摩托车和自行车撞车造成头部损伤和死亡的最有效办法，呼吁骑摩托车和自行车时使用头盔。

头盔的特点可分散并吸收撞击冲击力

经交通安全专家反复实验证明，头盔因光滑的半球性，在头部受到猛烈撞击时，可有效地保护头部，分散并吸收冲击力。同时，发生事故时因头盔的变形或裂纹及护垫，又起到缓冲作用，也能吸收一部分冲击力。据测算：人的头部一般可以承受450公斤作用的冲击力，在戴头盔发生事故时，头部的冲击力只有400公斤左右，因此可大大减少死伤率。

事故研究结果表明：头盔有非常显著的保护作用

有关研究结果表明：不戴头盔头部损伤率是戴头盔的2.5倍，致命伤不戴头盔是戴头盔的1.5倍。这充分说明头盔有非常明显的保护作用。

在事故不能避免的情况下，头盔可以起到非常重要的保护作用，紧急时刻头盔可救命。这是全球摩托车交通事故统计研究的结果，也为无数摩托车、电动车驾乘人所遭遇的事故所证明。2015年2月4日，德州市李某骑摩托被撞飞10米，因戴头盔捡回一命。

世界各国都强制性地规定骑乘摩托车必须戴头盔，有的国家连骑自行车都要求必须戴头盔。《道路交通安全法》第51条规定，摩托车驾驶人及乘坐人员应当按规定戴安全头盔。遗憾的是，至今许多摩托车骑乘人没有此意识，仍在骑乘摩托车时不戴头盔。

❓摩托车、电动车骑乘人不戴头盔的原因分析

骑乘摩托车、电动车人不戴头盔知多少？2013年12月21日，青岛《半岛都市报》记者在胶州市区发现，骑乘摩托车不戴头盔者达80%以上。

摩托车、电动车骑乘人不戴头盔的心理误区，主要是安全意识淡薄。

无知与麻痹

有的认为路途近，车速不快，戴不戴无所谓。

嫌麻烦、不舒服

有人认为自己车技不错，戴头盔上下车麻烦；天气热，戴头盔闷，不舒服。

侥幸、从众心理

认为不戴头盔虽不安全，自己不会摊上那倒霉事，小心谨慎驾驶即可，没有

必要戴头盔；有的戴也是摆样子，虚戴或不正确佩戴。路上这么多骑车人都不戴头盔，别人都不怕，我也没必要戴。

怕破坏发型

有的女性嫌头盔造型太难看，容易压坏发型，不愿佩戴。

↑ 摒弃骑乘摩托车、电动车不戴头盔的陋习

骑乘摩托车、电动车不戴头盔，既不安全，不文明，也为法律所禁止。除交警部门大力宣传交通法规，宣传骑乘摩托车、电动车戴头盔的重要性，及实施严格治理不戴头盔的违法行为外，骑乘人也应自尊自律，依法佩戴头盔。

骑乘人应强化自我保护意识，自觉佩戴头盔

佩戴头盔关乎摩托车、电动车骑乘人的身家性命，不是可戴可不戴的小事，不可想戴就戴，不想戴就不戴。骑乘人应珍惜生命，善待自己；应摒弃麻痹大意、嫌麻烦、侥幸、从众、怕压坏发型及应付检查等模糊认识，改掉骑乘车不戴头盔的坏习惯；应做到无论是驾乘人、路途远近、有无交警检查，都戴头盔。“掏出钥匙，戴上头盔”，应成为两车骑乘人的思维定式和习惯动作。

正确佩戴头盔

佩戴头盔正确与否，十分重要。要注意购买质优正品的安全头盔，不买廉价假冒产品；要真戴不假戴，带而不戴等同儿戏，不起任何保护作用；要系紧头盔扣带，否则，一旦发生意外头盔脱落，伤害后果同样很严重。实验表明，事故发生时防止头盔脱落很重要。在发生事故时，头盔脱落造成头部受伤的比例要比不脱落约高 1.98 倍，死亡发生率约高 4.35 倍。

安全细节箴言

●人的一生充满了戏剧性和不确定性，人的生命安全时时遇到挑战，但生命没有彩排，细节决定命运！

●佩戴头盔是摩托车、电动车骑乘人安全保护的重要一环，是发生事故骑乘人生命的最后一道安全屏障，是不可忽视的致命细节。请以他人的血泪教训为鉴，主动改掉骑乘摩托车、电动车不戴头盔的不良心理和陋习！

47. 欲盖弥彰陷囹圄
——遮挡车号牌“吃大亏”

有人开车故意遮挡号牌，以此躲避对其违法行为的处罚，最终却弄巧成拙，因小失大：有的因遮挡号牌遭记分处罚，有的因遮挡号牌故意违章行驶而致人伤亡，弄了个“蒋干盗书——聪明反被聪明误”！

例一 汕头——一次遮挡车号牌超速行驶致人伤亡获刑。2014年6月21日，潮阳区某车行陈某驾驶客户汽车从中心城区保养后，因赶时间故意遮挡车号牌，在回返经礐石大桥时超速行驶，因失控撞向当时倚靠桥栏杆休息的3名骑自行车的男中学生，导致1死1重伤。经交警部门勘查后认定，陈某驾驶遮挡号牌车超速行驶，超车时未按规定正确操作，对事故负主要责任。濠江区人民法院以交通肇事罪判处陈某2年有期徒刑。这正是：欲盖弥彰，反受其害！

例二 合肥——一次遮挡车号牌，撞人逃逸被捕。2013年8月3日凌晨，23岁高某驾驶用布套遮挡号牌的轿车送朋友回家，在行至瑶海区某停车场时撞上一辆摩托车。高某让朋友下车将卡在轿车前的摩托车移开，虽见摩托车伤者躺在地上，却不管不顾，反而加速逃离现场。次日凌晨，高某找来朋友将车拖回家门口，并用纸板等物进行伪装。最终，高某被警方抓获，被检察部门以涉嫌交通肇事罪批捕并提起公诉。

例三 日照——一次遮挡车号牌多次冲卡，为躲处罚撞飞民警。2014年4月中旬，董某驾驶遮挡号牌轿车为躲避超速处罚，沿206国道接连强行冲卡，一直狂飙到日照。接到设卡堵截请求，五莲县汪湖派出所立即组织民警用大货车设卡堵截。在民警紧急疏散过往群众时，此遮挡号牌车疯狂驶来，并将一位民警撞飞。因涉嫌妨碍执行公务，董某将面临刑事处罚。

例N 遮挡车号牌超速行驶酿事故或被处罚的更多事件。

2015年1月，沪蓉高速黄陂段一车遮号牌超速被记分行拘。

2015年7月，兰州高速路一车遮号牌超速被记12分，罚4000元。

2015年7月，临县一婚车“百年好合”遮号牌记12分并被罚款。

2016年4月，青岛市李某开车遮挡号牌撞伤3人逃逸落网。

2016年5月，一车于京台高速定远段用卫生巾遮号牌被记12分。

……

故意遮挡车号牌者，遮挡物可谓五花八门，无奇不有。常见的遮挡物有光盘、布套、胶带、婚礼装饰物、花纸，还有磁铁石、广告纸、贴画、烟盒、卫生巾、毛巾、拖鞋、衣服、树叶、创可贴、泥巴、电动遮挡器、灰尘覆盖等。遮挡车号牌位置，有的是遮挡部分字号，有的是只遮挡前号牌或只遮挡后号牌，有的甚至是前后牌全遮盖，可以说是绞尽脑汁，招数多多。遮挡车号牌违法行为在高速公路、一般公路、城市道路均时常可见。如济南市，仅2014年1~10月，就查处遮挡号牌上高速公路的违法行为达2000多起。

遮挡车号牌者动机：掩盖违法行为，逃避违法处罚

《道路交通安全法》第11条第2款明确规定，机动车号牌应当按照规定悬挂并保持清晰、完整，不得故意遮挡、污损。《机动车驾驶证申领和使用规定》规定，故意遮挡、污损车号牌的一次记12分。但为什么遮挡车号牌者明知故犯？专家分析，开车遮挡号牌者的动机是：掩盖违法行为，逃避违法处罚。

为遮掩超速违法行驶

在高速公路开车本来行驶速度就很快，可是有的人还不满足，但超速又怕被“电子警察”拍照处罚，就用遮挡车号牌的招数来对付。这是许多人遮挡车号牌的目的之一。2015年3月12日，一辆轿车驶入连霍高速公路后故意用布套遮盖号牌，超速行驶182km/h。最终被“电子警察”抓拍并受到严惩。

为遮掩其他违法行为

如掩盖其闯红灯、肇事逃逸、高速公路逆行等违法行为，以逃避法律制裁。2013年8月3日，合肥市高某为防备超速或闯红灯被抓拍而遮挡号牌，肇事致摩托车驾驶人重伤昏迷。事发后，高某用T恤衫遮挡号牌逃逸，最终被抓获。

为遮掩其犯罪行为

如一些犯罪嫌疑人通过遮挡、涂改车辆号牌来掩盖自己的犯罪行为。2015年6月22日夜，青岛市张某驾车撞死人后遮挡号牌逃逸，最终落网。

遮挡车号牌的主观动机

法制观念淡薄

有的明知遮挡车号牌违法，还故意为之，知法犯法，其法制观念非常淡薄，安全道德素养严重缺失。

心存侥幸

有人明知遮挡车号牌违法，却抱着一丝幻想，以为遮挡后就可以为所欲为，违法也难被发现；过去遮挡未被查处，今天再遮也不会露馅。

从众心理

有的看到别人遮挡车号牌超速、闯红灯等，也盲目效仿，以为法不责众。

做遵法守规的公民，不要遮挡车号牌的“小聪明”

自觉遵守法规，摒弃遮挡车号牌的违法行为

无数遮挡车号牌引发的交通事故证明，故意遮挡号牌容易助长驾驶人肆意超速等违法行为，埋下交通事故隐患。而禁止遮挡车号牌，其立法目的是规范机动车驾驶人驾车后的行为，保障公众生命和财产安全。因此，为了实现自身和他人的生命及财产安全，每个驾驶人都应强化法治观念，社会公德意识，遵法守规，不知法犯法，不心存侥幸，不从众错为，不要遮挡车号牌的“小聪明”，从自身做起，自觉维护交通秩序，做遵法守规的好公民。

尽快推行电子车牌，彻底杜绝遮挡车号牌的违法行为

据有关专家介绍，在南京、厦门、兰州等城市已经或准备使用红外线摄像头和电子号牌，这种号牌能够发射带有自身车辆信息的电子信号，即使号牌被物体遮挡，红外线摄像头照样可以识别遮盖物下原本的号牌。这种技术的推广，将彻底杜绝遮挡车号牌的违法行为。

安全细节箴言

●聪明反被聪明误，这是许多“当代蒋干”——遮挡车号牌者的深刻教训，应引以为戒！

●诚诚实实做人，老老实实守法，规规矩矩开车。不知法犯法，不心存侥幸，不在小细节上摔大跤，不让遮挡车号牌违法行为在自己身上出现，不让遮挡车号牌“害人害己”的事件再次发生！

48. 隔离栏划出生死界
——跨越道路隔离栏被撞身亡

道路隔离栏具有阻拦和警示不良交通行为的功能。但在现实生活中，有的人视隔离栏为儿戏，一心想抄近道走捷径，想跨越就跨越，想钻穿就钻穿。结果呢？有的人在又一次抄近道的跨越或钻穿隔离栏时，不幸撞伤或丧命。

例一 上海——一次跨越隔离栏被撞身亡，后果自负。2006 年 3 月 25 日，黄某在曹安路外环线西一路段，为走捷径跨越路中心隔离护栏，在其跨越隔离栏跳落在快车道时，被一辆疾驶而来的轿车撞倒，随后又被一货车碾轧头部身亡。黄某留下年轻的妻子、刚满 6 岁的儿子和年迈的父母。交警认定黄某跨越道路隔离设施属违法行为，负事故全责；肇事轿车和货车无过错，不负事故责任。嘉定区人民法院一审判决黄某负全责，减轻被告的精神损害赔偿责任。

例二 深圳——一次钻穿隔离栏，祖孙俩人被撞身亡。2012 年 1 月 1 日，一位老太携孙子出门买菜时，在布吉镇中兴路被飞驰而过的轿车撞死。肇事轿车停在路中央，车头挡板严重凹陷，玻璃出现一个大洞。轿车旁边和车后方 3 米多远处分别躺着老太太和小男孩的尸体。原来，当轿车从桥上飞驰而来时，老太太正牵着孙子的手穿钻有缺口的隔离栏，并小跑横穿到马路中间，轿车驾驶人刹车不及，先后撞上祖孙两人。

例三 无锡——一次横穿隔离带，行人撞死电动车主赔款又担刑责。2013 年 2 月 22 日，韩某坐李某轿车返回滨湖区在梁清路途中，李某将车停靠最北侧机动车道内，韩某下车跨过绿化隔离带刚迈进自行车道，就与一辆电动车相撞，致电动车摔倒在地，骑乘人黄某颅脑损伤死亡。事发后韩某逃逸。经交警事故认定，韩某跨越道路隔离设施进入非机动车道引发事故，负主要责任；黄某驾电动车正常行驶无过错行为。法院判韩某赔款 19 万元，并承担刑责。

例 N 跨越或钻穿道路隔离栏被撞伤亡的更多事件。

2013 年 1 月，郑州市一女孩上学抄近道跨护栏被撞身亡。

2013 年 9 月，济南市有两人横穿马路钻护栏被撞致 1 死 1 伤。

2013 年 11 月，银川市一 24 岁女子跨越隔离栏被撞身亡。

2014 年 6 月，南充市两行人跨越隔离栏被撞致 1 死 1 伤。

2014 年 12 月，太原市一男子抄近道跨越隔离栏被撞身亡。

……

看罢诸多惨痛案例，不禁让人悲伤与叹息：为抄近道跨越或钻穿隔离栏而被撞伤撞亡，太得不偿失！

❗ 各地跨越或钻穿道路隔离栏者大有人在

隔离栏的功能，是将左右两边道路上的车辆隔开，对车辆随意掉头和行人任意穿行加以限制，具有阻拦和警示作用，达到维持交通秩序和保障交通安全的目的。

但在现实生活中，不顾交通安全，为抄近道跨越或钻穿隔离栏者，大有人在。2007 年 3 月 16 日，在西安市尚朴路，因行人跨越隔离栏曾引发一起致人死亡事故。次日，有媒体记者在同一地点看到，惨剧似乎并未对附近居民产生丝毫触动，人们仍在前赴后继地跨越隔离栏。仅在中午一小时内，就有 500 多人毫无顾忌地选择跨越隔离栏过马路。

❓ 跨越或钻穿隔离栏过马路者的心理透析

为什么如此众多的人选择跨越或钻穿隔离栏过马路呢？

法制观念、自我保护意识淡薄

《道路交通安全法》第 63 条明确规定，行人不得跨越、倚坐道路隔离设施。而有些人不知晓或明知故为，为图方便抄近路，随意跨越或钻穿隔离栏。法制观念安全意识淡薄。

侥幸与从众心理作怪

有些人明知跨越或钻穿隔离栏危险，但认为自己过去多次跨越或钻穿平安无事，估计再跨再钻也不会有问题。看到别人也这样做，自己也就随大流。

⬆ 综合治理，努力减少行人跨越或钻穿隔离栏的不安全行为

要解决行人随意跨越或钻穿隔离栏的问题，需齐抓共管、综合治理。

加大交通法规的宣传力度

有关部门应利用各种形式大力宣传交通法规，宣传违反交通法规的事故案例，教育群众做遵章守法、依规出行的公民。设有隔离栏的道路一般车流量较大，车速较快，而行人跨越或钻穿隔离栏横穿马路异常危险。在道路交通中，行人相对弱势，人抢时间车抢快，一不留神就会车毁人亡。

同时，按法律规定，行人跨越或钻穿道路隔离栏发生交通事故，应当承担相应责任。2014 年 2 月 8 日，江西赣州市 90 后女孩崔某为走捷径跨越桥中隔离栏引发车祸，不仅自己受伤，还导致三车相撞。最终，自己伤残自己治，还被判赔 7 万余元修车费。

宁走十步远，不走一步险

各地城市为确保行人安全过马路，大都设置了斑马线、天桥和地下通道等安全通道，只要稍绕几步，就可安全地走到路对面。生命安全没有捷径；宁走十步远，不走一步险，这应成为行人安全过马路的一条准则。

驾驶人谨慎驾驶，减速慢行

车辆在设有隔离栏的道路行驶，要减速慢行，注意观察路况和行人跨越或钻穿隔离栏的迹象，避免事故发生。

完善城市道路交通设施

城市管理者要从方便人车出行和保障人民群众生命安全的维度，完善城市道路交通设施，使人行安全通道的设置更人性化、科学化、规范化。

安全细节箴言

●一次跨越或钻穿隔离栏，可能是行为人过马路时不经意的一时冲动、一次捷径。但这一次的细节性违法行为，带给行人的可能是暂时捷径与快乐，但却可能是永久的伤害与痛苦！

●跨越（或钻穿）隔离栏，生命少安全；生命比方便、捷径更重要。但愿不再重蹈他人的血泪覆辙与错误！

第四章　安全细节失误成因之四

分心驾驶与分心行走

★ 驾驶分心（分心驾驶）与道路交通事故存在高度的相关性。本章从视觉分心、听觉分心、认知分心、操作分心四个维度，剖析了 13 类因驾驶与行走分心而影响和威胁道路交通安全，并引发诸多人财伤害的血淋淋的交通惨案，以警示读者。

★ 公安部交管局负责人在第四个“全国交通安全日”答记者问时介绍，2014 年全国发生简易交通事故 656.3 万起，其中因分心驾驶导致的 309.9 万起，占 47.22%；一般以上交通事故中，因分心驾驶导致的有 74746 起，占 37.98%，造成 21570 人死亡、76984 人受伤，直接财产损失 4.58 亿元。分心驾驶的危害并未引起足够重视，由此造成的交通事故连年递增。

★ 聚精会神、专心致志地开车或走路，不再一心二用，是预防道路交通人为事故不可忽视的安全细节。

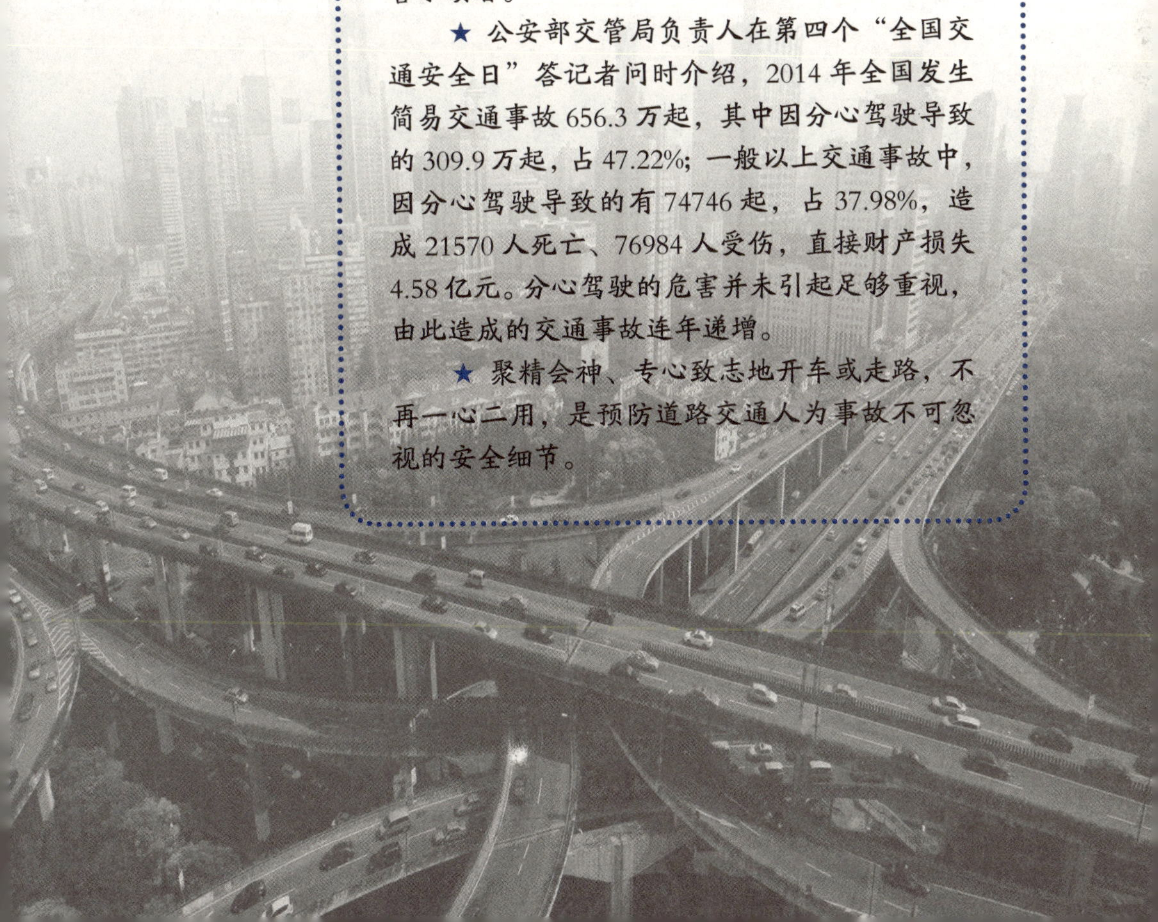

49. 宁德“6·20”重大车祸诱因 ——疲劳驾驶竟成“夺命杀手”

在全国乃至世界各地，因疲劳驾驶导致的交通事故几乎每天都在发生，悲惨之状触目惊心。

例一 宁德——一次疲劳驾驶酿发“6·20”重大车祸惨案。2012年6月20日，在沈海高速宁德市霞浦县的一下坡左转弯路段，一辆由无锡开往厦门的双层卧铺客车翻坠36米深的山谷中，导致17死28伤。事发后，公安部等三部委组成的联合工作组调研查明，长时间驾车引发的疲劳驾驶是事故的诱因之一。肇事客车运营线路全程行驶时间约需17个小时，虽配备两名驾驶人轮换，但因不能落地休息，疲劳驾驶自然无法避免，稍有不慎就会酿成惨祸。

例二 北京——一次疲劳驾驶撞24人判死缓并赔偿412万元。2011年6月2日凌晨，从承德来京的梁某独自驾驶面包车贩菜，在返回平谷途中因疲倦睡着了。当听到车前“咚咚”的巨大声响，梁某才清醒，发现已连撞24名同向行人，造成4死16伤，其中18人为小学生。鉴于其有自首情节，法院以危险方法危害公共安全罪，判决梁某死刑、缓期两年执行，并判其赔偿死伤者家属412万余元。

例三 荆州——一次疲劳驾驶新郎新娘5人命丧婚礼“最后一公里”。同在深圳打工的河南新蔡县毕某和湖北荆州市花某领取结婚证，准备在2013年国庆节假期回花某老家举办婚礼。9月28日这天，参加婚宴的客人陆续赶来，翘首等待一对新人返家喝喜酒。谁知等来的却是一个令众亲友惊愕的噩耗：原来，毕某驾车从深圳赶回花某家的所在镇时，已连续开车11个小时，因极度疲劳导致车辆失控，在离家只有几十公里处冲进路边积水沟渠，新郎、新娘和新娘父母、姐姐5人全部遇难。

例N 疲劳驾驶酿发车祸导致群死群伤的更多事件。

2008年9月，巴中市一川Y大客车疲劳驾驶坠深崖致51死。

2012 年 8 月，陈某疲劳驾驶大客车于包茂高速安塞段失控致 36 死。

2014 年 7 月，沪昆高速邵怀段一大客车疲劳驾驶相撞致 54 死 6 伤。

2015 年 9 月，一货车沪昆高速潭邵段疲劳驾驶致 22 死 13 伤。

2016 年 6 月，刘某疲劳驾驶大客车于宜凤高速郴州段致 35 死 15 伤。

……

关于疲劳驾驶，笔者也曾有过一次亲身的惊险体验。2013 年夏季的一天，笔者一人开车在高速公路上行驶。天气炎热，未开车窗，自己竟在不知不觉中睡着了，直至车辆与右侧防护栏相撞，才在“砰”的一声中猛然惊醒。幸亏路上车辆稀少且紧挨防护栏行驶，只是车体轻微刮伤，没有人身伤害。但事后想起总是感到后怕，倘若当时前后有车，或与防护栏正面相撞，其后果将不堪设想。

❗疲劳驾驶已成为“马路杀手”

疲劳驾驶，是指驾驶人长时间连续行车后，产生生理机能和心理机能的失调，而在客观上出现驾驶技能下降的现象。一般是指驾驶人每天驾车超过 8 小时，或者从事其他劳动体力消耗过大或睡眠不足，以致行车中困倦瞌睡、四肢无力，不能及时发现和准确处理路面交通情况的行为。

疲劳驾驶的三种表现程度

1. 轻度疲劳。驾驶人出现换挡不及时、不准确现象。

2. 中度疲劳。操作动作呆滞，有时甚至会忘记操作。

3. 重度疲劳。往往会下意识操作或出现瞬间睡眠现象，严重时会失去对车辆的控制能力，造成交通信息中断，从而引发严重交通事故。有的疲劳驾驶事故就出在快抵达目的地“最后一公里”。

疲劳驾驶是开车三大“致命陋习”之一，是特殊状态的分心驾驶

疲劳驾驶与一般的视觉分心、听觉分心、认知分心等驾驶分心不同，是一种特殊状态的分心驾驶，是一种驾驶人由于自身肌体、精神疲劳而无意识的导致注意力减退或严重弱化的分心驾驶。

假如一辆汽车以 80 公里/小时的速度行驶，每秒钟汽车的前进距离约为 22 米，这时，即使驾驶人只发生 3 秒钟的瞌睡，汽车就会冲出大约 66 米。这 3 秒钟就相当于无人驾驶一辆高速行驶的汽车。重度疲劳驾驶等于闭眼开车的“盲驾”，比酒驾更可怕，危害性更大！

驾驶人疲劳驾驶的原因剖析

车辆驾驶是一种体力和脑力消耗很大的行为，需要驾驶人集中精力来不断处理各种与行车相关的信息，尤其是在交通状况异常复杂的情况下，驾驶人的神经处于高度紧张的状态。良好的精神状态和健康的身体条件是安全行车的保障，而疲劳驾驶则是安全行车的大敌。

疲劳驾驶成因复杂，涉及人、车、路和环境等各个要素。如为了应对激烈市场竞争而多拉快跑的社会因素；又如单调的高速公路具有很强催眠作用这一外部环境因素；再如深夜、凌晨、午后时段驾驶，难以抵挡住强烈的睡意，很容易产生疲劳驾驶。

探究疲劳驾驶的主观原因，即当事驾驶人的不良生理和心理因素，对于防范疲劳驾驶更有意义。

生理原因导致疲劳驾驶

主要指驾驶人睡眠不足或睡眠质量差，或身患慢性疾病，或年龄偏大，所引起驾驶中的体力不济和反应迟钝的现象。如有的驾驶人不顾次日的行车任务，通宵达旦打麻将、看球赛等，导致睡眠不足，精神疲倦，在第二天出现疲劳驾驶，使行车注意力、判断力、反应能力下降，一旦遇到紧急情况便不知所措，难以应对。

心理及思想原因导致疲劳驾驶

1. 交通安全意识淡薄，对疲劳驾驶的危害性认识不足。如受经济利益驱使，有的车主及驾驶人片面追求经济效益，置交通安全于不顾，往往通宵达旦地驾驶，甚至连轴转，驾驶人身体和心理长时间处于疲劳状态。

2. 侥幸心理作怪。有的驾驶人对自己的精神状态和驾驶技能盲目自信，对疲劳驾驶可能引发的后果估计不足，虽已知身体出现疲劳症状，仍强撑硬挺，想等到服务区或到达目的地后再停车休息，结果事故就发生在“最后一公里”。

3. 疲劳驾驶的防御措施不科学、不妥当。如有的驾驶人行车疲劳时，往往采取喝水、听音乐、聊天或开窗透气等办法驱除疲劳。但这些防困措施并无长效，尽管强撑硬挺驾驶，但终将会导致交通事故发生。

从细节上防御，远离和杜绝疲劳驾驶

杜绝疲劳驾驶引发的交通事故，一方面，需要相关部门加大执法力度，加大对疲劳驾驶的查处和治理，倒逼驾驶人远离疲劳驾驶；另一方面，驾驶人应知晓和掌握必要的防御对策。

驾驶人应真正认识疲劳驾驶的危害，防御疲劳驾驶

疲劳驾驶是一种交通违法行为。《道路交通安全法》第22条第2款规定，过度疲劳影响安全驾驶的，不得驾驶机动车。《道路交通安全法实施条例》第62条规定，不得连续驾驶机动车超过4小时未停车休息或者停车休息时间少于20分钟。

驾驶人应认识到疲劳驾驶的危害和违法性，自觉遵纪守法，学会自我保护，不可疏忽大意，不可心存侥幸，不可掉以轻心。

劳逸结合，科学安排作息时间，保证充足睡眠

1. 保证充足的睡眠。睡眠是恢复体力、减少和消除疲劳的根本途径。驾驶人应养成良好的生活习惯，节制夜间的娱乐性活动，确保睡眠时间，提高睡眠质量。特别注意不要因赶时间而减少睡眠。

2. 特别警惕疲劳驾驶的“三个”危险时段。在深夜、凌晨或午后这三个时段行车，驾驶人最容易犯困。因此，行车应尽量避开这三时段，无法避开则须谨慎驾驶，防止出现意外。

3. 科学合理地安排作息时间，劳逸结合，消除疲劳。驾驶时间延长，疲劳感和交通事故的危险性会相应增加。驾驶人应科学合理地安排运输任务和行车时间，适当休息，连续驾车时间不超过4小时。由于高速公路特有的“催眠现象”，驾驶人没有休息好或感到有些疲劳时，不要驾车进入高速公路。在夜晚行车最好每间隔两小时停车休息一次。停车休息应选择在高速公路服务区或普通公路路边不妨碍交通的地点，下车走一走，做些简单运动，活动一下腰腿筋骨，放松全身肌肉，消除肢体疲劳，切实做到“困了累了停一停，休息休息再前行”。行驶途中，应隔段时间打开车窗，使车内空气流通，以防缺氧，也可以听一听舒缓轻柔的音乐。

养成良好的饮食习惯

外出行车要定时就餐，不暴饮暴食，饥一顿饱一顿，行车前或途中就餐不饮酒。饭后，因血液集中流向胃部，大脑兴奋度降低，容易犯困。为此，餐后不要立即出发，应稍事休息后再驾车。

应注意疲劳驾驶的警示信号，学会自我调节和预防

驾驶中如出现打哈欠、眼睛酸重发沉、视野模糊、产生幻觉、注意力难以集中、焦躁、饥饿或口渴、反应变慢、身体僵硬、不必要的挡位变换、游离于道路中心线等任何一种或几种驾驶疲劳的信号，驾驶人应择机停车休息，千万不要强撑硬挺继续驾驶。冬天可让冷风吹一吹，夏天可洗把冷水脸，喝杯咖啡或清凉饮料等。也可适当拍打头部，疏通头部经络和血管，促进新陈代谢和大脑兴奋。但这些方法只能暂时缓解驾驶疲劳症状，不能从根本上解除疲劳。只有睡眠，才是缓解疲劳和恢复头脑清醒最可靠、最有效的方法。

应特别警惕前紧后松的“最后一公里”疲劳效应

开车伊始，驾驶人往往倍加小心谨慎，而一旦快抵达目的地时，就会瞬间松懈，睡意袭来而功亏一篑。为此，越快要抵达目的地，越要提高警惕，不达目的地不松懈，安全跑完“最后一公里”。

采取高科技手段监控疲劳驾驶

如某品牌汽车装备的疲劳监测系统，被称为“疲劳驾驶预警系统”，它是基于驾驶人生理图像反应，由电子控制单元和摄像头两大模块组成，利用驾驶人的面部特征、眼部信号、头部运动性等推断驾驶人的疲劳状态，并进行报警提示和采取相应措施的装置，对驾乘者给予主动智能的安全保障。

安全细节箴言

●疲劳驾驶与酒驾、毒驾一样狰狞可怕。一次安全意识淡薄的疲劳驾驶，导致一家人同车殒命；一次心存侥幸的疲劳驾驶，造成与亲人阴阳两隔；一次防御措施不当的疲劳驾驶，酿发群死群伤的重特大交通事故。这已是无数次触目惊心的血淋淋事实，是“忽视细节，因小失大”的惨痛教训！

●疲劳驾驶最危险，生死就在一眨眼；疲劳驾驶害人害己，请勿疲劳驾驶！

50. 操作导航仪撞人获刑
——“特别”分心引发恶性事故

开车时操作导航仪、调试音响、听音乐、系安全带、擦拭车窗，在许多人看来都是极其正当且平常不过的小细节。然而，这些“特别”驾驶分心的一个个小细节，却可能引发一起起意想不到的恶性事故！

例一 南通——一次开车操作导航仪撞死人。2014 年 6 月 4 日，从事个体生意的胡某驾轿车送人去上海，由于路况不熟，便随车携带一部导航仪。胡某在驾车返回行至南通市通州区一地段时，低头操作导航仪，致其所驾车跑偏驶入非机动车道，将正在推行人力车的王某撞死。

例二 漳州——一次开车调试音响撞死人被捕。2015 年 2 月 18 日晚，即农历除夕夜。漳浦县马坪镇范某开面包车去朋友家泡茶，待到当晚 11 点多开车回返，范某边开车边听车载广播。在行至一超市门口时，他觉得广播声音较小，信号也不太好，就左手操作方向盘，右手调试音响。没想到，面包车方向跑偏，导致一骑车人当场身亡。范某因涉嫌交通肇事罪被捕。

例三 南充——一次边开车边系安全带，撞死人逃逸获刑 3 年。2015 年 1 月 22 日，大学生陈某驾驶面包车前往遵义市，在行至 G212 线嘉陵区一加油站时，由于边开车边系安全带，导致其车向右侧跑偏，将行人李某撞伤倒地。事发后，陈某驾车逃逸被抓获，李某在送医途中死亡。嘉陵区人民法院以交通肇事罪判处陈某 3 年有期徒刑。

例 N “特别”驾驶分心引发车祸的更多事件。

2012 年 3 月，南通市房某开车看导航仪撞死 2 人。

2014 年 1 月，日本东京高江昌志驾车看手机导航撞死人。

2014 年 10 月，大连市王某驾驶公交车低头按报站器撞死 1 人。

2016 年 1 月，都安县蒙某开车时擦玻璃致车坠深谷 1 死 6 伤。

2016 年 3 月，南靖县简某开车调音乐撞人致 1 死 3 伤。

……

本篇上述列举的种种驾驶分心，笔者称为“特别”驾驶分心。之所以称其为“特别”，就在于此类驾驶分心同一般意义上的驾驶分心有别，即与驾驶时注意力指向与正常驾驶毫不相关的接打电话、捡物品、看热闹等驾驶分心不同，这些是与正常驾驶有着貌似相关的驾驶分心。

对于“特别”驾驶分心不可小视，一旦引发交通事故，轻者车损人伤，重者车毁人亡，甚至直接导致重大交通事故的发生。

❗不可小视的“特别”驾驶分心

分心驾驶，根据国际标准化组织（ISO）的定义，是指驾驶时注意力指向与正常驾驶不相关的活动，从而导致驾驶操作能力下降的一种现象。

本篇列举的“特别”驾驶分心，与一般意义的注意力指向与正常驾驶不相关的驾驶分心不同，其行为主体更普遍，行为内容似乎更合理，行为后果似乎更少危险，人们对其危害性的认识和估计也更不充分。

按照美国联邦公路交通管理局关于驾驶分心的视觉分心、听觉分心、认知分心、操作分心的四类型划分法，剖析“特别”驾驶分心的具体表现和危害。

“特别”视觉分心存在酿发交通事故的可能

开车时操作导航仪、调试音响、系安全带、擦拭车窗等行为，不仅常见，而且从主观动机看，在一定程度上是为了更好的安全驾驶。但“特别”视觉分心同样危险可怕。因“特别”视觉分心仍然会导致驾驶人视线偏离道路，分散和干扰对道路的观察和注意力，导致交通事故的瞬间发生。如开车时调试音响或空调，驾驶人视线一般会不经意地看一眼相关按钮，会或多或少的造成驾驶人视觉分心。而开车操作导航仪占用的时间则更长，潜在危险更大。有一项实验证明，即使用最熟悉的导航仪，要完成导航设置程序，至少用时 30 秒，如以每小时 60 公里计算，30 秒时间将跑出 500 米。“特别”视觉分心不可轻视。

“特别”听觉分心存在引发交通事故的危险

听音乐有利于舒缓心情，防止疲劳和枯燥，很多人有开车听音乐的习惯。但音量调得太大，车窗关严隔音，会导致车外的鸣笛声听不见，影响行车安全。开车时听音乐如陶醉其中更危险，极易发生追尾事故，后果不堪设想。

开车戴耳机听音乐，容易造成耳朵对外界声音不敏感，极易引发交通事故。骑摩托车、自行车戴耳机听音乐也是如此。2015 年 6 月 10 日，日本一名大二男生骑自行车戴耳机听音乐撞死人，被千叶地方法院以重度过失致死罪判刑。

“特别”操作分心存在导致交通事故的风险

开车时一手操纵方向盘，一手操作导航仪、调试音响、系安全带或擦拭车窗等“特别”驾驶分心，虽只是一个小动作和短暂时间，一旦遇到突发或紧急情况，如爆胎、前轮碾轧砖头、石子，或受到坑坎的颠簸，车轮受力而导致方向盘发生转向，或因驾驶人身体发生倾斜，单凭一只手难以控制方向，车辆极易偏离正常行驶方向，引发碰撞等交通事故。

构成“特别”驾驶分心的三种不良心理

无知无畏型

有的人认为导航仪、音响、安全带等都是车内固有的基本配置，开车时操作、调试一下很正常。对此类“特别”驾驶分心，往往不以为然，认为只是刹那间的小动作，不会有什么危险，更不会引发致人伤亡的严重事故。

心存侥幸型

对开车时操作导航仪、调试音响、听音乐、系安全带、擦拭车窗等“特别”驾驶分心，有人虽已意识到存在一定安全隐患，但觉得别人也这样，自己过去常常如此，平安无事，现在再做也不会有问题。怀有侥幸心理的不在少数。

仓促出行无准备型

出发前准备不充分，上路后才设置导航，致使事故突发。

关注细节，预防和避免“特别”驾驶分心事故的重演

注意防范“特别”驾驶分心行为

驾驶人应知晓“特别”驾驶分心的潜在危害，不疏忽大意，不心存侥幸，不掉以轻心。开车时全神贯注，精神集中，认真观察路况和周边环境，尽量不发生或减少开车操作导航仪、调试音响、听音乐、系安全带、擦拭车窗等“特别”驾驶分心行为。为安全起见，如有必要可由副驾驶座的乘车人代为操作，也可将车停在安全地段或高速公路服务区再操作。

未雨绸缪，做好出行前的周详准备

如开车时需使用导航，不论是车载或手机导航仪，因其程序设置的复杂性，

驾驶人应在出行前将其设置好；如途中需要重新设置，应把车停在安全地段或高速公路服务区后再操作，且不可边开车边操作。驾驶人应养成上车即系安全带的好习惯，不边开车边系安全带以免操作分心。

注意把握开车听音乐的尺度，防范听觉分心

驾驶人开车时应控制好音响效果，不宜音量过大，严禁高音播放音乐或沉浸其中；不宜选择节奏过快易使人躁动的摇滚乐，或大喜大悲、易使人情绪不稳定的音乐，最好选放一些舒缓柔情的歌曲，如轻音乐或钢琴曲等，以使驾驶人保持轻松愉悦的心情，专心驾驶。听音乐每次以半小时为宜，不要“一路行车一路歌”。更要严禁开车、骑摩托车和骑自行车时戴耳机听歌。驾驶人应知晓，音乐带来的只是一时的快感愉悦，而安全行车才是永久的快乐和幸福。

开车时严禁观看车载或手机视频

无论多么诱人的球赛或其他节目，驾乘人都不应行车时观看，以免造成驾驶人视觉和听觉分心。2014 年 6 月，英国一卡车驾驶人开车时用手机看黄片，因视觉分心撞死路边一 20 岁少女。此驾驶人因危险驾驶罪被判入狱 5 年。

安全细节箴言

- 细节决定生死安危。一瞬间的失误，一次注意力分散，就极有可能引发交通事故。
- “特别”驾驶分心危险可怕。驾驶人切不可麻痹大意，不可侥幸无视，不可掉以轻心，不让自己成为“特别”驾驶分心的施害者或受害者！

51. 宣汉“7·31”特大车祸真相——开车打手机“打”出恶性事故

你有开车打手机的经历吗？你是否知道，开车打手机已成为可怕的“马路杀手”？

例一 四川——一次开车打手机“打”出了特大交通事故。2010年7月31日下午，从宣汉县开往樊哙镇的某川S客车，行至省道201线宣南路段时，撞毁公路左侧波形防护栏，驶出公路左侧路坠于垂直高度8米多的崖下。事故导致乘客13死9伤，车辆严重受损。宣汉“7·31”重大道路交通事故调查组对事故原因作出认定，车祸主因系驾驶人冉某（已死亡）驾车时接听手机所致。驾驶人开车时的一个接听电话的动作，使13条鲜活生命瞬间消失。

例二 重庆——一次开车打手机失控坠深坎致2死44伤。2010年6月9日，驾驶人余某开着一辆载有45名乘客的大型卧铺车，行驶至万州大桥引道时，余某的手机突然响了，他一边接听手机一边手握方向盘驾车前行。在驶至引道水泥路接口处时，因余某操作不当致使车辆侧斜着朝右边冲去，在撞毁右侧护栏后坠落于深达近7米的坎下。这起重大车祸导致2死44伤。事后，余某不承认事发时打手机，但公安部门通过技术手段证实其驾车打手机的真相。一审法院以交通肇事罪判其有期徒刑3年零6个月。

例三 台湾——一次开车打手机失控翻车导致5死32伤。2004年10月18日下午，一辆满载香港旅客的台湾游览车，在结束参观行程沿着102县道下山时，因车速过快和雨天路滑，在擦撞护栏及撞上电线杆后，180度翻落下方边坡，造成5死32伤的悲剧。警方调查车祸原因发现，驾驶人徐某血液酒精浓度测试结果属酒驾。同时，许多乘客反映，出事前徐某边开车边打手机，讲话很激动像在与人吵架；有乘客要求司机把车开慢点，他好像没听到仍继续打手机，终于酿成这起重大车祸。

例N 开车打手机失控致人死伤的更多事件。

2013年1月，漳浦县一禅院住持林某开车打手机追尾致4人死伤。

2013年9月，威海市黄某驾公交车打手机撞死1人被判刑。

2014年8月，日照市孙某开车打手机撞死2人赔偿百万。

2014年10月，桂林市骆某开车打手机失控致1死4伤。

2015年3月，漳州市90后蔡某开车打手机撞死1行人。

……

开车打手机引发车祸的案例不胜枚举。2015年5月底，笔者以“开车打手机引发车祸”为词条搜索，在百度找到的相关结果高达625万个。

开车打手机犯了“致命四错”

听觉分心之错

听觉分心是驾驶分心的四种类型之一。驾驶人开车打手机，间断或连续地注意通话对方的声音、情绪或听觉信号，而忽视和妨碍其对路面状况和周边环境的观察，“一耳二听”，分散了听觉注意力。驾驶人开车通话时的听觉注意力可下降20%~70%。听觉分心极易引发交通事故。

认知分心之错

认知分心，指驾驶人打手机时的大脑开小差，其注意力从主要的驾驶任务转移到无关的思维活动中去，是一种内源性的驾驶分心。驾驶人打手机时如谈论其比较关注的内容，或与对方发生争执，则会加剧认知分心，极易酿发交通事故。

操作分心之错

单手驾驶也称操作分心。驾驶人开车拿手机打电话，一旦遇到突发或紧急情况，如爆胎，前轮碾轧砖头、石子，或受到路面坑坎的颠簸，车轮受力而导致方向盘发生转向，单凭一只手难以控制方向，车辆极易偏离正常行驶车道，引发刮碰或“顶牛”的恶性交通事故。

超低速行驶之错

有的驾驶人知晓开车打手机有危险，就故意将车速放慢。这种做法妨碍正常行驶，加剧交通拥堵。同时，开车打手机，会在不经意间导致车速逐渐降低。超低速行驶，容易导致后车驾驶人反应不及或处置不当而酿发追尾事故。2015年3月26日，在无锡至南京的高速公路上，正看突然响起手机的刘某驾驶的中巴，与在其前方减速行驶、打电话问路的张某所驾驶的挂车追尾相撞，酿成3死5伤的悲剧。

开车打手机的驾驶分心，是“小事大隐患”

对于开车打手机的驾驶分心，有许多人认识不到位，存在心理误区

1. 麻痹大意。有的认为开车打手机不会出问题，习以为常，不以为然，认为“有紧急事不打电话怎么行?”

2. 心存侥幸。有的虽也知道开车打手机有危害，但认为自己开车打手机多年，一直平安无事，不用担心；交警管不了，也管不过来。

3. 从众心理。有的认为许多人都开车打手机，自己也没必要担心怕事。

开车打手机看似小事，但存在着安全大隐患

联合国秘书长潘基文在2010年5月19日联合国总部组织的防止驾驶分心的公益活动上强调，因行车使用手机导致的驾驶分心，已成为全球范围内道路安全的一大隐患。并强烈呼吁，全球各个国家采取行动，避免这种危险蔓延并向7万多名联合国各级职员发布行政指令，禁止工作人员在驾驶联合国公车时，接打手机或收发短信息。

我国《道路交通安全法实施条例》规定，拨打手机属驾驶机动车时的禁止行为，一次记2分。地方交管部门相继开始使用高清摄像头集中整治开车打手机等交通违法行为。

要自觉自律，从细节上把控，杜绝开车时打手机

开车不打手机并不难，关键是驾驶人的自觉自律，从细节上把控。

严格遵守法规，严禁开车打手机

1. 增强自我保护意识，养成开车不打手机的良好习惯。驾驶人应自觉遵法守规，专心致志开车，做到开车时不打手机。这应是安全行车的基本要求。

2. 摒弃开车打手机无所谓、疏忽大意、心存侥幸、从众等模糊观念。驾驶人应时刻警示自己，再重要的电话，再紧迫的信息沟通，都比不上生命重要。

3. 涉外业务较多和公务繁忙人士，最好配有专职驾驶人，以免因开车打手机而影响安全和业务开展。

驾驶人应掌握规避开车打手机的科学方法

1. 开车前把手机调成静音，以免来电铃声干扰分心。

2. 有人打进电话，驾驶人不用急着接，等安全停车后再回拨过去，到时解释一下，对方也能谅解。

3. 如有非打或非接不可的电话，可由身旁的人代劳，或在高速公路的服务区停车后接打。切记不得在道路上随意停车或超低速行驶打手机。

4. 驾驶人应告知家人在其开车时不要打手机，以免其驾驶分心。2008 年 5 月 20 日，津蓟高速上的一次车毁人亡事件，就是在驾驶人与妻子手机通话时发生，妻子亲耳听到丈夫连说两句“坏了、坏了”，而后通信中断。

慎用耳机或蓝牙免提电话

以这两种方式接听电话相对安全，但专家建议最好不用。因为开车时用耳机或蓝牙电话，也是驾驶分心，会使驾驶人大脑明显变迟钝，不利于行车安全。尤其使用耳机接打电话，几乎完全占用了驾驶人的听觉系统，严重影响其对路面情况的关注。

安全细节箴言

●有人称，“开车打手机是在与死神通话”，此比喻不是危言耸听，而是用无数惨痛事故换来的血泪教训！

●歌手韩红对于网友揭发她拍宣传片途中驾车打手机之事，在微博真诚道歉说：“驾车接听电话，是我错了。在开车这件事上，细节决定生死！”

●人虽可侥幸多次多时，但不可能侥幸一辈子！切记，开车莫打手机呀！

52. 准新郎开车玩微信“歿四人毁三家”——开车“看玩刷聊”引发惨案

开车不能打手机，更不能看短信、玩微信、刷微博、聊 QQ（简称“看玩刷聊”）。因为边开车边进行上述行为极其危险。请看诸多惨痛事件。

例一 厦门——一次开车玩微信，歿四人毁三家。厦门市范某原定 2015 年 9 月底举行婚礼。9 月 18 日，范某驾车时听到微信提示音，便左手把握方向盘，右手拿出手机低头查看消息。在突然感觉车“要撞到东西”时，又错将油门当刹车，撞上路边推着童车的两位年轻妈妈，导致两对母子 4 人当场死亡。集美区检察院以涉嫌交通肇事罪将其批捕。想到已怀孕的妻子、未出生的孩子及指日可待的婚礼，范某懊悔不已。这正是：一次玩微信分心，葬送 4 命毁 3 家。

例二 北京——一次开车看短信撞死人获刑赔巨款。2012 年 12 月 4 日，25 岁的侯某驾车在房山区一条公路上行驶。突然，他听见手机发出的短信提示音，就在低头看短信的一刹那，撞上前面一辆电动自行车，致骑车人刘某当场倒地不治身亡。法院经审理认为，侯某驾车查看手机信息，造成 1 人死亡并弃车逃逸，已构成交通肇事罪，鉴于其肇事后有急救和自首情节，判其有期徒刑 2 年、赔偿 33 万元。

例三 美国——一次开车刷微博成“绝笔”，18 岁女孩追尾丧生。据英国《每日邮报》的一则报道：美国 18 岁女孩泰勒边开车边发微博，发送速度为 90 秒一条，其中有一条是“边开车边发不安全，哈哈！”谁会想到这竟然成了她的“绝笔”。数秒后，她的车与一辆油罐车追尾，而她也因此丧生。其父母要求政府立法禁止开车发微博，以此来警诫世人。

例 N 开车用手机“看玩刷聊”酿发车祸的更多事件。

2011 年 10 月，美国加州一女子开车发短信发生车祸致人死亡获刑。

2012 年 1 月，加拿大一女子开车发短信追尾致身亡。

2013 年 11 月，南京市刘某开车玩微信撞死一高中生。

2014 年 9 月，镇江市高某驾大客车频频看手机撞死一骑车人。

2015 年 4 月，北京市一老板李某开车看微信撞死一人。

……

看罢这一桩桩国内外发生的血淋淋、令人痛心的案例，深刻认识到手机是一柄“双刃剑”，它给人们带来的不仅仅是快乐与方便，也可能是无尽的痛苦与深重的灾难。

随着智能手机短信、微信、微博、QQ 等功能越来越强大，应用及娱乐内容越来越丰富，不少人成为须臾不可分离的“手机控”“低头族”。不分时间、地点地使用手机，开车时“看玩刷聊”，已成为近年来国内外交通事故高发甚至致人伤亡的主因。

调查发现：开车“看玩刷聊”危害巨大

开车“看玩刷聊”驾驶分心的危害远大于酒驾，更甚于接打电话

仅以看发短信为例。美国弗吉尼亚理工大学研究人员在对 100 多名卡车驾驶人长达 18 个月的跟踪调查中发现：驾驶人边开车边发短信，发生车祸概率是正常驾驶的 23 倍，而打电话仅是 2. 8 倍。开车玩微信、刷微博、聊 QQ，比看发短信有过之而无不及，都是严重的驾驶分心。

开车时用手机“看玩刷聊”，极易导致超低速行驶

开车用手机“看玩刷聊”，会在一时的不经意间导致车速逐渐降低，甚至出现超低速行驶，其危害极大。因为后车在高速行驶时，突遇前方超低速行驶车辆，往往导致后车驾驶人反应不及或处置不当而引发追尾等事故。

开车“看玩刷聊”之“三分心”

视觉分心

视觉分心是驾驶分心之一，是指驾驶人的视线有意或无意的偏离路面。驾驶人开车用手机“看玩刷聊”，双眼停留在手机屏幕上的时间更长，视觉关注路面的时间更少，是严重的注意力分散和一心二用。此视觉分心，是引发交通事故最常见及最主要原因，引发追尾碰撞事故最多。

再以开车看发短信为例。有机构通过模拟驾驶测试发现，开车时发短信，驾驶人的视觉注意力会下降 79%，是酒驾的 7 倍。

一项研究也显示，开车时一次收发短信要打断驾驶人注意力 4.6 秒，如以时速 55 公里计算，足够穿越整个足球场。在高速公路如以时速 90 公里行驶，驾驶人只要低头查看手机一秒钟，车辆就会驶出 25 米的距离，而驾驶人从低头再抬头，最快也要花费一两秒钟的时间。一旦此时路面有突发情况，驾驶人往往来不及采取紧急措施，极易导致交通事故发生。

认知分心

开车用手机“看玩刷聊”，往往因其交流内容的丰富或较为敏感，而引起驾驶人进行较多的思考，大脑分神走思，分散了对路面的注意力，是一种严重的驾驶分心。

操作分心

驾驶人一手把握方向盘，一手拿手机“看玩刷聊”，这是典型的单手驾车，是一种操作分心。在此状态下，一旦遇到突发或紧急情况，而导致方向盘突然发生转向，单凭一只手很难控制，车辆极易偏离正常行驶车道，而引发刮碰或“顶牛”相撞的恶性交通事故。

珍爱生命，摒弃开车用手机“看玩刷聊”的驾驶分心行为

摒弃不良心理和行为，坚决做到开车不使用手机

无数惨痛案例证明，开车时用手机“看玩刷聊”等驾驶分心与安全行车是对立的、排他的，是严重影响安全驾驶的不良心理和行为。驾驶人应敬畏生命，遵法守规，摒弃粗心大意、侥幸、从众等不良心理和行为，坚决做到开车不玩手机。此类教训实在太多，应谨记。

安全理性地处理信息

一旦有短信、微信、QQ 等信息提示音及重要信息等需处理之事，不要开车时急于去看，而是待安全停车或到达目的地后再查看，或回复或解释。也可让乘车家人或朋友代发代接，这既不用担忧驾驶分心，也不会误事。

乘客要敢于向驾驶分心的违法行为说“不”

无论是乘坐出租车、大客车、公交车及他人的车辆，面对驾驶人开车用手机“看玩刷聊”的违法行为，乘客应该敢于站出来说“不”，或婉言相劝，或直面制止，或向有关部门举报，这既是为了保障自己的生命安全，也是为了保障所有驾乘人的生命安全。

安全细节箴言

●英国一位法官称，驾车时发短信是“愚蠢和疯狂”的行为。切记，开车玩手机就是玩命！

●珍爱生命，关注安全，就从开车不使用手机这个细节做起！

53. 女子自拍车祸丧命
——开车拍照“拍”出悲情剧

随着智能手机的普及，用手机拍照渐成时尚，开车自拍的行为也越来越多。然而，有人却只顾玩乐，乐极生悲——因一次开车自拍而“拍”出车毁人伤亡的悲情剧。

例一 北卡罗来纳——一次开车自拍，女子撞卡车伤重丧命。2014 年 4 月的一天，美国北卡罗来纳州女子考特妮·安·桑福德，开车上班途中用手机自拍，迎面撞上大卡车伤重丧命。考特妮早上 8 点 33 分在脸谱网上说，“这首快乐的歌让我很快乐”。而当地警方在 8 点 34 分就接到关于她发生车祸的报警电话。警方经调查发现，她在开车时曾上传多张自拍照。事故调查警官说：“前后就几秒钟的间隔，前一刻考特妮在跟朋友们分享她的快乐，而下一刻她就赔上了性命。”

例二 南平——一次驾车自拍，撞折行人腿。南平市政和县 22 岁的女子叶某，平日喜爱用手机自拍。2015 年 5 月 26 日，她驾驶摩托车在政和县中元路行驶时用手机自拍，在一斑马线附近将一名横向沿斑马线过街的五旬男子撞倒。经检查，该男子左小腿被撞骨折。民警经勘查认定，叶某驾车自拍负事故全责。

例三 扬州——一次开车拍照，奥迪“追吻”收割机。2015 年 10 月 9 日，一辆奥迪轿车途经扬州市万福大桥时，驾车的中年女子被刚建成大桥的壮观景象所吸引，就边开车边用手机拍照，导致碰撞正在前方正常行驶的收割机，致使收割机横在桥面上。由于奥迪车急速变道，其后方的一辆轿车避让不及，又与其相撞。奥迪车损毁严重，右前轮撞爆，车内安全气囊全部打开。该事故导致收割机上一人受伤。

例 N 驾车或马路上自拍出车祸的更多事件。

2014 年 6 月，新余市 7 男女骑一摩托狂飙自拍驾驶人被拘留。

2014 年 11 月，六武高速安徽段宋某驾车自拍致 3 车连环相撞。

2015 年 5 月，印尼一女子与同伴铁道边自拍被列车撞飞身亡。

2015 年 8 月，美国缅因州托纳驾车与乘客自拍致车毁多人伤。

2015 年 12 月，土耳其 5 少年躺在马路中自拍，2 人被货车碾死。

……

自拍，是指利用智能手机或网络摄影机拍下自己的样貌。从 2013 年开始，全世界仿佛进入了一个人人自拍的时代，无论何时、何地、何种场合。

❗开车自拍是严重的驾驶分心

开车自拍之所以频发车祸，其要害是触犯了安全行车之大忌，错在严重的驾驶分心。

视觉分心

开车自拍，眼睛一时专注于手机，心思一时集中在拍照上，忘掉安全驾驶的本质，是极具危险的视觉分心。

操作分心

单手驾驶也称操作分心，是又一类驾驶分心。驾驶人开车时一手握方向盘，一手拿手机拍照，触犯了不得单手驾车之大忌。行车时一旦遇到突发或紧急情况，如爆胎、前轮碾轧砖头或受到路面坑坎的颠簸等而使车轮受力或受到其他车辆不正常行驶行为的干扰而导致方向盘突然发生转向，单凭一只手很难控制，车辆极易偏离正常行驶车道，甚至超越双黄线，从而引发刮碰相撞等交通事故。

因此，有人称，开车时一心二用自拍，是在“用生命自拍”。此言并非危言耸听。

❓开车自拍者心理分析

开车自拍既然如此危险，为什么仍有大比例的人群在“用生命自拍”？自拍的驾驶人有着怎样的心态？

安全意识淡薄

如有的人在行车中看到难得美景，觉得机会难舍，不肯放弃，便立即拿出手机进行自拍，却一时把安全驾驶抛在脑后。2013 年 10 月 12 日清晨，鲁某驾车在宁杭高速江宁湖熟路段行驶，一阵阵团雾从路边翻滚着向路中飘来，车辆在雾中穿梭似仙境一般。于是，鲁某边开车边拿手机拍照，并用微信发出。未料前方车辆突然减速，鲁某车直接追尾相撞。

侥幸心理

在开车自拍的人中，心存侥幸的不为少数。福州女士周某自称，她是个爱自拍的人，平时开车上下班等红灯时间长一些，她都会见缝插针地用手机自拍。她虽知这样不安全，但觉得自己还不至于那么倒霉。

从众心理

有的认为，开车自拍的人不少，别人拍安全无恙，自己拍拍也不会出事。

乐不忘危，开车莫再“用生命自拍”

自拍无可非议。但自拍是有条件的，必须在安全时间、安全地点，以安全的方式自拍。

开车禁用手机自拍

《道路交通安全法》规定，开车时使用手机，属于妨碍安全驾驶的违法行为，应予禁止。驾驶人应强化自我保护意识、守法意识，摒弃侥幸、从众等不良心理，要乐不忘险，玩不忘危。

驾驶人应知晓如因开车自拍而酿发交通事故甚至丢掉性命，是典型的因小失大，得不偿失。

行人不在马路上自拍

公路车多瞬息万变，最不安全，无论何时行人也不应在马路上自拍。土耳其5少年马路上自拍导致2死的惨痛教训应该谨记。

安全细节箴言

- 无数的血泪教训告诫我们，在安全时间、安全地点，以安全的方式自拍，带来的可能是开心、快乐；否则，一次自拍带来的可能是伤心、悲剧。细节决定生死安危！
- 开车自拍是在“玩命”，自拍不能突破安全底线。应以他人的惨痛教训为戒，珍爱生命，关注安全，从细节做起，专心致志地开车，千万别再自拍！

54. 捡苹果引发特大惨案 ——开车捡物品“捡”出交通事故

开车时车内突然滑落物品，驾驶人要不要马上去捡拾？让事实来说话。

例一 湘西——一次开车时捡苹果“捡”出个特大交通惨案。2007 年 1 月 13 日，一辆满载 58 人的大客车正在湖南省永顺县境内的 209 国道行驶。突然，坐在前排车座一个孩子手中的苹果滑落，不偏不倚地滚落到驾驶人脚下。孩子大哭起来。驾驶人害怕苹果会滚到刹车板底下，就边开车边用脚去踢苹果，后又弯腰用手去捡，导致车辆偏离方向，一头扎进路边五六米深的沟里。这起特大交通事故导致 8 死 19 伤。

例二 上海——一次开车时捡眼镜，导致 5 死 3 伤。2012 年 10 月 15 日，一辆轿车在 G40 高速公路向上海方向行驶时突然失控，首先撞上公路东侧护栏，后冲破施工隔离栏直接冲向正在作业的道路养护工人，事故导致 5 死 3 伤，事故现场惨不忍睹。经警方调查，18 岁的肇事驾驶人毛某，时年 7 月刚获取驾照，因其在车内捡拾滑落的眼镜，致使车辆失控引发此群死群伤事故。

例三 杭州——一次开车时捡手机引发 3 死 6 伤悲剧。2014 年 1 月 8 日晨，李某驾驶面包车载着某精密钣金有限公司的 9 名员工去上班，行驶至萧山区宁围镇一路段时，突然面包车迎面撞上路灯杆，车头部严重变形损毁，事故导致 3 死 6 伤。经警方查明，肇事原因为李某在开车时捡拾滑落车内的手机所致。李某被刑拘。

例 N 开车时捡拾物品致人伤亡的更多事件。

2008 年，新疆库车县一大巴驾驶人捡拾物品撞车致 22 死 11 伤。

2011 年 7 月，奉化市俞某开车捡滑落烧鸭撞母女俩致 1 死 1 伤。

2013 年 11 月，黄山市胡某开车捡档案袋失控致 2 死 2 伤。

2014 年 11 月，上海赵某驾大巴车捡拾手机侧翻致 6 死 43 伤。

2015 年 5 月，长春市林某开车低头捡物品撞飞一对夫妇致 1 死 1 伤。

……

几年前，笔者的一位朋友也因开车低头捡拾物品出过一次大车祸。朋友与妻子开车外出途中买了一包地方食品，就顺手放在副驾座前的操作台上。由于车辆颠簸食品滑落，朋友边开车边弯腰用右手去捡，导致车辆失控撞向一棵大树，造成车辆严重损坏及夫妻二人多处骨折。事后，朋友悔恨地说："想不到，因为捡一包食品闹出这么大灾祸，真是想不到呀！"

开车低头捡物品错在"驾驶分心"，万万"捡"不得

大千世界，无奇不有。从笔者搜集的开车低头捡物品引发交通事故的案例看，驾驶人开车低头捡拾滑落的物品真是五花八门、各式各样，如手机、眼镜、打火机、点烟器、香烟、吸盘式导航仪、杯盖、饮料瓶、化妆包、纸盒、头枕、钱币、缴费卡、机顶盒、儿童玩具及各类食品等。其中，尤以开车低头捡手机的行为最多。

开车低头捡拾的物品，很多是不屑一顾的小东西，却具有可怕的惊人"魔力"。一旦突然滑落车内而驾驶人又处置不当，就极有可能成为引发交通事故的"奇葩"诱因。

开车低头捡拾物品频频出事故，其致命之处就在于驾驶分心的三错：

视觉分心之错

开车属高危行业，车速快且路况复杂多变，需要驾驶人全神贯注，专心致志，不能分心分神。而开车时捡拾物品，驾驶人往往先用眼睛瞅看一下物品掉落位置，而视线则有意或无意的偏离路面，忽视对前方道路环境的观察，这是引发交通事故的最常见且主要原因，在追尾碰撞事故中尤为突出。

操作分心之错

单手驾驶也称操作分心，是驾驶分心的又一形式。开车时一手把握方向盘，一手捡拾物品，一旦遇到突发或紧急情况，如爆胎，前轮碾轧砖头、石子，或受到坑坎的颠簸，车轮受力而导致方向盘发生转向或因驾驶人身体发生一定倾斜，单凭一只手是不能控制行驶方向的，车辆极易偏离正常行驶车道，甚至超越双黄线，从而引发刮碰或"顶牛"相撞的交通事故。

改变驾姿之错

头正身直，两眼平视前方，双手分握方向盘，这是实现安全驾驶对驾驶人姿

势的基本要求。开车时低头或弯腰捡物品，身体倾斜，重心偏移，容易发生刹车踩松、滑脱等现象，导致操作失当，并极可能惊慌失措而引发误将油门当刹车等事故。2014 年 12 月 11 日，成都市一名女驾驶人开车弯腰捡东西，连撞 5 车伤 7 人。即她在借等红灯之机弯腰捡取滑落物品时，脚下刹车松动，车辆怠速滑行撞上旁边两辆车，慌乱中又误把油门当刹车，继而加速撞倒多人。

这三错“叠加共犯”，开车时捡拾物品怎会不出事故？

❓驾驶人为何频频冒险捡拾滑落物品

认识不到开车低头捡物品的潜在危害

开车时自己或他人的物品突然滑落，有的驾驶人头脑中想到的只是尽快捡起来，从未想到这一随意之捡会有什么危险，更未想到驾驶分心的潜在危害。有交警部门曾提示，开车低头捡物品至抬头看路面，最快也要 3 秒。如果车辆以 50 公里的时速行驶，这一瞬间车辆至少开出 40 多米。这 40 多米的盲驾距离，对驾驶人是非常可怕的，如发生意外根本来不及反应和处置。

心存侥幸

有明知开车低头捡物品有危险，但盲目自信能够掌控车辆；同时觉得捡东西就那么一眨眼工夫，不会出什么大事。但结果往往事与愿违。

惊慌寻物出错

2016 年 1 月 9 日晚，云南易门县马某驾小货车在浦红线行驶时，一手握方向盘一手夹着烟。马某手指突然被烟头烫疼，松手后烟头掉下。就在他忙于低头摸找烟头时，车辆跑偏冲下 10 米深山崖，幸被树枝阻挡在崖中，车上 3 人不同程度受伤。

⬆留意细节，预防开车低头捡物品事故的再发生

开车低头捡物品引发的交通事故，是完全可以预防和避免的常识性错误。预防开车低头捡物品事故的发生，驾驶人须在细节上留心，防患于未然。

强化安全意识和细节意识

生命至上，安全第一，世上没有东西比生命和安全更重要。驾驶人应知晓开车低头捡物品在视觉分心、操作分心、改变驾姿等方面过错及潜在的安全隐患，不可粗心大意，不可心存侥幸，不可掉以轻心，不再犯开车低头捡物品的低级错

误，不再重蹈此类交通事故之覆辙。

安全妥当放置物品

开车前应注意把物品摆放在平稳而不易滑落之处，不把物品放置在操作台上，以防车辆颠簸或突然刹车而滑落。尤其应做到开车不接打电话、不玩手机、不抽烟、不化妆等，降低上述物品失手滑落的概率，防范开车捡物品人为事故的发生。

遇事不慌，冷静处置

开车时，一旦有驾驶人自己或他人的物品突然滑落车内，尤其车上孩子手中的物品滑落，无论孩子怎样焦急哭闹，或家长怎样着急，驾驶人一定要沉住气，冷静处置。在高速公路行驶的，驾驶人可将车停靠在服务区或应急车道再捡拾。在应急车道停车后，应立即开启危险报警双闪灯后再去捡物品，并迅速驶离应急车道。在这个问题上，驾驶人应知晓，人车安全是第一位的，物品是次要的；滑落的物品早捡晚捡并无大碍，毕竟物品掉在车内是安全的，不可惊慌失措，不可冒险急于去捡。

安全细节箴言

●驾驶分心害死人，开车低头捡拾物品害人害己！

●魔鬼就在细节中，魔鬼就在那一个个滑落的手机、打火机、苹果等物品中，莫再上了魔鬼设下的诱人圈套，切记开车不要低头捡拾物品！

55. 一只苍蝇引发的血案 ——开车赶蚊蝇的严重后果

开车时蚊蝇飞进驾驶室是常有的事儿。然而，有的驾驶人因一次开车驱赶蚊蝇肇事，有的致人伤亡甚至引发特大交通事故。请看诸多惊人的蹊跷案例。

例一 惠州——一次开车赶苍蝇“赶”出特大交通事故。2010 年 4 月 26 日，在潮莞高速惠州路段，一辆发往浙江的长途大巴撞破路边护栏后，冲下约 45°的路基斜坡，最终一头扎进高速路基下方一个凹形深沟里。事故造成 5 死 6 伤。多名乘客向警方反映，引发这起特大交通事故的原因为驾驶人刘某在驾驶途中起身拿电蝇拍驱赶苍蝇所致。

例二 濮阳——一次开车赶苍蝇致 2 死 2 伤入了狱。2010 年 11 月 6 日，山东聊城人李某驾驶桑塔纳轿车行驶到河南濮阳市南乐县城一路段，车内飞进一只苍蝇，在车内飞来飞去，煞是烦人，就边开车边打苍蝇。李某一时大意没有往前看，将前方同向行驶的一辆三轮车撞倒，三轮车上有 2 人当场死亡，另外 2 人重伤。南乐县检察院以涉嫌交通肇事罪将李某批捕。

例三 潍坊——一次开车赶苍蝇撞死人被刑拘。2013 年 7 月 14 日，山东潍坊市临朐县李某驾车沿潍九路行驶时，有只苍蝇在他身边飞来飞去，很是心烦，便伸手抓起一条毛巾用力拍打。由于李某只顾打苍蝇，而忽视了前方的摩托车，“啪”的一声苍蝇打死了，而其车却与前方的摩托车相撞，摩托车被推出 200 多米，其驾驶人当场死亡。李某被刑事拘留。

例 N 开车赶蚊蝇引发车祸的更多事件。

2012 年 4 月，香港女艺人蔡少芬驾车赶蚊子撞上路中护栏。

2014 年 9 月，一驾驶人于德昌高速赶苍蝇致车失控冲下护坡。

2014 年 5 月，淮南市张某醉驾赶苍蝇致两车相撞伤 4 人。

2015 年 7 月，闫某驾车于云南金平县境内打蚊撞护墩致 1 死 2 伤。

2015 年 10 月，泰兴市一女开豪车打苍蝇追尾路虎车损失 30 多万元。

……

驾驶人开车时驱赶苍蝇或蚊子，这事说小则小，说大则大。说其小，事小的简直不值一提，赶个蚊蝇何足挂齿？说其大，事故后果不可估量，因开车时驱赶蚊蝇竟闹出交通事故，或损失巨款，或致人死伤甚至特大交通事故。

开车赶蚊蝇是驾驶分心，万万“赶”不得

开车时飞进蚊蝇，在驾驶人身边飞来飞去，非常烦人。此时，不少人本能地反应是，尽快想办法将其赶出车外。而有人则表现得很不耐烦、不理智，往往边开车边用手或其他物品驱赶蚊蝇，以致蚊蝇被打死或没赶走，自己却“赶”出了交通事故。这种做法错在驾驶分心，其分心形式有两种类型：

视觉分心

驾驶人开车时驱赶蚊蝇，一心想将其赶走或拍死，眼睛紧紧盯着飞舞的蚊蝇，并随其上下左右的飞转，一时只顾与蚊蝇“搏斗”，而忘记了安全驾驶的本职，忽略了对道路环境的观察，导致车辆失控及交通事故的发生。

操作分心

单手驾驶也称操作分心，是驾驶分心形式之一。驾驶人开车时一手把握方向盘，一手驱赶蚊蝇，一旦遇到突发或紧急情况，如爆胎、前轮碾轧砖头和石块，或受到路面坑坎的颠簸，车轮受力而导致方向盘发生转向，单凭一只手不能控制方向，车辆极易偏离正常行驶车道，从而引发刮碰或“顶牛”的恶性交通事故。

为此，各地警方纷纷提示，开车时不宜做驱赶蚊蝇等驾驶分心事情。尤其现代路况千变万化，驾驶人注意力不集中，如遇突发情况极易造成交通事故。希望驾驶人引以为戒，切勿驾驶分心，不要因驱赶蚊蝇这一看似不经意的小动作而铸成大错。

从细节入手，巧施妙招对付飞进车内的蚊蝇

莫冲动，理智处之

行车时如有蚊蝇突飞车内，不管其令驾驶人怎样心烦意乱，先不要理它，继续安心开车。此时，首先应想到的是如何保护自己和安全行车，而不是怎样与蚊蝇“搏斗”，怎样去赶跑或消灭它；同时，应认识到开车时驱赶蚊蝇属驾驶分心，是在视觉分心、操作分心，一心二用，极其危险，开车时万万“赶”不得！

驾驶人应有定力，不急不恼不燥，冷静对待，理性处之。

学会安全驱灭蚊蝇的方法

1. 把车窗全部打开，利用风速将蚊蝇抽出车外。

2. 如风速抽不走蚊蝇，应将车停在安全地带，如高速公路服务区后，再打开车门专心致志地寻找和驱赶之。

3. 对屡赶不走的蚊蝇，可在停驶后将车内喷洒药物，关上门窗，进行药物灭杀。

安全细节箴言

- 开车一分神，烦恼找上门。
- 冲动是魔鬼。驾驶人开车不要为一只蚊蝇而冲动，不要因小失大！
- 安也细节，危也细节，生也细节，死也细节，细节决定生死安危。珍爱生命，关注安全，应从开车不打蚊蝇这一细节做起！

56. 女老板补妆伤“宝马”
——开车化妆“化”来风险

开车化妆已被网友列为“女性开车十大禁忌”之一。女性开车化妆真有那么危险吗？请看案例回放。

例一 沧州——一次女老板开车补妆，“宝马”撞上护栏。2007 年 7 月 8 日，德州市某民营企业的一名女老板驾驶宝马车和女秘书赶往天津谈生意。当行驶到京沪高速沧州路段时，秘书发现老板脸上的妆有些“花”，便拿出化妆盒为老板补妆。自认为驾车技术高超的女老板就边驾车边让秘书补妆。由于化妆分神，不觉间车偏离了行驶车道，虽紧打方向并踩刹车减速，但宝马还是撞上护栏。人虽未伤，但女老板和秘书惊恐万状、悔恨不已。

例二 柳州——一次开车赴约化妆，高速路上险出事。2010 年 7 月 24 日，柳州市某高校女教师柳某赶赴桂林相亲。当柳某驾车行驶到包茂高速临桂段时，照镜子发现脸上的妆有些“花”，眼看很快就要进入桂林市，决定抓紧时间补妆。于是，自以为驾车技术高超的她，就拿出化妆盒边开车边补妆。而车子在不知不觉间偏离行驶车道冲向护栏。幸好柳某及时发现并急打方向盘和踩刹车，才没有撞上护栏。这惊险一幕，让柳某惊出一身冷汗，十分后怕。

例三 武汉——一次开车等红灯化妆致追尾。2013 年 12 月 23 日，在武汉市光谷民族大道一交叉口，一辆轿车等红灯时突然启动，撞上前方一面包车，面包车后保险杠凹陷，而轿车引擎盖瘪了，大灯碎裂。轿车女驾驶人王某称，早晨起床后来不及洗漱，就急赶着出席公司会议，只好边开车边化妆，等灯时没有看红绿灯，见前方面包车动了，就以为已变灯，脚踩油门就冲撞上去。

例 N 开车化妆引发交通事故的更多事件。

2009 年 11 月，一演员于济青高速高密段驾车化妆误操作撞护栏。

2010 年 6 月，南京市马某高速公路开车化妆失控撞护栏受伤。

2010 年 10 月，烟台一女子开车化妆失控险撞收费站防撞柱。

2011年3月，义乌叶某开车对镜补妆，撞向路边围墙受伤。

2015年10月，李女士为参加聚会驾车化妆在沾化境内追尾相撞。

……

随着女驾驶人数量的日益增多，开车时描眉、画眼、涂口红、照镜子等化妆现象越来越多，伴之而来的交通事故也随之增多，令人担忧不已。

国内外大量交通事故证实：开车化妆极其危险

据媒体报道，英国伦敦一项调查发现，英国43%的女性上班族有开车途中化妆的经历，导致每年发生45万起的大小车祸。墨西哥22%的交通事故，是女性开车时化妆和整理衣服所致。

开车化妆，已被网友列为“女性开车十大禁忌”之一。之所以称其为开车禁忌，就在于其驾驶分心。

视觉分心

驾驶人边开车边化妆，把双眼主要注意力一时集中在化妆品和脸上，而疏于对前方道路的观察，是典型的视觉分心，一心二用。开车化妆，对于瞬息万变的路况和突发情况往往来不及做出反应，从而导致车辆失控及交通事故的发生。等红绿灯时化妆，因一般红绿灯交错时间短暂，如没有化完妆，在变灯后会影响到其他车辆的正常行驶，干扰行车秩序。高速公路车速快，开车化妆分神更危险。

操作分心

单手驾驶也是操作分心。开车时一手握方向盘，一手拿眉笔或口红等化妆，一旦遇到突发或紧急情况，车轮受力而导致方向盘发生转向，单凭一只手难以控制方向，车辆极易跑偏，从而引发碰撞事故。操作分心，潜藏着一定的安全隐患。

许多国家和地区的法规禁止开车化妆

譬如，阿拉伯联合酋长国迪拜市严禁女驾驶人开车化妆。认为，开车时画眼线、涂眼影、抹口红、抹粉与打手机、发短信一样危险，所有这些行为都是十分鲁莽的，非常容易引发交通事故。为此，法律规定对首次违规者处以200迪拉姆（约合368元人民币）的罚款，再次违规者将被吊销驾照。宝马公司曾专门拍摄广告，呼吁女性勿在开车时化妆，并认为这是“真正的恐怖事件”。

爱美勿忘安全细节，改掉开车化妆的不良习惯

多点自我保护意识

爱美之心，人皆有之；女性爱美无可厚非。但生命安全是第一位的，其他都是次要的；生命安全比爱美更重要，爱美应以生命安全为前提。开车高危高险，开车应专心致志，聚精会神，不一心二用，不驾驶分心。对此，不可心怀侥幸，不可疏忽大意，不可掉以轻心。

预留化妆时间，杜绝边开车边化妆

如上班及有交际应酬需化妆，应早做准备，少睡点懒觉，每次外出前预留一定的化妆时间，在开车前化好妆。如确需在车内化妆，应在将车辆停在安全位置后再进行。等红灯时也不宜化妆，杜绝一切安全隐患。

化妆后及时调正后视镜

每次化妆用完后视镜后，应及时调正后视镜，便于观察车后状况。否则，很容易造成视觉“盲区”，给行车安全埋下隐患。

安全细节箴言

- 坏习惯害人害己，好习惯能救人一命！
- 生命不安全，爱美无意义。爱美勿忘生命安全！
- 女驾驶人应切记：开车不化妆，化妆不开车！

57. “回头望”夺三命
——开车“看观瞧望”付出沉重代价

边开车边看美女、观美景、瞧热闹或车内回头望，几乎是很多驾驶人曾经有过的经历。但许多人不知，这样的视觉分心太危险，有人在这样的“看观瞧望”上就出了大问题，有的甚至闹出人命，将自己送进牢房。

例一 日照——一次开车回头望，操作失误夺三命。2014 年 10 月 26 日，日照市莒县李某开车带着两个孩子去公园游玩，在返家途经 206 国道一路段时，因车后座的两个孩子相互打闹，她回头望了一眼。等到其回转头时，发现前方出现红色警示筒，躲闪不及的李某误把油门当刹车，致其驾驶的车辆失控冲向路中间的绿化带，将在绿化带工作的 3 名养路工人当场撞死。

例二 南京——一次开车瞧“车祸”，又酿车祸致好友身亡。2012 年 12 月 1 日，在南京从事大货车运输的湖南人肖某，驾驶一厢式货车路过晓庄立交桥，发现前方桥面上发生车祸，车辆纷纷变道避让。肖某一边伸头看热闹，也一边开始变道。由于车辆超载和动作过急，导致其货车失控，突然撞向一货车尾部，造成副驾驶座位上的好友谢某当场死亡。

例三 锦州——一次开车看美女走神撞死人。2013 年 6 月 14 日，刘某开车经过锦州开发区一路段时，目光被前方路边一位身材美妙且打扮时尚的女孩所吸引，他顿时对其产生了强烈的好奇心。刘某一边继续快速前行，一边盯着女孩的背影看，结果彻底忘却了观察前方路况，导致轿车撞倒路边行人李老太，导致其不治身亡。

例 N 开车“看观瞧望”的视觉分心引发车祸的更多事件。

2011 年 7 月，温州市潘某开摩托盯美女走神撞车遭后车碾轧。

2011 年 10 月，雷某于宁洛高速路驾车分神看事故致 3 车连撞。

2012 年 11 月，固始县付某驾车看美女走神撞死一人被刑拘。

2013 年 7 月，仙游县李某驾车看表演撞死一行人被判刑。

2013年12月，重庆市廖某开车看街景走神撞了车。

……

近年，媒体报道的关于开车看美女、观美景、瞧热闹、车内回头望等视觉分心而引发的交通事故，不胜枚举，令人惊愕不已。

“看观瞧望”式的视觉分心是安全行车之大忌

美女养眼，看一下，这很正常；美景舒心，观一眼，十分自然；偶遇热闹事儿，瞧一瞧，满足好奇心，不足为怪；车内有异常，回望一眼，并不为过。

但问题的关键是，看美女、观美景、瞧热闹、回头望，应以时间、地点和条件为转移。当看则看，当观则观，当瞧则瞧，当望则望，否则，不该看的看了，则可能看出意外；不该观的观了，则可能观出麻烦；不该瞧的瞧了，则可能瞧出灾祸；不该望的望了，则可能引发事故！

“看观瞧望”是视觉分心的具体表现

开车高危高险，要求驾驶人注意力集中，认真观察路况，有了异常情况能够及时妥善处置，而不能视觉分心，不能东张西望，不能一时深情、专注、忘我的“看观瞧望”，偏离行驶路面。边开车边“看观瞧望”，其共同失误和根本之错，是犯下的视觉分心之错。

“看观瞧望”的视觉分心是引发交通事故的主因

视觉分心是驾驶分心的四种类型之一。驾驶人“看观瞧望”等视觉分心导致的注意力不集中，是引发追尾事故的最常见及主要诱因。

关注安全细节，预防视觉分心是安全驾驶的基本要求

双眼平视，放眼远方

现代交通路况复杂多变，车流量大，有的道路人车混行，给安全行车增添了很多变数和难度。因此，驾驶人开车必须视觉专注，精力集中，两眼平视，放眼远方，密切观察前方路况、车辆仪表和车速状况，保持安全车距，以便发生异常情况时能及时妥善处理。

不东张西望

无论路上遇到美女、美景，还是偶遇车祸现场、红白喜事，不能一时深情、专注、忘我的“看观瞧望”，也不应大动作地回头望车内情况，不能开车时视觉

分心。否则，极易导致车辆跑偏失控而引发追尾等事故，危及自身和他人的生命及财产安全。在这方面，不能疏忽大意，不能心存侥幸，不能掉以轻心。

安全细节箴言

- 开车时视觉分心，视线偏离路面，极易引发交通事故。
- 魔鬼就在一瞬间，魔鬼就在细节中。
- 关注安全细节，聚精会神开车，是安全驾驶的基本要求和准则！

58. 聊天车毁妻亡
——开车聊天“聊”出大灾祸

为避免开车打盹发困，人们往往采取“聊天解困法”。然而，有的人开车聊天却“聊”出了车祸，有的甚至“聊”出了车毁人亡的恶性事故。

例一 北京——一次开车聊天，导致车毁妻亡。2003 年 5 月 3 日，靳某和妻子开轿车去顺义办事，在行至四环路的临近京顺路出口时，选走了最外侧车道行驶。恰有刘某驾驶的公交车发生故障，在第四车道内停车检修，靳某驾驶的车右前部撞上大客车的左后部，撞击后其车被弹出 6 米，停在第二条车道内，其妻抢救无效死亡。事后，靳某悔恨地说：“发生事故前，我正转头和爱人说事儿。回过头才发现路边停着的大客车，再采取措施已来不及了。”

例二 浙江——一次开车聊天，车骑高速路防撞板。2011 年 12 月 28 日，黄衢南高速衢南段发生一起车祸，出事车辆骑在高速路的防撞护栏板上，轿车前后门变形，气囊全部弹出，车内人员被困。驾驶人在挣脱无果后拨打电话求救。事后，已有 15 年驾龄的肇事驾驶人何某十分懊悔地说：“都怪自己粗心大意，开车时和客人聊天，聊得太高兴，没有注意前方路况，开到分岔道口时，慌乱中猛打方向盘就出了事！”

例三 江苏——一次开车聊天，公交车追尾致 12 名乘客受伤。2008 年 10 月 6 日，南京市一名 6 路公交车驾驶人，在驾车时与人聊天，造成与另一公交车的严重追尾事故。公交站台边两车相撞，造成车内 40 多名乘客摔倒，至少 12 名乘客不同程度受伤。公交车前挡风玻璃完全破裂，车厢内外落满碎玻璃，整个车头与前车车尾撞在一起。乘客反映，公交车驾驶人边开车边与熟人聊天；6 路车负责人认为，此事故与驾驶人“观察不当，与他人聊天”相关。

例 N 开车聊天酿发交通事故的更多案例。

2013 年 3 月，重庆一男子开车聊天冲上人行道导致 1 死 2 伤。

2014 年 10 月，徐某于甬台温高速台州段开车聊天追尾致 1 死 3 伤。

2014 年 12 月，广州市李某开车与女友聊天撞死一骑车人。

2015 年 7 月，大冶市程某开车聊天撞死一过马路老人。

2015 年 11 月，广水市孙某开车聊天分心撞死一人。

……

驾驶人开车与乘客聊天是常有的事儿。笔者过去经常乘车出差，唯恐驾驶人开车寂寞发困，就陪其一路聊天说话，从未想到开车聊天会有什么危险，也从未想到各地驾驶人聊天竟会“聊”出那么多的严重交通事故！

开车聊天的驾驶分心是安全行车之大忌

开车聊天之所以被称为安全行车之禁忌，问题错在一心二用，错在驾驶分心的听觉分心、视觉分心和认知分心。

有听觉分心之患

驾驶人开车时与乘车人聊天，往往会间断或连续地注意对方的声音或听觉信号，导致听觉分心，而忽视对车内外各种声音信号的聆听、分析和处理。

有视觉分心之患

驾驶人聊天中会不经意地产生视觉分心，视线由驾驶窗转向交谈者，有可能一时疏于对道路环境的观察，或误判随时出现的险情，或导致操作失误，使驾驶人的避险能力减弱，从而酿发交通事故。

有认知分心之患

驾驶人聊天太投入，太动情，会迫使驾驶人大脑走神儿，思维意识偏离驾驶任务，注意力转移到与其无关的思维活动中去，导致交通事故发生。

开车聊天莫小视，细节之处防隐患

开车聊天莫小视，细节之处防隐患。驾驶人行车应注意把握以下安全细节：

适度聊天，做到“五不”

驾驶人作为一个正常的需要情感沟通的人，要求其开车时与同车人绝对不聊天，不沟通，那既不现实，也不可能。但为确保行车安全，驾驶人应不忘安全行车之本，把注意力主要集中在安全驾驶上，做到听而不闻，说聊有度，目不斜视，适当地偶尔说听几句即可，应做到“五不”，即不过分地深度交流；不高谈阔论；不说一些需要动脑筋或可能引起争论的话题；不说笑打闹有肢体上的接触；不频频回头望，以免驾驶分心影响安全行车，谨防交通事故的发生。

适度听音乐，预防驾驶分心

日本一项从事预防汽车事故课题的研究证实，听自己喜爱的音乐比吹冷风具有更佳的清醒效果，是一种缓解驾驶疲劳、保持思维敏捷的有效方法之一。但开车听音乐也应注意区别和选择。由于语言熟悉的音乐可以减慢驾驶速度，增加驾驶分心的程度。

1. 新手驾驶人在驾车中尽量不听音乐，若听应选择没有歌词或不熟悉语言歌词的音乐，或其他有助于放松的轻松舒缓的音乐，以提高驾驶的安全性。

2. 老驾驶人在复杂路况下应避免音乐的分心作用，集中注意力，谨慎驾驶。

3. 开车听音乐应不戴耳机，尽量不自己换碟，以免操作分心。

安全细节箴言

● 古人说，祸不入慎家之门。

● 开车聊天，极其平平常常，是简直不值一提的细小环节，但潜藏着事故大隐患。

● 无数事故证明，“开车聊天解乏”之说不靠谱。为确保行车安全，驾驶人要少聊天，不吵架，慎听歌，避免驾驶分心，预防“因小失大”人为事故的发生！

59. 夫妻吵架夺两命
——情绪不佳开车结恶果

有专家建议，情绪不佳时不要开车。这是否小题大做？非也！在现实生活中，因情绪不佳开车出事故甚至致人伤亡的事件频发。请看事实。

例一 肇庆——一次开车夫妻吵架肇事，致一家 2 死 1 伤。2011 年 7 月 24 日，梁某开车从广州返回云浮途中，由于和老婆吵架情绪激动，在行驶至肇庆市 321 国道时车速很快。梁某在超越一大货车时，没想到此车旁边还有一辆摩托车，待发现时已来不及刹车直接与之相撞，导致骑乘摩托的黎某一家 2 死 1 伤。梁某肇事逃逸时又与一出租车碰撞，最终被警方抓获。

例二 郑州——一次夫妻吵架后开车，撞电动车致 1 死 2 伤。2012 年 11 月 12 日晚，郑州市的杜某和妻子吵架后，一气之下开车外出找朋友倾诉。在行至一交叉路口时，因对面一辆车开远光灯，他没有减速，等看到车前有人时，已来不及刹车……将骑电动车搭载妻儿的刘某撞出 10 多米并当场身亡，其妻儿受伤。

例三 福州——一次遭“愚弄”郁闷，窝火驾车重伤两人。2012 年 4 月 1 日晚，福州市吴某朋友打电话约其去 K 歌聚会，他开车赴约后左等右等都不见朋友。原来当天是愚人节，朋友在搞笑捉弄他。吴被愚弄后憋着气开车回家，又遇车辆挡道，气不打一处来便拼命踩油门超车，不幸撞飞人行横道上的两名女子。其中一位颅脑和肝脏严重受损，有可能成为植物人；另一位脑内淤血，尾椎神经受压迫，半边身子不灵活。吴某因肇事逃逸被刑拘。

例 N 情绪不佳开车致人伤亡的更多事件。

2014 年 3 月，高密市肖某与妻子争吵后开车外出撞人致 1 死 4 伤。

2014 年 7 月，武穴市陶某与妻子争吵后开车散心撞死人逃逸被刑拘。

2015 年 2 月，渭南市张某酒后与妻子吵架，赌气醉驾致 1 死 1 伤。

2015 年 10 月，绵竹市贾某开车与妻子电话争吵撞车致 1 死 2 伤。

2015 年 11 月，东莞市卢某与妻子吵架后疯狂驾车撞 3 人被刑拘。

……

人有七情六欲，每个人都有情绪不佳之时。情绪不佳开车影响安全驾驶，这已被无数的交通事故所证实，但这个安全常识并不为许多驾乘人所知晓。

❗情绪不佳开车是安全行车之大忌

情绪不佳，即指不良情绪，或心情不好。一个人时常会出现情绪不佳的现象，如焦虑、紧张、愤怒、沮丧、悲伤、忧郁等。情绪不佳，不仅会影响心理健康、工作与生活，也会影响安全行车。情绪不佳开车是安全行车之大忌。

吵架后的“带气”开车是严重的认知分心

认知分心是内源性的驾驶分心，是驾驶人的思维意识一时偏离了驾驶任务，开车时思想“开小差”。如有人在夫妻吵架或与他人吵架后，喜欢一个人开车外出，想借此散散心、静静神。而吵架后的“带气”开车风险很大，因为吵架的余怒未消，心中仍存留着愤怒、痛苦、不快等不良情绪，开车时注意力难以集中，容易认知分心。也有人心情不好时去飙车，以为开车可以发泄和化解不良情绪。其实，有些恶性事故就是开车时情绪不佳所致。

开车时情绪低落会导致认知分心

情绪低落，也可称为情绪抑郁。由于人生变故、人际关系紧张、意外事件打击等原因，有的人可能一时情绪低沉，轻者忧心忡忡、愁眉不展、唉声叹气，重者可出现忧郁、沮丧等情绪。情绪低落也会导致认知分心，从而引发交通事故。2013 年 11 月 8 日，安徽绩溪县刘某因父亲去世而情绪低落且极度疲劳，所驾越野车突然失控撞向路边休息的乘客，造成 3 死 3 伤。

⬆从细节上把控，谨防情绪不佳开车的驾驶分心

注意情绪不佳时不开车

夫妻拌嘴吵架在所难免，情绪低落和遭人愚弄或蒙受委屈也有可能。但当自己情绪严重不佳时，应学会有效地控制和疏导不良情绪，不带着不良情绪强行开车。如夫妻吵架怒气未消，妻子应阻止丈夫开车外出散心、喝酒，不可放任不管，否则，一旦带气开车或酒驾引发交通事故，将没有后悔药。

采取科学、安全的方式自我调整和疏导不良情绪

如运动调整情绪法。有专家介绍，在所有自我情绪调节的方法中，加强心肺

功能的运动是治疗不良情绪的最有效方法，如跑步、散步、游泳、骑自行车、打太极、练瑜伽等。这些情绪调节法，可以提高心率，促进血液循环，增强机体吸氧功能，缓解心理焦虑，使人更加自信。

冷静处理行车途中产生的不良情绪，不做“路怒族”

在路上行驶时如遇到滥用远光灯、野蛮超车、斗气别车等不文明的违法行为时，应头脑冷静，理性处置，不要以怒制怒、以暴制暴。夫妻二人若一同驾乘车，因空间狭小，关注点集中，特别容易由一些行车或家庭生活琐事引起争吵，如因该走哪条路线、哪个路口拐弯、刹车太急等一些鸡毛蒜皮的小事而争论不休，都会让驾驶人情绪不爽。

驾驶人一旦因受到外界干扰或乘车人的不良影响，觉得心烦气躁时，可以尝试以下做法化解和消除不良情绪：

1. 试着做几次深呼吸；
2. 开窗让新鲜空气进入车厢；
3. 听听收音机或轻松的音乐；
4. 将车停在路边稍事休息或打个电话向好友倾诉一下，待心情舒畅后再上路；
5. 车上放一张家人的幸福照，不开心的时候看一看；
6. 与前方车辆保持安全车距。

安全细节箴言

- 有言道，聪明人以教训换流血，愚痴人以流血换教训。
- 道路交通复杂多变，开车高危高险。开车时要心态平和，注意力集中。
- 驾驶人夫妻切记：开车别吵架，吵架别开车！这是关乎生死安危的细节选择，关乎家庭幸福与安康的重大抉择！

60. 驾车喝水撞死人——单手驾车引发车祸

有的人驾驶机动车或非机动车时，有单手驾车的习惯。殊不知，这样的驾驶习惯太危险！请看单手驾车致人伤亡的诸多案例。

例一 桂林——一次单手驾车拿瓶喝水撞死人进监牢。2012 年 3 月 5 日，张某驾车载着两名员工行至临桂县一路段时，由于口渴就一手握方向盘，一手拧开饮料瓶喝水。就在他右手拿瓶喝水的一瞬间，车右前轮碾上一块石头，他还未来得及反应，车辆就失控翻下路边水田里，造成包括本人在内的 3 人受伤，其中一名工人重伤不治身亡。临桂县检察院以涉嫌交通肇事罪将其批捕。

例二 上海——一次单手驾摩托拎鱼虫致车毁人亡。2003 年 12 月 8 日，宝山区罗店镇一企业员工施某，驾驶摩托车撞上路边水泥电线杆，引发车毁人亡的惨案。原来，施某驾驶摩托车时，一手握车把，一手拎着装有鱼虫的塑料桶，驶回单位喂养供观赏的金鱼。当行驶至一路段时，施某为避让行人致使摩托车转向失控，撞向路边电线杆，施某当场身亡。

例三 重庆——一次单手驾车递手机致车失控，护栏穿车致母惨死。2014 年 8 月 18 日，王女士驾轿车在重庆江津区 311 省道行驶，车突然失控冲向路边护栏，一段约 20 米长的金属护栏从车头穿入，从后挡风玻璃穿出。坐在副驾驶座的王母被护栏击伤遇难，王女士和其父也不同程度受伤。原来，王女士开车时扭头将手机递给他人，由于身体右倾致使车辆跑偏撞上右侧波形护栏而引发悲剧。

例 N 单手驾车出车祸的更多事件。

2008 年 4 月，周某于醴潭高速株洲段单手驾车使车失控致 4 死 10 伤。

2012 年 12 月，平邑县刘某单手驾车点烟致车失控撞死 1 人。

2014 年 4 月，淄博市张某边驾车边拿杯喝水致车失控 1 人死亡。

2014 年 5 月，赣州市李某单手驾电动车致车失控撞死人逃逸被刑拘。

2014年7月，王某单手驾大客车于杭瑞高速临安处侧翻致6死36伤。

……

驾驶人双手握方向盘或车把，这是驾驶机动车或非机动车时正确操作操纵装置的基本功和规则。但在现实生活中，驾驶人违背此操作的基本功和规则，有意或无意单手驾车而引发的交通事故，甚至重特大事故屡见不鲜。

单手驾车的“操作分心”，危机四伏

这里说的单手驾车，与一手握方向盘一手换挡不同，是指一手握方向盘，另一手做着与驾驶无关的事情，即除本书分篇已列举的驾车使用手机、操纵车载信息系统、捡拾物品、赶蚊蝇、化妆现象外，还常常发生的驾车吃东西、喝水、吸烟、手托腮、把手放在操纵杆或膝盖上休息、把手放窗外、捋头发、拎东西、怀抱幼儿、怀抱宠物等，更有甚者在开车时手臂搂着异性、举输液吊瓶、打扑克等颇为少见的单手驾车行为。

单手驾车之所以事故频发，其症结在于单手驾车的操作分心之错。

单手驾车会丧失处理突发危机的最佳时机

单手驾车即操作分心，是驾驶分心的一种形式。驾驶人单手驾车，一旦遇到突发情况就会下意识地转换成双手驾车。但要从单手变成双手驾车，无论动作多快，至少需花费1秒钟。如手正空闲，马上去抓方向盘，可能不到1秒钟，加上调整驾驶感觉，也需1秒左右。如果手拿着物品，就需花费至少2秒才能转换成双手驾驶。如此时车速为60公里/小时，1秒就要冲出17米左右的距离。所以，从一只手转换成双手驾车的时间差，往往会使驾驶人丧失处理突发危机的最佳时机，即便驾龄长的人也不例外。

单手驾车遇险难控方向

车辆在快速行驶或遇到突发情况时，驾驶人单手驾车的操控能力远不及双手的一半。无论驾龄有多长，驾驶技术有多娴熟，单手驾车极易因失控引发事故。若驾驶人开车时吸烟，至少要有7个分心操作动作，如掏烟、叼烟、取点烟器、点火、放点烟器、弹烟灰、扔烟头等，而这每个动作都需用一只手操作。这就加大了驾驶人对车辆的操控危险度，一旦遇到突发情况，如爆胎，前轮碾轧砖头、石子，或受到坑坎颠簸的影响，易使车轮突然受力或车辆发生转向。还有，突然发生的人车甚至猫狗等对道路干扰而应急的闪避动作，单凭一只手是不能稳控方向或正确操作的，也极可能导致车辆失控而引发交通事故，甚至给驾驶人带来致命危险。

单手驾车引发的交通事故何其多

单手驾车是安全行车之大忌。但为什么单手驾车的交通事故频频发生？析其原因主要有两点：

安全意识淡薄

有的人驾龄长，自我保护意识却日渐淡薄，自以为技术娴熟，反应敏捷，坚信单手驾车不会发生问题。有的为潇洒或惬意或放松，有意长时间单手驾车。

心存侥幸

有人虽认为单手驾车有一定危险，但认为单手驾车时间不长，自己能够把控，不会在这个细节上有闪失。结果，一旦出现突发情况，往往会措手不及。

铭记双手驾车的基本规则和细节性的安全要领

双手握方向盘或车把，是驾驶机动车的操作规则和基本要求，是驾驶人应注意把握细节性的安全要领。

强化安全意识，养成双手驾车的好习惯

1. 无论驾驶人的驾龄有多长，驾驶技术有多高，都不应忘记双手握方向盘或车把的操作要领。不能盲目自信，不能粗心大意，不能心存侥幸，不能无视单手驾车的潜在危险，要养成双手驾车的良好习惯。良好习惯所争取的就是那一秒钟以内化险为夷的宝贵时间，这一秒钟就能让你远离致命危险。

2. 严禁长时间单手驾车。驾驶人开闭灯光、雨刷器或更换挡位时，单手操作完成后，应尽快回握方向盘。

保持双手握方向盘的正确方法

驾驶汽车时，驾驶人应坚持“9·3”的科学握法，即双手分别握在方向盘上相当于“时钟面”的9点和3点位置，两只手对称地放在方向盘两侧，拇指轻轻搭在方向盘内侧，推送接拉，互相配合，并保持手臂自然弯曲。这种双手握姿是科学、标准的平衡对称握姿，其好处是：可以做到精准的动作；躲闪时可以做到最大转向幅度；方向盘回正时可以准确回到正位。

乘车人应敢于对单手驾驶行为说“不”

单手驾驶行为，不仅危及驾驶人自身的安全，也危及乘车人的安全，从这点来说，驾驶人与乘车人是“命运共同体”，一危俱危，一险俱险。乘车人对驾驶人单手驾驶行为及时制止和说“不”，是对自身安全的真正负责。

安全细节箴言

●驾车如驾虎，细节定生死。一次看似无关紧要的单手驾车，一次令人不屑一顾的细节疏忽，实际上暗藏着重大的安全隐患！

●方向盘不仅控制着车辆方向，更是在控制自己和他人的生命；手握方向盘，责任重于泰山！

●共勉“打油诗”：一次单手驾车，难御险象突至；极易跑偏失控，患在细节漠视；绝非小题大做，事关安危生死；勿要侥幸麻痹，牢记双手握持！

61. 过马路玩手机被撞飞
——走路玩手机"玩"出大不幸

用"机不离手、眼不离屏"形容一些人对手机的痴情、酷爱，并不为过。有相当一部分人患有"手机上瘾症"，在家玩，会客玩，开车玩，出门走路玩。然而，有的人走路玩手机却"玩"出了大不幸——或遭遇车祸或坠亡或摔成重伤……

例一 哈尔滨——一次过马路玩手机，一男子被撞飞身亡。2014 年 3 月 19 日晚，哈尔滨市香坊区和平路发生一起交通肇事，一名男子边看手机边横穿马路，当走到路中央时被一辆凯迪拉克轿车撞飞。轿车驾驶人拨打急救电话并报警，急救车赶到现场时，被撞男子还有微弱呼吸，但最终由于伤势过重在送医途中身亡。

例二 十堰——一次走路玩手机，17 岁女生坠深坎身亡。2013 年 10 月 10 日晚，十堰市 17 岁女生商某在酒店实习结束时与同伴外出聚餐。途中，商某边走路边玩手机，而顾不上观察道路，在过一座桥时一脚踏空，坠入没有护栏保护的十五六米的深坎，摔成重伤，经抢救无效死亡。同伴龚某转身跳下相救，落在深坎中间的一个平台上，造成腰椎骨折、右踝骨骨折。

例三 南京——一次走路玩手机，五旬男踩空摔瘫痪。2014 年 4 月的一天，在南京打工多年的 57 岁男子李某和往常一样，吃完饭沿着小路边走边玩手机。不料，李某脚下突然踩空，一下子失去平衡撞到墙上，撞得满脸都是鲜血，身体一下子动弹不得。路人见状立即拨打 120 急救电话，急救车将李某送往中大医院抢救治疗，最终李某被确诊眼眶骨折、颈髓损伤、四肢瘫痪。

例 N 走路玩手机出事故的更多事件。

2012 年 4 月，常州市两中学生过马路玩手机双双被撞飞。

2015 年 5 月，中山市一女过马路打手机遭车撞倒碾轧身亡。

2015 年 11 月，南京市王某走过街天桥玩手机踏空滚下台阶身亡。

2015 年 12 月，平阳县女子王某走路玩手机坠河溺亡。

2016 年 6 月，日本一女大学生走路看手机坠月台被车碾轧身亡。

……

智能手机不仅改变了人们接传信息的方式，还改变了人们走路的样子：两腿在往前走，眼睛却盯着胸前的手机，手指忙着在屏幕上滑滑点点……走路玩手机的“低头族”遍布城乡，在大街小巷随处可见。走路玩手机，似乎已成为许多人尤其是年轻人的一种时尚和生活常态。

伴随而来的是，行人走路玩手机而引发的摔死摔伤、坠井落坑、撞树碰杆、遭遇车祸等事故也相应增加。近年来，国内外因走路玩手机导致交通事故的报道屡见不鲜。然而，这样的悲剧还是一而再、再而三地上演着……

大量调查及事故证实：走路玩手机的“行走分心”极其危险

一项网上问卷调查显示，超过六成的行人过马路或等红绿灯时会玩手机；有人等红灯太久，就会忍不住掏出手机玩一玩。

走路玩手机是地地道道的“行走分心”

有人认为走路玩手机不会有任何危险和威胁。但一项研究表明，人在使用手机时就不会注意周围的环境和危险，有的人甚至戴着耳机，听不到外界的声音，这是地地道道的行走分心（或分心行走）。

走路玩手机的行走分心，主要表现为视觉分心、听觉分心和认知分心。走路玩手机时，人的视觉、听觉和思维注意力主要集中在接打电话、手机屏幕上，而忽视了对道路和周边环境的观察，这极有可能使自己受到伤害。

国内外大量事实证明：走路玩手机的“行走分心”异常危险

日本：《读卖新闻》2014 年 2 月 27 日报道，日本东京消防厅发布的调查报告显示，2013 年仅东京就有 36 人因走路玩手机而遭遇车祸，其中 1 人死亡。东京消防厅发言人称，对这类事故的调查只是冰山一角。

美国：根据美国高速公路安全协会的报告，自 2009 年以来行人意外死亡的人数增加了 15%。俄亥俄大学的一项研究发现，超过 1500 名急救住院患者发生的交通事故与走路玩手机有关。

中国：2014 年 4 月，南京东南大学附属中大医院骨科临床发现，因玩手机导致意外伤害的患者明显增多，仅其门诊部每个月就诊 30 例左右。

走路玩手机易引发盗抢犯罪

有些地方手机盗抢事件频发，其中一部分与行人走路玩手机有关，走路玩手机使不法分子有机可乘。走路玩手机存在一定健康隐患，长期低头玩手机，容易使颈椎关节发生错位，影响视力，患上严重干眼症，引发白内障等疾病。

走路玩手机者的心态“透视”

安全意识淡薄

有许多人走路玩手机，并未意识到其中的安全隐患。美国矫形外科医师学会（AAOS）调查发现，只有非常少的人会把看手机导致意外的原因归结为自身，有接近三成的人对自己“一心二用”的能力充满信心，觉得不会导致意外事故。无疑，这种掉以轻心埋下了事故隐患。

侥幸和从众心理

有人虽知晓走路玩手机有危险，但觉得出事故的倒霉事不会让自己摊上；别人走路也在玩手机，自己玩玩也无妨，不会有什么问题。

患有“手机上瘾症”

有人走路玩手机，与其患有手机依赖症相关。此类人在日常生活中频繁使用手机，除了睡觉几乎每时每刻都想玩手机，一会儿看不到手机心里就非常难受。而玩手机成瘾，就会不分时间、地点和条件的玩，“习惯成自然”。

摒弃不良习惯，不做“走路低头族”

走路莫玩手机，拒做“走路低头族”

无论是行走在城乡街道，过马路，还是上下楼梯、台阶，都应专心致志走路，而不是边走边玩手机。因为有的道路坑坎不平、车多人多、树多杆多，或是有阶梯，加之路中井盖时有丢损等，使得行走本身就有一定风险，若走路再分心，眼盯机屏不看路，更使行走的不安全性陡增，车祸、坠落、摔倒、撞碰就难以避免。走路玩手机也容易影响人们对周围事物的感知力，无法正确判断周围环境的安全性，一旦遭遇意外后果不堪设想。如果走路时有事非使用手机不可，应找一个安全位置停下再用，切不可不分场合、不分地点玩手机，切莫因走路玩手机而引发事故。

家长应言传身教

在走路不玩手机的问题上，家长应当做榜样、做表率。教育孩子养成走路不使用手机的习惯，在过马路时应做到，“一看二慢三通过”，确保自身安全。

心理干预“手机上瘾症”

如果手机依赖过于严重，应尽快去看心理医生，以免影响正常的工作和生活。应学会正确有效地干预“手机上瘾症”。

1. 丰富业余生活，多交朋友，在闲暇时多进行深呼吸、散步、打球、瑜伽等活动，让生活更充实多彩。

2. 下意识地强制自己每隔几个小时查看一次手机。如果必须随身携带手机，把手机放在包里，并强制自己不频开包查看手机。

3. 规定自己玩手机的时间、目的和内容，而不是漫无目的的玩。

4. 通过家人、朋友、同事间的相互提醒，以限制手机的频繁使用。

5. 删除一些不常用的应用程序，如购物、游戏等，有选择地屏蔽。

安全细节箴言

●走路一低头，危险就抬头。因一次走路玩手机而引发交通事故甚至致死致伤，太得不偿失，这是典型的“忽视细节，因小失大”！

●铭记“细节决定生死安危”的理念，走路就一心一意的走路，玩手机就安全无险的玩手机，千万不要边走路边玩手机。手机再好玩，与宝贵的生命和健康相比，那又算得了什么？

●为了您宝贵的生命和健康，走路少“低头”多“抬头”，别再让手机“绑架”自己！

第五章　安全细节失误成因之五

错误判断与错误操作

★ 日常生活中，人们对事物判断错误、失手，不可避免。然而，在机动车驾驶中，一旦判断失误或违反操作规程，哪怕只是一次小小的细节性失误，即可能招致灾难性、无法挽回的恶果。本章列举的5类触目惊心、因小失大的细节性失误，成为引发一起起家破人亡、害人害己交通惨案的“罪魁祸首”。

★ 正确判断、精心确认、谨慎操作，是防御性驾驶技术的基本要领。

62. 南宁“5·13”事故教训
——不良气象条件行车操作不当引发交通事故

雨、雾、雪、冰等不良气象条件直接影响道路交通安全。驾驶人不能正确应对雨、雾、雪、冰等不良气象条件，致人伤亡甚至群死群伤的重大事故时有发生。

例一 南宁——一次雨天超速行驶，大巴侧翻致群死群伤。2016 年 5 月 13 日，雨天路滑。江南快客分公司一辆搭乘 26 人的客车，在南宁友谊收费站路段发生侧翻。事故造成 2 人死亡，多人受伤，20 名伤者住院治疗。事故原因是，已有 20 年驾龄的老驾驶人在雨天超速行驶，在动态监控提醒的情况下仍未减速，导致车辆遇到险情侧翻，其中，有 2 名学生没系安全带被甩出车外，最终引发了“5·13”重大交通事故。

例二 萧山——一次雾天行车操作不当，追尾 3 车致 1 人遇难。2015 年 3 月 22 日清晨，杭甬高速绍兴至杭州一路段起雾，交管部门实施分流，车辆走走停停。一辆重型半挂货车停在第三车道，突然被追尾、碰撞，还殃及另外一辆货车。追尾的是刘某驾驶的一辆中型货车，车头严重受损变形，刘某被卡在里面动弹不得，被救援人员救出时已身亡。经高速交警勘查认定，此追尾事故的主因是雾天视线不好和驾驶人操作失误。

例三 呼和浩特——一次雪天行车操作不当，奥迪撞伤环卫工。2015 年 12 月 14 日，呼和浩特市刘某驾驶奥迪轿车沿东二环行驶至一立交桥时，由于之前在立交桥下坡时车速较快，上坡后车速一时降不下来，加上雪天路滑，在突然发现前方车辆拥堵后，害怕追尾前车，她猛踩刹车急打方向盘。随后车辆方向失控，撞向正在人行道除雪的环卫工，造成一名环卫工头部等多部位出血。经交警认定，此事故系驾驶人雪天行车操作不当所致。

例 N 不良气象条件行车酿发严重交通事故的更多事件。

2015 年 4 月，京港澳高速长株潭段因雾多车相撞致 3 死 20 伤。

2015 年 10 月，宁洛高速蚌埠段因大雾多车追尾致 5 死 20 伤。

2015 年 11 月，沈阳因雨、雪、冰冻、雾 50 余车相撞致 4 死 19 伤。

2015 年 12 月，太长高速一路段因大雾 33 车相撞致 6 死 4 伤。

2016 年 4 月，沪蓉高速常州段雨天路滑发生连环车祸致 2 死 29 伤。

……

注意不良气象条件对交通安全的不利影响

雨、雾、雪、冰等不良气象不可避免，但把握其发生的客观规律和特点及对交通安全的不利影响，至关重要。

雨天对安全行车的不利影响

1. 下雨对驾驶人的视线有严重影响，由于雨水使光线透过率减小，因而可视距离大大缩短，能见度大大降低，对正确观察、判断来往车辆及行人，以及正确选择行车路线均带来很大困难。

2. 下雨天行车时刹车距离大大延长，如果车速过快，行车安全将受到严重威胁。雨天行车高速状态急刹车时，极易发生侧滑和甩尾，使车辆失控。

3. 雨中行人撑伞，骑车人穿雨披，其视线、听觉、反应等受到限制，有时为了赶路而横穿猛拐，往往在车辆临近时惊慌失措而滑倒，使驾驶人措手不及。

4. 在高速公路行车时，由于车速较快，驾驶人的视角变窄，加上路面湿滑，强行越线超车时稍动方向就很容易造成车轮打滑，引发车辆侧翻等意外事故。

雾天对安全行车的不利影响

雾天行车，视距缩短、能见度低、视线模糊，难以看清道路上的各种情况；同时，路面湿滑致使车辆刹车性能变差，易发生侧滑等各种事故。仅以团雾为例。

1. 团雾特征。团雾，即成团状的雾，它与大雾弥漫有所不同，它的势力范围较小，就像一朵落在地上的云彩。团雾外视线良好，团雾内能见度很低，一般只有 10~20 米；大团雾覆盖面积约 5 平方公里，小团雾覆盖面积约 1 平方公里。团雾一般出现在昼夜温差较大、无风的夜间，或者是早 6 时至 8 时；团雾多发生在冬季；与市区相比，郊区和乡村更容易出现团雾，尤其是部分较为空旷的高速公路路段。

2. 团雾引发交通事故的概率大。由于团雾笼罩范围较小，很难引起驾驶人的注意，特别是在视线不好的夜晚、清晨，驾驶人在远处根本发现不了前方的团雾，等驶到跟前发现后想减速已经迟了，车子一下子驶入能见度极低的雾中，导致交通事故发生的概率陡然增大。

3. 团雾是高速公路上的“流动杀手”。由于团雾预测预报难、区域性强，让人防不胜防，常常引发重大交通事故。据统计，雾天发生交通事故的概率比平常高出几倍，甚至几十倍，因浓雾、团雾造成多车连续追尾的事故屡有发生，损失严重。2015 年 11 月 29 日，侯平高速太原段发生多起、涉及 29 车相撞的交通事故，造成 4 死 5 伤。经山西高速交警调查，此连环撞车事故的“祸首”即是团雾。

冰雪天对安全行车的不利影响

譬如，在冰雪天，城市高架桥的上下桥口最易发生“连环撞”，特别是下桥口，危险性更大。雪后地表温度高，积雪容易融化成水。而高架桥是架空的，桥面温度比地面更低。白天积雪融化后，随着夜间温度降低，桥面积水容易冻结成一层薄冰，形成镜面路、“冰被甲”，特别光滑，根本就刹不住车。遇到这种路面，一般驾驶人很难控制住车辆，极有可能引发连环撞车事故。

不良气象条件下发生道路交通事故的人为因素

雨、雾、雪、冰等不良气象是道路交通事故多发的客观条件，但驾驶人的人为过错因素，则在一定程度上决定着事故发生的多寡和大小。在这里，列举两种主要的人为过错。

无知无畏型

这类驾驶人主要指驾龄短、驾驶经验少的新手，缺乏对不良气象特点、规律的认识及具体应对措施的准备。2015 年 11 月 8 日 16 时至 19 时，受雨、雪、雾霾等恶劣天气的影响，沈阳市和平区多处桥涵路段的上下坡道结冰，车辆无法及时刹停，发生了 16 起多车相撞事故，造成 50 余辆车不同程度受损，19 人受伤。

操作不当型

操作不当，如在不良气象条件下快速行驶、不保持安全车距和滥用远光灯等。2013 年 11 月 22 日，因大雾能见度差，在六合高速江淮运河大桥段发生严重连环车祸，约 60 辆车发生多地多次相撞，其中撞在一起的 10 多辆车全部被烧毁，另有一辆天然气罐车泄漏。事故造成 3 人死亡、数十人受伤。据交警勘查认定，此次连环追尾事故主因是车速过快和跟车太近。

不良气象条件下行车的细节性防范对策

不良气象条件，给安全行车带来一定安全隐患，也是对驾驶人心理素质、驾驶技术和能力的严峻考验。综合各地行车经验，在不良气象条件下行车，驾驶人应全面掌握和熟练运用安全行车的具体知识和操作技巧，做到从细节着眼，正确应对。

雨天安全行车的对策与技巧

1. 保持良好视野。雨天开车应及时打开雨刷器；如果前挡风玻璃有雾气（霜），则需开冷气吹向前挡风玻璃；如果后挡风玻璃有雾气（霜），则要打开后挡风玻璃加热器。

2. 双手驾车防侧滑。双手把握方向盘，保持直线和低速行驶，转弯时缓踩刹车，以防轮胎抱死而造成车辆侧滑。

3. 低速缓行。雨中开车速度不可太快，在高速路上行车速度一般应比正常天气降低20%左右，不可紧急刹车。尽量使用低速挡，如需停车应提前减速，轻点刹车，使后方来车有充足的应急准备时间。

4. 保持安全车距。增大安全车距，尤其是不要跟大车太近，因大车会遮挡视线，而且大车溅起的泥水、水浪，会使小车受害。

5. 注意观察行人。行人撑伞、骑车人穿雨披，其视线、听觉、反应等都受到限制。此时，车辆应减速慢行，耐心避让，切不可与行人和自行车抢行。

6. 及时开启车灯。若遇有暴雨视线极低时应当开启前照灯、示廓灯和后位灯，并把车辆驶离路面或暂停在安全地方。

7. 防止涉水陷车。当车经过有积水或立交桥下等有大水漫溢的路面时，应停车查看积水的深度。不要高速过水沟、水坑，这样会产生飞溅，导致实际涉水深度加大，甚至使发动机进水。

8. 切忌熄火后再次启车。发动机一旦进水熄火，千万不可再启车，应将车放在原地等待拖走。车子在运转中最忌讳的是将水吸入燃烧室，一旦水进入燃烧室，会对发动机造成毁灭性危害。

雾天安全行车的对策与技巧

1. 放慢车速，保持足够的安全车距。应根据雾的大小和能见度随时调整车速，确保出现紧急情况时有足够的时间进行处理。当能见度小于200米大于100米时，车辆时速不得超过60公里；当能见度小于100米大于50米时，时速不得超过40公里，并应与前车保持正常车距的2~3倍。

2. 切勿急刹车。突然进入团雾区域时，很多人下意识的反应就是一脚急刹。然而，这样极易引发连环追尾事故。

3. 及时打开雾灯，严重时可打开双闪灯前行。尽量不使用远光灯，因远光灯在雾中会造成散射，使驾驶人眼前一片雪白，非常危险。

4. 勤按车喇叭，表明自己所处位置，提醒他车保持安全车距。

5. 跟车行驶。如前面有车辆前行带路最安全，可减少后车压力。严禁雾中变道和超车。

6. 尽量在道路中间行驶。因为雾中能见度低，一旦路边出现情况，不好处理。

7. 雾大时应就近缓慢驶出高速公路或进入服务区暂避。如果不能驶离高速公路，应选择在应急车道停车，停车后应立刻打开危险报警双闪灯，并将停车警示牌放在来车方向150米外，以提示后方车辆注意。车上驾乘人应迅速撤离到护栏外，以防止发生追尾事故。

冰雪天安全行车的对策与技巧

1. 驾驶人尤其是新手，在雪后应尽量减少自驾车出行，以免在遇到突发情况时手忙脚乱，错误操作；如确需自驾车出行，应保持较大安全车距，车距最好比平时大出3~4倍，跟车太近难以控制刹车距离，出事故的概率会非常高。

2. 注意缓慢匀速行驶，掌稳方向，保持车辆的平稳性。在转弯时采取转大弯、走缓弯的办法，不可急打方向，更不可在转弯时刹车或挂空挡。冰雪天一般情况下不可超车。

3. 雪后切忌急刹车。在遇到下桥口、红绿灯、转弯处等路段，提前做好减速准备，不急刹车。遇到冰面上打滑现象，不急刹车，不猛打方向，减挡减速，进行点刹，让车缓慢停下。急刹车是雪后行车的大忌。

4. 在城市雪后开车尽量行驶桥下辅路。雪后桥面相比地面更易结冰，行车危险性更大。桥下路面因桥面遮挡可能没有积雪，即使有积雪也容易融化，且桥下辅路车速较慢，遇到紧急情况容易处理。

5. 手动挡车应用2挡起步，减小扭矩；自动挡应选择雪地模式，轻踩油门缓起步。

安全细节箴言

●雨、雾、雪、冰等不良气象条件，人类不可逆转，但驾驶人的心态和应变能力，却可改变不良气象条件对安全行车的消极影响。

●因势利导，积极应变，细节预防，把客观因素的消极影响降到最低点，确保人车平安，这是驾驶人在不良气象条件下应采取的对策。

●驾车如驾虎，细节定生死。珍爱生命，关注安全，从细节做起，这是预防和避免不良气象条件下道路交通人为事故的良方妙策！

63. 晋城“2·25”特大事故成因——违法超车付出沉重代价

超车是机动车行驶中最常见并具有一定危险性的驾驶行为。说其具有危险性，是指在高速行驶状态下超车不当，所造成的后果往往是发生刮碰、追尾、倾翻，致人死伤甚至是群死群伤的重特大交通事故。

例一 晋城——一次弯道超车，旅游大巴翻深沟致15死19伤。2012年2月25日，有16年驾龄的白某驾驶一辆河南牌照旅游大巴，载着一群“驴友”行驶至山西晋城境内时，翻下深沟致15死19伤，酿成当年年初全国伤亡最大的一起交通事故。经交警部门调查确认，事故主因是该车在山区弯道上超车，并在限速20公里处以时速37公里超速行驶，从而酿成特大交通事故。

例二 咸阳——一次借道超车迎面撞，警车驾驶人当场身亡。2012年12月14日，一辆警车在陕西咸阳市境内一条单车道公路四轮仰翻，发动机完全被撞毁，车体严重变形，躺在地上的警车驾驶人已无生命体征，身体被汽车坐垫覆盖着。另一侧，一辆鄂H车牌的轿车横摆在路边，车头严重受损。经交警部门认定，事故为某县林业派出所的警车借道超车与对向车相撞所致。

例三 台州——一次赌气超车撞飞环卫工。2015年1月14日，驾驶人郑某在临海市崇和路驾车行驶时，一辆车在其前方急刹车，令其险些追尾。郑某心里气不过，一心想“教训”对方一顿，就借对向车道超车追赶。恰逢环卫工尹某正从一路口斑马线穿过，只差一两步就走到对面的人行道上。就在这一瞬间，正在赌气赶超的郑某驾车疾驶而至，将尹某撞得当场殒命。

例N 违规超车致人死伤的更多事件。

2010年4月，云南石林县一大巴弯道超车遇迎头撞致10死12伤。

2012年7月，宜宾市一轿车弯道超车酿车祸致3死2重伤。

2014年1月，桂林市陈某驾大客车强行超车致5死10伤。

2015年2月，唐山市一轿车超车与两车相撞致4人身亡。

2015年10月，一轿车在112国道线丰宁段超车不当致3死4伤。

……

超车，是每个驾驶人都会经历的最常见驾驶行为。正确超车会使车辆在确保安全的前提下实现较高的行驶速度，提高行车效率；而不当超车，不仅会欲速而不达，还可能引发严重交通事故。

有调查表明，超车事故虽只占交通事故总数的10%左右，但由于超车事故往往发生在高速行驶状态下，因而其危害性极大，极易造成致人伤亡甚至群死群伤的重特大事故。

违法超车行为的类型与危害

超车，是指超越前方同向行驶车辆的驾驶行为。超车是有条件的，不具备条件且属法律禁止的超车，就是不当超车、违法超车，也是最容易发生危险和交通事故的超车。违法超车行为有10多种，这里仅列举几种类型及其危害。

“会车”超车

会车，即与对向车辆相互交会。这里的“‘会车’超车”，是指与对向来车有会车可能时超越前方车辆，所谓“三点会车”，此时极易造成两车迎面相撞。

弯道超车

弯道是事故多发点。弯道之所以易生事故，是由于弯道超车时必须借对向车道完成，在视线盲区内驾驶人无法知道弯道前面来车及其他交通参与者的活动情况，特别是右转弯超车，根本看不到前方的交通情况，加之通过弯道时的离心力作用，汽车失控的概率增大，一旦发生险情往往措手不及，从而引发交通事故。有的驾驶人对弯道特点认识不足，时常在单车道的弯道超车，致使弯道超车事故时有发生。

陡坡超车

1. 下坡超车异常危险。由于下坡时超车方与被超方的车速都较快，而超车方为了超过前车势必加速。这样就使得超车方车速更快，在超越前车后已无法有效控制车辆，常常在前方弯道处失控酿成交通事故。特别是在雨、雪、雾天，陡坡超车的危险更大。

2. 上坡超车同样危险。由于上坡时车辆动力下降快，行驶阻力大，许多重载车行驶速度较慢，往往成为其他车辆超越的对象。有的驾驶人性子急躁，不愿跟在其后慢慢行驶，因而常常盲目超车，并可能与飞速而来的下坡车正面相撞，从而导致交通事故的发生。

从前车右侧超车

因方向盘在左侧，驾驶人右侧的盲区较大，视野受限严重，驾驶人很容易忽视处于这个位置的车辆，容易与右侧超车的车辆发生碰撞。

隧道超车

隧道内空间狭窄、封闭，光线不足，视线不好，易生事故且不便救援，故隧道内的分道线为白实线，不允许车辆随意变道超车。隧道超车事故很常见。

机动车禁止超车的法律规定

《道路交通安全法》第43条规定，同车道行驶的机动车，后车应当与前车保持足以采取紧急制动措施的安全距离。有下列情形之一的，不得超车：

（一）前车正在左转弯、掉头、超车的；

（二）与对面来车有会车可能的；

（三）前车为执行紧急任务的警车、消防车、救护车、工程救险车的；

（四）行经铁路道口、交叉路口、窄桥、弯道、陡坡、隧道、人行横道、市区交通流量大的路段等没有超车条件的。

违法超车行为频发的原因分析

违法超车行为的产生有社会、公路管理等多方面因素，但起主导作用的是驾驶人的个人因素。

安全意识淡薄

有的驾驶人安全意识淡薄，缺乏规范超车的基本常识，不知违法超车的风险及危害性，不懂得自我保护，不计风险，不知礼让，为图自己一时之快，而盲目超车，随意超车，以致超车造成的交通事故频发。

心存侥幸

有的驾驶人自恃车辆性能优良或车技“高超”，不顾道路通行条件而超车。

逞能斗气

有的驾驶人开“英雄车”，盲目炫技或斗气而强行超车，左右穿插，见缝就钻，也易导致交通事故的发生。

关注安全细节，预防和避免违法超车事故的发生

预防和避免违法超车行为，既需要驾驶人具备一定的安全意识、守法意识和礼让意识，也需要熟练掌握超车的知识和技巧。

充分认识违法超车行为的危险性，谨慎超车

超车常见也最危险。驾驶人应重视超车环节，学习和掌握超车技巧，养成安全超车的良好习惯，确保超车安全无恙。超车必须在有绝对安全把握的前提下进行，必须在具备充分超车条件的前提下进行，不可强行超车，不可盲目超车，不可侥幸超车，不可逞能超车，不可赌气超车，以防遭遇不测。否则，不当超车虽可满足驾驶人的一时快感，但极可能发生刮碰、追尾、倾翻，或造成非死即伤的“千古恨”。

认真对待每次超车时机，准确把握安全超车细节，依法做到“六不超”

道路宽且直、两侧无障碍、视线良好、150 米以内无来车，符合交通法规，这是实现安全超车的基本条件。驾驶人在每次超车时都应清醒理性，认真评估风险，准确把握时机，不忽视超车的每个条件和细节，坚持依法做到“六不超”：不在与对面来车 150 米内有会车可能时超车；不在前车右侧超车；不在前车超车时超车；不在前车左转弯时超车；不在弯道、路口、人行横道、窄桥、陡坡、隧道和市区交通流量大的路段等处超车；不在警车、消防车、救护车、工程救险车等特种车执行紧急任务时超车。

注意把握超车时纵向、横向的安全距离

能不能超车，关键看是不是保持了足够的安全距离。如对纵向安全距离的把握，在超车前应确保前方纵向距离 150 米以内没有来车；确认后车没有超车的意向；超车时提前打开转向灯；超车后并线时在与被超车预留出 20 米左右的安全距离后，再回到行车道上。在横向安全距离的把握上，如安全距离过窄或很危险或道路边缘是松软下沉的路肩，应果断放弃超车念头，待时机成熟并符合超车条件时，方可进行再次超车。

正确对待和处理超车失败行为

超车有成功，也有失败，超车失败很正常，即使是驾车高手也不例外，不能冒险强行超车，更不能“斗气”别车，否则，很可能是害人害己。此时，驾驶人首先想到的应是行车安全，理智地控制情绪，耐心地跟随前车，重新寻找超车机会，直到安全超越前车为止。

安全细节箴言

- 超车之前想一想，没有把握别勉强！
- 胆大、心细，是驾驶人安全超车的两个要素，二者不可偏废！
- 争先恐后赶超一时，酿成车祸悔恨一生。超车有危险，警惕呀！

64. 赴宴途中传噩耗
——坡道溜车失控引发惨案

坡道行车不仅是驾驶考试的难点，也是日常行车中事故的多发点。坡道溜车在交通事故中十分常见、危险，后果严重。

例一 德阳——一次上坡溜车，车载一家4人滑入水库。2014年6月30日，刚领驾驶证不久的孕妇唐某，在雨中驾驶一辆手动挡轿车载着爱人、小姨及同为孕妇的表妹前往亲戚家参加生日宴会。在行至罗江县双桦村的水库坝基上时，车辆在上坡处突然熄火后溜，随着湿滑路面滑入水库，漂浮水面一会儿后快速下沉，车上4人仅唐某（主驾驶位置车窗打开）一人获救，其他3人均不幸遇难。据唐某回忆，车辆熄火后溜时，她瞬间慌了，还未等回过神来，车子已经滑入水库……

例二 雅安——一次上坡溜车，越野车滑下山崖致3死4伤。2013年11月9日，雅安市荥经县发生一起重大交通事故，一辆越野车在三合乡林区公路发生意外，导致3死4伤。原来，在这段左边是高山、右边是悬崖的公路上坡处，路面上有积水，越野车向前冲了十几米后，突然熄火，然后向右后方溜滑，翻滚跌下20多米深的悬崖。一位幸存者说："幸好我系了安全带，不然也没命了。"

例三 河池——一次下坡溜车滑行失控，面包车坠百米山崖。2014年11月9日，广西河池市都安瑶族自治县一辆面包车坠下百米山崖，致9死5伤。专家认定，事故原因为面包车驾驶人韦某存在严重的操作失误，在车辆下坡时关闭发动机，松手刹空挡滑行。当韦某发现车辆严重失控、制动无效时，已来不及处置，导致车辆翻下山崖，引发此起特大交通事故。

例N 坡道溜车引发交通事故的更多事件。

2011年10月，宿迁市宿城区肖某上坡熄火溜车致人重伤获刑。

2012年9月，一轿车于太原市绕城高速交叉口上坡熄火溜车伤人。

2013年2月，昆明市李某驾面包车上坡熄火坠崖致12死5伤。

2015年4月，重庆市李某驾车下坡熄火滑行失控撞护栏致3人受伤。

2013年11月，泰国巴厘岛一中巴上坡熄火坠崖导致6死9伤。

……

坡道溜车竟会酿发如此严重的交通事故，令许多驾驶人始料不及。

随着车辆剧增，坡道溜车交通事故呈逐年上升趋势。山区公路、高速公路、城市高架桥、地下停车场等区域，坡道几乎无处不在，预防坡道溜车事故，是一名驾驶人不能不面对、不能不关注、不能不警惕的重要课题。

坡道成为溜车事故的多发地

据有关部门资料表明，坡道上发生的交通事故占公路交通事故总数的15.6%，而且有逐渐增多之势。坡道何以事故多发？这与坡道的客观特点和驾驶人的主观过错相关。

坡道特点决定容易溜车

机动车在坡道上行驶，因上坡有阻力，下坡有牵引力，比平地行车难度增大，危险性陡增，一旦事故发生即比较严重。尤其由于惯性力的作用，下坡比上坡更难驾驶，危险性更大。如有的商场或小区的地下停车场，出入口坡度太大，超出国家规定标准，设计的不科学、不合理。这对新手或女性驾驶人来说，在上坡途中交停车费后再坡道起步，一不小心就会溜车与后面车辆碰撞。有时坡陡车多，前后熄火多次才能驶离，常常让人提心吊胆。

驾驶人不规范操作导致溜车

坡道的特点决定容易溜车，但不等于有坡道必然溜车，这在很大程度上取决于驾驶人的安全意识、操作技巧和能力。如果驾驶人按坡道行车的操作规程认真去做，完全可以预防和避免溜车；反之，驾驶人违规操作，则极可能导致溜车。

坡道溜车错在人为失误

坡道溜车事故，从主观上查找原因，主要表现为以下几点：

法制观念和安全常识缺失

《道路交通安全法实施条例》第62条明确规定，机动车下坡不准空挡或熄火滑行。但有的驾驶人不知此法律规定，也不知下坡溜车的危害性，下坡时有意或无意地挂空挡熄火滑行，以致引发致人伤亡甚至群死群伤的严重事故。2012年

10月17日，朱某驾驶豫R牌重型自卸车驶至深圳市一立交桥下坡路段时，挂空挡熄火滑行，导致制动和转向失效，与人行横道正常行走的6人碰撞，造成3死3伤。

操作技能生疏

如坡道起步溜车。坡道起步是驾驶人必须具备的基本行车技能，而新手或车技弱一点的起步溜车现象很常见。其根源是手动挡车驾驶人“油离刹”三者的操作配合出了问题，踩油门迟缓跟不上，松开手刹的时机不当等。

对机动车性能存在误解

有的驾驶人以为下坡空挡滑行能省油，其实这是误解。据有关专家介绍，传统的化油器车空挡滑行确实会省油。而现在电喷式发动机已成主流，空挡滑行不仅不省油，有时甚至更费油。因为电喷式发动机，可以根据电脑程序判断喷油多少。在带挡状况下，如驾驶人松开油门，电脑就会让车进入滑行模式，发动机不喷油；如选择空挡滑行，电脑就会让车进入怠速模式，发动机依旧喷油。而自动挡车的空挡滑行，不仅不省油，还会损坏变速箱。同时，空挡滑行时，发动机对车轮没有控制力，车轮属于无刹车的“真空”状态，如突然刹车极易导致刹车失灵而失控。

驾驶人对电喷式发动机的特点及下坡空挡滑行危害的无知及误解，导致路边虽有“下坡路段禁止空挡行车”的警告，仍有驾驶人不理解、不在意，毫无警惕性。有的驾驶人为了省油，在下坡行车时有意挂空挡熄火滑行，导致出现制动和转向失效及致人伤亡的事故。

坡道行车中无意识拔钥匙

此类事故虽属个别，也不能不警惕。2014年8月27日，在京哈高速长平路段一下坡处，一辆重型挂车撞上水泥隔离墩和土坡，导致1死1伤。事故原因为，驾驶人为满足乘车人用刀要求，将系有刀子的车钥匙拔出，熄火后挂空挡滑行。此错误操作导致方向盘锁死，未等驾驶人再次插钥匙打火，惨案即在瞬间发生。由于坐副驾驶座的孩子乱动乱摸及朋友玩闹拔车钥匙，也会导致此类溜车事故。

⬆ 掌握操作要领，预防坡道溜车事故的发生

其实，预防坡道溜车并不难，只要正确掌握操作要领，把握细节性的关键点，就可完全避免坡道溜车事故。

上坡溜车的预防

1. 手动挡车。上坡最好挂一挡，动力足，不易熄火。若在坡道上熄火，需重新起步时，先挂一挡，拉手刹，踩离合器到底，然后慢抬离合器至半联动状态并稳住离合器，此时开始轻踩油门，等到车头翘得比较厉害时松开手刹，最后完全抬起离合器。切记，踩油门时不能抬离合器，离合器要抬得慢，过快易熄火。手动挡车，做好“油离刹”的操作配合是关键。

2. 自动挡车。自动挡车爬坡时发生熄火溜坡现象，基本是松开刹车切换到油门的动作过慢所致。自动挡车上坡熄火后，首先是踩刹车，然后将变速杆拨入P挡，拉手刹。上坡重新启动时，踏住脚刹，先启动发动机，启动后将挡位由P挡挂入D挡，缓松脚刹，松开手刹，同时缓慢加油。

上坡时，一般坡道应利用车辆行驶的惯性上坡，但严禁为了冲坡而盲目超速行驶。距离长且陡的坡道，当感觉动力即将不足时，应立即换减挡。减挡操作应准确、敏捷、灵活，不手忙脚乱，防止误挂入高速挡或倒挡，或挂不进挡位。当挂错挡位或挂不进挡位造成停车或发动机熄火时，应立即踩刹车，拉紧手刹，重新上坡。手刹失效时，让随车人下车用汽车三角木、石块等垫好；没有随车人的应利用脚刹，使车辆缓缓退回坡下，再重新上坡。

下坡溜车的预防

由于惯性力的作用，车辆下坡比上坡更难驾驶。如是较短的缓坡，可在常规驾驶的基础上适当加减挡；如是下长坡，需要掌握更多的操作技巧：

1. 下坡前减速，使车辆以缓慢的速度下坡。

2. 下坡前换入适当挡位，一般应选择二挡或三挡，严禁进入下坡路段后再换挡。

3. 严禁下坡路段空挡滑行，必须挂入适当的挡位，利用发动机的牵制作用降低车辆滑行速度。否则，一旦空挡滑行时刹车失灵，极其危险。空挡滑行“有百害而无一利”，应严格禁止。

4. 下坡路段慎用刹车，下坡前应试验刹车的性能是否良好，如有故障应在排除故障后再下坡。在下长坡时，可间歇性地使用脚刹以便有效控制车辆下滑速度。尽量避免使用急刹车，在必须紧急刹车时，需在车辆保持正直前进态势时方可进行。如果是长坡，刹车系统会因过热而突然失灵失控。正确的做法是，根据实际车速挂合适挡位，让发动机制动，偶尔辅以刹车，这样既安全又延长刹车寿命。

5. 下坡时使用方向盘要轻，不可猛打方向盘，以防因惯性力大，速度快，方向盘使用不当而翻车。

6. 万一脚刹、手刹全失效，抢入低速挡位未成功，驾驶人应沉着冷静，及时利用路边沙堆、石堆或使车身紧贴山崖或大树等障碍物，阻止车辆失控，尽量把事故减到最低程度。

防止无意识抢拔车钥匙意外情形的发生

禁止 14 岁以下儿童乘坐副驾驶位置，以免行车时误碰操纵装置及拔车钥匙。一旦有乘客与驾驶人开玩笑及有抢拔车钥匙的行为，驾驶人应立即制止并靠边停车，等乘车人恢复正常情绪后再驾车。

保持安全车距

无论何种车辆，在爬坡时都应与前车保持安全距离，以防前车熄火后溜相撞。如果下坡太长，车辆惯性力大，也应适当增大车距。

坡道停车溜车的预防

坡道停车应尽量选择坡缓路宽的地方，车辆熄火后拉紧手刹，并挂上一挡或倒挡，必要时再将车轮用石块或汽车三角木塞住，并偏转方向盘，使前轮朝向安全方向，以防溜车坠落。

安全细节箴言

- 居安思危，思则有备，备则无患。
- 坡道行车莫小视，关乎生命天大事。
- 坡道行车人切记：预防上下坡道溜车，强化安全行车意识；重在把握操作细节，摒弃不良驾驶习惯；上坡操作巧妙配合，下坡严禁空挡滑行；确保坡道行车无险，远离溜车事故隐患！

65. 指挥倒车命丧车下
——开车挂错挡酿悲剧

驾驶人开车及时、正确地运用挡位，即挂挡（也称换挡），直接关系到行车安全。操作失误挂错挡位，即将前进挡误作倒车挡、或将倒车挡误作前进挡，引发诸多交通事故，甚至严重人身伤亡事故。

例一 靖江——一次开车挂错挡位撞死指挥倒车的爱妻。驾驶人杜某与妻子同在一家公司上班。2015 年 9 月 8 日，杜某夫妇开集装箱车到靖江市一企业送货，到仓库后其妻站在车后指挥倒车。因货车停放位置不适，杜某决定将车往前开一段，调整好角度再往回倒，结果误将前进挡挂成倒车挡，致使在车后指挥的妻子来不及躲闪，一下子被顶在背后的矮墙上，抢救无效死亡。

例二 南宁——一次开他人车挂错挡位致 1 死 1 伤。2015 年 7 月 24 日，女子罗某在宾阳县总工会门前吃烧烤，因好奇朋友刚开来的宝马车，便拿过钥匙去试车。令她意想不到的是，由于该车性能和她驾驶的车辆不同，她误将挡位挂入倒车挡，汽车启动突然往后倒去。罗某发现出错试图控制，但因紧张而手忙脚乱，以致宝马车完全失控，将黄某和一男子撞伤，黄某送医抢救无效死亡。罗某赔偿黄某家属 48 万元，并因涉嫌交通肇事罪被追究刑责。

例三 重庆——一次开车挂错挡位坠入长江，5 乘客险逃生。2015 年 4 月 19 日凌晨，重庆的曾女士和朋友在洋人街码头吃完夜宵后，来到停车地准备驾车离开。此时，夜深又下雨路滑。曾女士发动车后准备挂前进挡驶离，却错挂倒车挡位，一脚油门踩下去，车子随之急速倒退，瞬间坠入长江。车上 5 人拼命打开车门和天窗逃生，附近渔民将他们救起。

例 N 开车挂错挡位引发车祸或致人伤亡的更多事件。

2012 年 8 月，北京望京西园一老人开车挂错挡位撞死老伴。

2013 年 4 月，秦皇岛市一中年女子开车挂错挡位撞伤 3 人。

2013 年 9 月，武汉武昌区一车在省中医院门前挂错挡位撞伤 2 人。

2014 年 1 月，温州市一女子倒车时挂错挡位将一人撞入河中身亡。

2015 年 9 月，桂林市一男子倒车挂错挡位撞 3 店铺伤 3 人。

……

开车挂错挡位，竟引发如此众多的交通事故，这是令人匪夷所思而又真实确凿的事件。可谓“一次挂错挡位，竟铸终身大错”。

驾驶人为何挂错挡位铸大错

驾驶人挂错挡位酿发的伤人事件，虽属偶然，但也有其发生的必然。细细梳理，大体有几种类型：

惊慌失措挂错挡位

在此类事故中，女性驾驶人出错率居多。2014 年 10 月 23 日，美国加州东湾都柏林市，一名 56 岁女士在准备停车时误把前进挡当成倒车挡，惊慌中又踩错油门，导致汽车冲进坐满客人的餐厅，造成 7 人受伤。

分心大意挂错挡位

此种现象主要是疏忽大意或分心分神而挂错挡位。2012 年 3 月 12 日，上海市沈某在天钥桥小区帮朋友倒车，一走神儿挂上前进挡，车子前冲将马路上 2 名老人撞倒。

车况不熟挂错挡位

主要指驾驶人对自己或他人车辆性能不熟悉而挂错挡位的情况。2014 年 7 月，温州市叶某开车回娘家，因刚拿驾照对挡位不熟悉，误把前进挡当成倒车挡，脚踩油门车向房子冲去，随后叶某又错把油门当成刹车，一脚踩下去把父母房子撞毁。

意识不清挂错挡位

因酒驾、毒驾、药驾，驾驶人意识不清而挂错挡位致人伤亡。2011 年 1 月 24 日，常州市张某醉酒后请朱某代其驾车。朱某停车未熄火就下车去后备箱拿东西。而坐在副驾驶座上醉醺醺的张某准备按下后备箱按钮，却无意中将挡位由空挡变成前进挡，又误将油门当刹车，瞬间连撞 3 人。

从细节上防范，预防挂错挡位事故的发生

开车挂错挡位不多见，但危害极大，一旦发生后果十分严重。为预防和避免挂错挡位，应在细节上防范，谨防因小失大。

宁心静气挂挡位

心慌意乱出错多。无论是自己情绪不佳，还是突受外界刺激导致情绪紧张害怕时，最好不开车、不挂换挡位。因为，人在心慌意乱不知所措时，最容易出错，极易出现挂错挡位的情形。一旦突发意外，要理性处置，先深呼吸冷静一下，宁心静气挂挡位，或干脆自己下车请他人代操作，以免慌乱中出错。尤其女性驾驶人，要克服天生胆小，遇事易心慌意乱、惊慌失措的不足，在遇到紧急情况时，应首先镇定，稳住自己，在心情平静后再进行挂挡操作，千万不可惊慌时进行挂挡操作。否则，极可能挂错挡位铸成大错。自动挡车变速箱挡位的特殊性，较之手动挡车更容易挂错挡位，因此，驾驶自动挡车更应谨慎挂挡。

聚精会神挂挡位

驾驶分心是开车之大忌。心不在焉挂挡位同样危险。一心一意、聚精会神开车，专心致志、集中注意力挂挡位，是安全驾驶必须遵循的准则。

慎开不熟悉车辆

新手开车，应首先熟悉车辆性能，熟悉并牢记车辆的挡位和功能。在不完全熟悉和熟练掌握的情况下，不要急于上车操作，而且每一次挂挡踩油门前，都应做好确认，看一看挂挡是否准确，在确认挂挡准确无误前不要贸然踩油门。新手开车，最好找个熟练驾驶员陪同，以防意外。不要随便开自己不熟悉的他人车辆，无论是亲戚的车，还是朋友的车，无论你怎样好奇或羡慕手痒，在对车辆性能不熟悉时最好不要开。因开自己不熟悉车而挂错挡位引发交通事故，甚至致人伤亡的事件已非个案，沉痛教训亟须谨记。

行人应远离正在驶入或驶离车位的车辆

当路边车辆在驶入或驶离车位时，过往行人最好不要从车头或车尾的位置穿越，避免因驾驶人挂错挡位等误操作而受到伤害。

安全细节箴言

●愚者用鲜血换取教训，智者用教训避免流血！

●细节决定生死安危。开车挂挡位虽是操作小细节，但事关生命安全大事。万万不可粗心大意，不可侥幸麻痹，不可掉以轻心，应聚精会神和精心准确地操作，不让挂错挡位致人伤亡的事故重演！

66. 海归男何故连撞十三人
——误把油门当刹车踩出“滔天祸”

有人可能认为开车很容易、很简单，该踩油门踩油门，该踩刹车踩刹车。其实，开车是个精细活儿，不容有半点差错，该踩刹车时却误踩油门，就可能踩出“滔天大祸”。

例一 浦东——一次误把油门当刹车，海归男连撞13人。2009年9月5日，上海浦东新区某小区飞来一场横祸，一辆轿车突然失控疯狂连撞路边13人，1人身亡。原来，海归男唐某是个有驾照却很少摸车的“本本族”，所驾车辆为他向朋友所借。当时，唐某驾车在小区内行驶时撞上一辆面包车，因心理紧张误把油门当刹车猛踩，结果车子就一路狂奔，酿成一场惨剧。

例二 南京——一次误把油门当刹车，碾死26岁新婚女。2012年2月19日，在南京市鼓楼区马台街一交界处，女子原某驾驶刚买的轿车在起步熄火再次起步后遇上一行人，原某一时紧张忙踩刹车，但错将油门当刹车，瞬间从小区门口冲出，将人行道上行走的丁某等2名女子撞倒，并从丁某身上碾轧过去，经抢救无效死亡。丁某刚结婚不久，面对其突遭不幸，家人痛不欲生。

例三 许昌——一次误把油门当刹车，无照女“秀车技”酿惨祸。2013年8月11日，在许昌市胖东来时代广场，尚未拿到驾照的冀某陪着丈夫驾驶刚购买的自动挡轿车前往商场购物。在停车时，丈夫移车两次也未把车停妥。冀某就让丈夫下来，自己上车想来一把“停车秀”，不料误把油门当刹车，致使车辆失控一下子冲向商场门前的人群，造成1死11伤。

例N 开车误把油门当刹车酿惨祸的更多事件。

2011年12月，深圳市邓某驾驶大巴误把油门当刹车撞死5人。

2012年7月，广州市一驾驶人误把油门当刹车碾死2少女。

2013年6月，宁波某女停车误把油门当刹车撞死老公。

2014年11月，广汉市李某误把油门当刹车撞死一家4人。

2015 年 3 月，北京市一女驾驶人误把油门当刹车将老伴撞飞身亡。

……

看罢上述这一起起血淋淋的悲惨事件，可见误把油门当刹车的后果有多么严重、多么可怕！

在现实生活中，驾驶人误把油门当刹车致人伤亡的事故屡见不鲜，已成为国内外伤人夺命的常见车祸。日本每年发生约 7000 起因误把油门当刹车而造成的事故，因事故受伤或死亡的人数超过 1 万人。其中，在停车场低速状态下因操作不当而发生的事故最多，占到总事故的六成以上。

❗值得警醒的误把油门当刹车的两类现象

为什么驾驶人易犯误把油门当刹车这样看似非常低级的致命错误呢？有专家分析认为，这与车辆构造、车技有关，但主要是驾驶人的心理素质差、注意力不够或不良驾车习惯所致。误把油门当刹车，主要有两类现象：

自动挡多于手动挡

在手动挡车踩刹车时，驾驶人的条件反射是踩离合器，如误把油门当刹车，发动机只是空转，速度不会快速提升，只要赶紧把右脚移到刹车踏板上，一般不会有严重后果。而自动挡车，驾驶人错踩之初可能并未察觉，甚至以为没刹住而继续用力踩。由于自动挡车没有离合器，如果误踩油门速度会快速提升，结果踩得越重，车子提速越高，往往会猛地蹿出去。所以，自动挡车不仅容易发生误把油门当刹车的事故，并且后果也往往更严重。

女性多于男性

误把油门当刹车的驾驶人多是新手，且以女性居多。2013 年，有媒体对我国发生的 86 起误把油门当刹车事故进行统计，发现超七成肇事驾驶人是女性，且造成其中 1 人以上伤亡的 42 起严重事故的全是女性。

❓误把油门当刹车的“误踩率”何其高

女驾驶人普遍胆小，易慌中出错

女性方向感和空间感相对较差，在人车较多的不利驾驶环境易生恐惧感，遇到紧急情况容易慌中出错。2016 年 2 月 28 日，湖北罗田县吴女士带着两个儿子参加聚餐后，在酒店门口挪车时踩重油门，情急之下又去急踩刹车，没想到又误踩油门，导致车辆失控撞伤一名朋友，并将自己3岁的小儿子撞死。

“抱着”方向盘开车容易造成误踩

女性多喜欢把座椅尽可能地向前推，离方向盘很近，好像“抱着”方向盘开车，这种坐姿在行车时会妨碍其正常驾驶。开车时膝关节发挥着重要作用，抱着方向盘开车，会导致手臂和腿脚伸展空间变小，影响操作的灵活性而造成误踩。

不良的生活习惯导致误踩

女性穿高跟鞋开车，脚对刹车和油门的感知度降低，这种不良习惯也可能导致误踩。2015年12月17日，绵阳市一辆奥迪轿车失控冲入城区河中。事后，警方发现遇难女驾驶人穿着一双鞋跟约10厘米的高跟鞋。警方怀疑事故与女驾驶人穿高跟鞋及误把油门当刹车相关。

注意力不集中是误把油门当刹车的重要原因

新手或女性的“误踩率”虽高，但误把油门当刹车并非只是新手或女性的“专利”，男性或老驾驶人误把油门当刹车事故也时有发生。一些男性或老驾驶人因自信车技老练，或疏忽侥幸、注意力不集中等，也常常引发误把油门当刹车事故。早有“新手易紧张，老手易大意”之说。

留心细节，认真把握预防误把油门当刹车的“五要点”

认真把握安全行车“五要点”，即可预防和避免误把油门当刹车事故。

开车注意力集中

安全行驶的真正保障，是注意力集中，提前观察并作出预判，防患于未然。驾驶人开车时须全神贯注，遥望远方，认真观察前方车辆的动态及前边是否有路口、红绿灯和学校等，一有苗头及时发现并提前减速，尽量避免在刹车操作时忙中出错。不在停车或倒车时做接打手机、看发短信、聊天、东张西望等驾驶分心的事情或动作。

对胆小和技术不过关的女驾驶人来说，可以先用手动挡车练手，找陪驾员陪练，待技术熟练了再开自动挡车，也能减少误把油门当刹车事故的发生。

养成右脚“备刹车”的好习惯

刹车和油门都由右脚控制，有人一紧张就容易乱踩。为避免遇紧急情况右脚找不着或找不准刹车板而发生误把油门当刹车事故，要改变不加油就把右脚放在地板上做轻松状的不良习惯，养成右脚不踩油门就放在刹车上时刻“备刹车”的好习惯，做到“右脚不空”，时刻准备应急刹车。

不穿高跟鞋驾车

开车穿高跟鞋，不仅抬高脚的支点，增大了踩刹车的力度和角度，造成踩刹车的右脚滑脱，还会使驾驶人右脚难以在油门、刹车间及时切换，最容易发生交通事故。喜欢穿高跟鞋的驾驶人，为了确保自己和他人的生命财产安全，应不怕麻烦，在车上准备一双平底鞋，以便于驾车时更换。

冷静处置

开车遇有紧急情况，头脑应清醒冷静，不忘油门与刹车的区别和确认，采取正确的处置办法。而心慌意乱则容易误把油门当刹车。

慎用定速巡航

使用定速巡航，驾驶人不踩油门就自动地保持车速，使车辆以固定速度行驶，既可节省燃料，也能减轻疲劳，实现右脚的解放，许多人乐此不疲。但使用定速巡航利弊参半。驾驶人右脚解放后，若出现紧急情况，将右脚从地面闲置到转换踩刹车所需的时间，比右脚离开油门去踩刹车的时间要长，极可能出现刹车不及时的现象。因此，应慎用定速巡航，即使使用定速巡航，右脚也应放在刹车上，以便遇有紧急情况时可以及时踩刹车。

安全细节箴言

●沉稳的心理素质，保持高度集中的注意力，养成良好的驾车习惯，是预防和避免误把油门当刹车的秘策良方！

●珍爱生命，关注安全，从细节做起，不再重演误把油门当刹车的悲剧，不要再犯因小失大的低级错误！

后　记

本书是我编写的“细节决定生死安危”系列丛书的第一分册。

我开始写作此书时已进入花甲之年，且有一定公务缠身，主要利用早晚的业余时间。写作不仅充实生活，更重要的是使自己学到许多在驾校没有学到的安全驾驶常识，学到自我保护的防御性驾驶技术，深刻领悟到不能再处于“愚昧”状态，不能再“死伤于致命细节的无知”。

“细节决定生死安危”的理念使我开窍受益，我也想向更多的人分享这个理念，使大家受益。“觉悟自己，警示他人”，是我写作此书的朴素动机。有朋友向我反馈，“看到你的警示文章，我开始系安全带了”“我开车再也不打手机了”“我开始让孩子坐安全座椅了”……听到这些话，我总是备受鼓舞，这也是我五年来不懈创作的重要动力。

我不止一次对朋友坦言，写作此书是我一生中最为自主、最有价值、最感惬意的一件事。读罢此书，哪怕只一人受益，只救一人生命，我的努力和付出也值得！

编写此书，使我进一步认识到科技和社会进步的力量。在此，我要特别感谢神奇而无所不知的互联网。通过百度等搜索引擎，我能够方便快捷地从众多国内外的媒体浏览、选取数千个真实、鲜活的事故案例等资讯，使偏居一隅的我身居斗室却知悉国内外的安全理念，能够分析和研究各类道路交通人为事故。在此，我要特别感谢 520 多家国内外媒体及新闻记者所提供的大量新闻素材。

本书的出版是众多朋友集体心血和智慧的结晶。为此，我要特别感谢李振台、白祖诗、陈正、张圣洁、李笑利、李莉、常云亮、王书珍、庞宝印、韩俊华、周永红、田凤岐、蒋保川、张书明、于桂新、赵玉民、张江桥、单丽江、赵立里、张泽庭、韦凤侠、高凤武、张树奎、赵玉好、张继军、庞文泽、白小会、刘志伟、裴凤辉、王秀和、吕军、刘开军、员宝英等老领导和朋友的热情鼓励、真诚指点和友情相助。

真诚感谢迁西县委机关报《今日栗乡》、迁西县委老干部局《新生活》报、津西集团《津西人》报等三家内刊对书稿长达一年多的持续选登。家乡人不仅先行分享了“细节决定生死安危”的理念，媒体的认同和读者的点赞也激励了我的创作热情。

诚挚感谢北京师范大学中国公益研究院院长、深圳国际公益学院院长王振耀和预防犯罪专家、中国人民公安大学教授王大伟拨冗赐序；诚挚感谢《细节决定成败》作者、中国精细化管理研究所所长汪中求热诚举荐。特别感谢新华出版社市场发行中心主任李永祥的真诚指点和支持。

感谢江苏无锡的薛朋舟先生为本书绘制了极为形象生动的插图，使本书增色不少；感谢中国人民公安大学出版社公安综合分社白玉生社长、韩俊雯编辑的慧眼相识及对本书的优化与升华。

我也要感谢家人对我写作的理解与支持。他们既是拙著的第一读者、苛刻的挑剔者，也是积极参写者。尤其夫人张桂芳，由一个最初的坚决反对者转变为坚定的支持者、参与者，并怀着“这本书的出版，哪怕只救一个人的命就有价值”的朴素公益心，常常戴着老花镜，像任教时批改学生作业一样，逐字逐句校正书稿中的错别字、标点符号，修改语法病句，对一些观点和案例的使用提出建议。为使我有更多的时间和精力投入写作，她承担了更多的家务。

愿更多人分享与践行“细节决定生死安危”这一理念，内化于心，外化于形，安全文明出行，远离交通事故，远离伤害！

2016 年 11 月 8 日